히라이데 카즈야平 出和也(1979.5.25~2024.7.27)

Kamet(7,756m)

미답의 남동벽 중앙부에 라인을 그었다.

6일째, 정상으로 이어지는 쿨르와르로 계속 올랐다. 정상으로의 출구, 바나나쿨르와르

표고차 1,800m. 카메트 남동벽의 믹스벽을 오르다.

정상에서. 다니구치 케이와 함께

2009년, 황금피켈상 수상. 프랑스 샤모니의 시상식장에서

Shispare Sar(7,611m)

두 번째, 세 번째에 도전했던 남서벽

2002년, 시스파레사르와의 운명적 만남

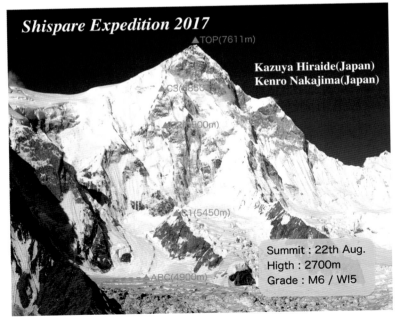

Shispare Expedition 2017

▲TOP(7611m)

Kazuya Hiraide(Japan)
Kenro Nakajima(Japan)

C3(6350m)

(600m)

C1(5450m)

Summit : 22th Aug.
Higth : 2700m
Grade : M6 / WI5

▲ABC(4900m)

표고차 2,700m의 북동벽

2007년, 첫 번째 도전은 실패로 끝났다.

완등의 핵심이 된 상부 빙설벽의 긴 트래버스

네 번째 도전 만에 드디어 도착한 정상에서

새로운 파트너, 나카지마 겐로와 함께 황금피켈상 수상

Rakaposhi(7,788m)

라카포시 정상에 선 두 사람(드론 촬영)

남벽의 상부 눈 덮인 능선에 오르다.

저 멀리 거대한 라카포시 남벽을 바라보다.

하산 뒤, 산기슭 마을 주민들로부터 축복을 받았다.

Karun Koh (6,977m)

고소적응과 정찰을 겸해서 오른 건너편에서의 카룬코(우)와 사미사르

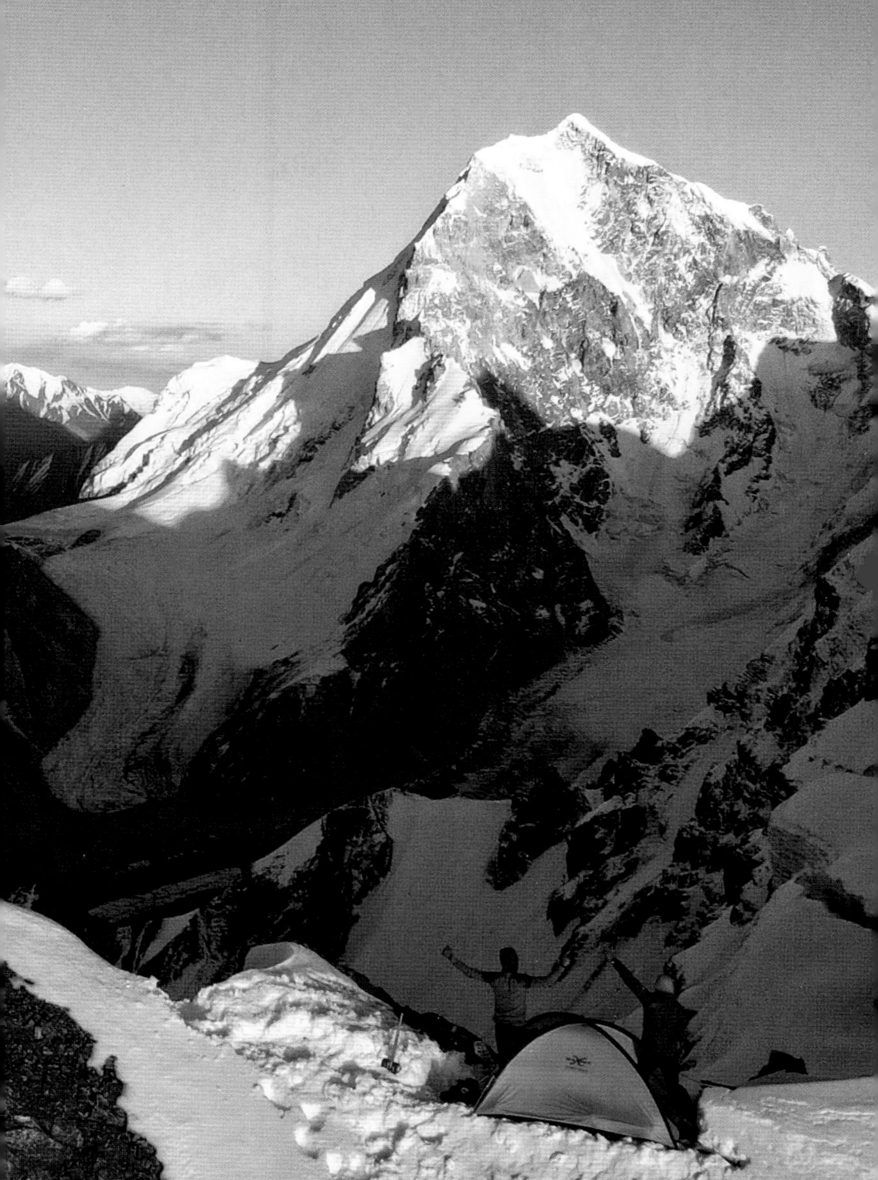

카룬코 북서벽 핵심부를 넘어서

북서벽 최고의 핵심부. 얼음이 있어 기적적으로 루트가 연결됐다.

카룬코 정상에서

What's Next?

티리치미르(7,708m)는 어디에 라인을 그어 볼까?

What's Next?

세계 제2위의 고봉 K2(8,611m). 그 서벽은 아직도 공백지대다.

미답을 향한 끝없는 도전

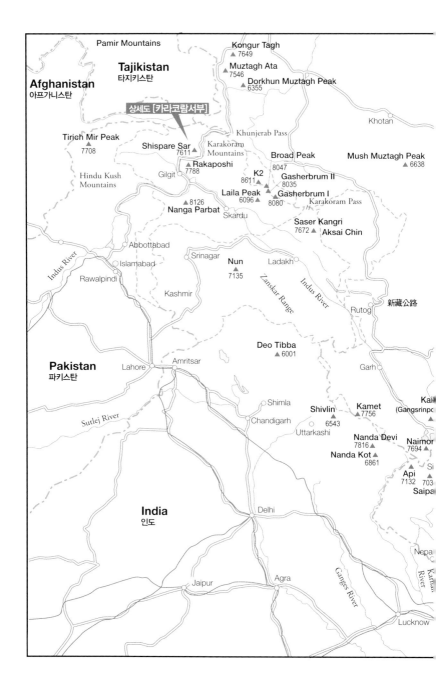

Pamir Mountains

Tajikistan
타지키스탄

Afghanistan
아프가니스탄

Kongur Tagh
▲ 7649

Muztagh Ata
7546

Dorkhun Muztagh Peak
▲ 6355

Khotan

상세도 [카라코람서부]

Khunjerab Pass

Tirich Mir Peak
▲
7708

Shispare Sar
7611 ▲

Karakoram
Mountains

Broad Peak
8047

Mush Muztagh Peak
▲ 6638

Hindu Kush
Mountains

▲ Rakaposhi
7788

Gilgit

K2
8611 ▲

Gasherbrum II
8035

Gasherbrum I
8080

Laila Peak
6096 ▲

▲ 8126
Nanga Parbat

Skardu

Karakoram Pass

Saser Kangri
7672 ▲ Aksai Chin

Abbottabad

Srinagar

Ladakh

Islamabad

Nun
▲
7135

Rawalpindi

Kashmir

Zanskar Range

Indus River

Rutog

新藏公路

Indus River

Deo Tibba
▲ 6001

Garh

Pakistan
파키스탄

Lahore

Amritsar

Shimla

Kai
(Gangsrinpo

Sutlej River

Chandigarh

Shivlin
○
6543

Kamet
▲ 7756

Uttarkashi

Nanda Devi
7816 ▲

Naimor
7694 ▲

Nanda Kot ▲
6861

Api
7132 703

Si

Saipa

India
인도

Delhi

Nepa

Jaipur

Agra

Ganges River

Karnali
River

Lucknow

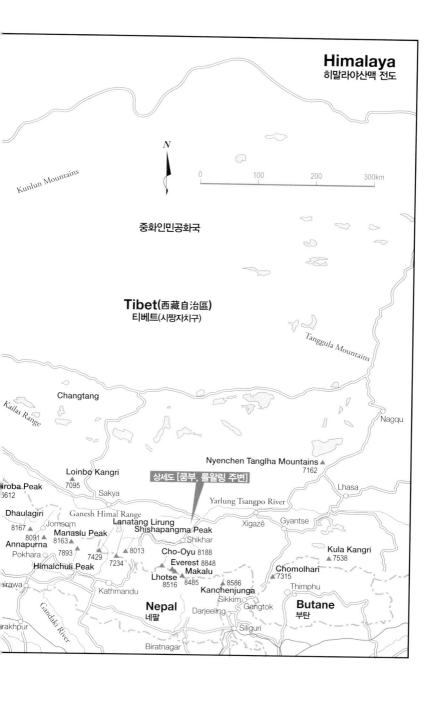

Himalaya
히말라야산맥 전도

N

0　　　　　100　　　　　200　　　　　300km

Kunlun Mountains

중화인민공화국

Tibet(西藏自治區)
티베트(시짱자치구)

Tanggula Mountains

Changtang

Kailas Range

Nagqu

Nyenchen Tanglha Mountains ▲
7162

Loinbo Kangri
▲
7095

상세도 [쿰부, 롤왈링 주변]

roba Peak
3612

Sakya

Lhasa

Yarlung Tsangpo River

Dhaulagiri
8167 ▲

Ganesh Himal Range

Lanatang Lirung
Shishapangma Peak

Xigazê

Gyantse

Jomsom
8091 ▲
Annapurna
Pokhara

Manaslu Peak
8163 ▲

Shikhar

Kula Kangri
▲ 7538

7893
▲
7429

▲ 8013

Cho-Oyu 8188

7234

Everest 8848
Makalu

Chomolhari
▲ 7315

Himalchuli Peak

Lhotse
8516

8485 ▲ 8586

Thimphu

airawa

Kathmandu

Kanchenjunga

Sikkim

Butane
부탄

rakhpur

Gandaki River

Nepal
네팔

Darjeeling

Gangtok

Siliguri

Biratnagar

Karakoram
카라코람 서부

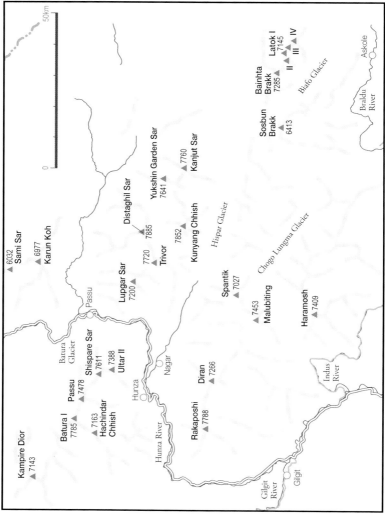

Kampire Dior
▲ 7143

Batura I
7785 ▲ Passu
▲ 7478

▲ 7163
Hachindar
Chhish

Batura Glacier

Shispare Sar
▲ 7611
▲ 7388
Ultar II

Passu

Hunza

Nagar

Rakaposhi
▲ 7788

Diran
▲ 7266

Hunza River

Gilgit River

Gilgit

Indus River

▲ 6032
Sami Sar

▲ 6977
Karun Koh

Lupgar Sar
7200 ▲

Distaghil Sar

7720 ▲ 7885
Trivor

Yukshin Garden Sar
7641 ▲

▲ 7760
Kanjut Sar

▲ 7852

Kunyang Chhish

Hispar Glacier

Spantik
▲ 7027

▲ 7453
Malubiting

Chogo Lungma Glacier

Haramosh
▲ 7409

Sosbun Brakk
▲ 6413

Bainhta Brakk
7285 ▲

Latok I
▲ 7145
II ▲ ▲ III ▲ IV

Biafo Glacier

Braldu River

Askole

50km

0

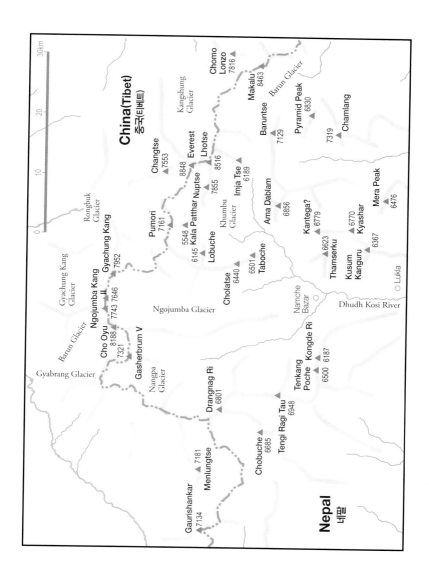

Khumbu
Rolwaring
쿰부 롤왈링 주변

China(Tibet)
중국(티베트)

Nepal
네팔

Gaurishankar ▲ 7181
Menlungtse
▲ 7134

Chobuche ▲
6685

Tengi Ragi Tau
▲ 6948

Drangnag Ri
▲ 6801

Nangpa
Glacier

Gasherbrum V
▲ 7321

Barun Glacier

Gyabrang Glacier

Gyachung Kang
Glacier

Cho Oyu
▲ 8188

Ngojumba Kang
▲ 7743 7646

Gyachung Kang
▲ 7952

Ngojumba Glacier

Rongbuk
Glacier

Pumori
▲ 7161

5548 ▲ Kala Patthar
6145 ▲
Lobuche

Khumbu
Glacier

Changtse
▲ 7553

Everest
8848

Nuptse
7855 ▲

Lhotse
8516 ▲

Imja Tse
▲ 6189

Kangshung
Glacier

Chomo
Lonzo
▲ 7816

Makalu
▲ 8463

Baruntse
▲ 7129

Barun Glacier

Pyramid Peak
▲ 6830

Chamlang
▲ 7319

Cholatse ▲
6440

6501 ▲
Taboche

Ama Dablam
▲ 6856

Tenkang
Poche ▲
6500 6187
Kongde Ri

Namche
Bazar ○

Dhudh Kosi River

○ Lukla

Kantega? ▲
6779

Thamserku
▲ 6623

Kusum
Kanguru
Kyashar ▲
6770
6367

Mera Peak
▲ 6476

0   10   20   30km

주요 지명 리스트

Abbottabad 아보타바드
Agra 아그라
Aksai Chin 악사이친
Ama Dablam 아마다블람
Amritsar 암리차르
Annapurna 안나푸르나
Api 아피
Askole 아스콜
Bainhta Brakk 바인타브락
Barun Glacier 바룬빙하
Baruntse 바룬체
Batura I 바투라1
Batura Glacier 바투라빙하
Bhairawa 바이라와
Biafo Glacier 비아포빙하
Biratnagar 비랏나가르
Braldu River 브랄두강
Broad Peak 브로드피크
Butane 부탄
Chamlang 참랑
Chandigarh 찬디가르
Changtang 창탕고원羌塘高原
Changtse 창체
Chobuche 초부체
Chogo Lungma Glacier 초고룽마 빙하
Cholatse 촐라체
Chomolhari 초몰하리
Chomo Lonzo 초모론조
Cho Oyu 초오유
Darjeeling 다즐링
Delhi 델리
Deo Tibba 데오티바
Dhaulagiri 다울라기리
Dhudh Kosi 두드코시강
Diran 디란
Distaghil Sar 디스타길사르
Dorkhun Muztagh 도르쿤무즈타그
Drangnag Ri 드랑나그리
Everest 에베레스트
Gandaki River 간다키강
Ganesh Himal Range 가네쉬히말산맥
Ganges River 갠지스강
Gangsrinpoche 강린포체
Gangtok 강토크
Garh 가르
Gasherbrum I 가셔브룸1
Gasherbrum II 가셔브룸2
Gasherbrum V 가셔브룸5
Gaurishankar 가우리샹카르
Gilgit 길기트
Gilgit River 길기트강
Gorakhpur 고라크푸르
Gyabrang Glacier 갸브랑빙하
Gyachung Kang 갸충캉
Gyachung Kang Glacier 갸충캉빙하
Gyantse 강체, 쟝쯔현长子縣

Hachindar Chhish 하친다르키쉬
Haramosh 하라모슈
Himalchuli 히말출리
Hindu Kush Mountains 힌두쿠시산맥
Hispar Glacier 히스파빙하
Hunza 훈자
Hunza River 훈자강
Imja Tse 임자체
Indus River 인더스강
Islamabad 이슬라마바드
Jaipur 자이푸르
Jomsom 좀솜
Jumla 줌라
Kailas 카일라스
Kailas Range 카일라스산맥 (중국명 강디쓰산맥冈底斯山脉)
Kala Patthar 칼라파타르
Kamet 카메트
Kampire Dior 캄피레디오르
Kanchenjunga 칸첸중가
Kangshung Glacier 캉슝빙하
Kanjiroba(Kanjirowa) Peak 간지로바봉
Kanjut Sar 칸주트사르
Karakoram 카라코람산맥
Karakoram Pass 카라코람고개
Karnali River 카르날리강
Karun Koh 카룬코
Kashmir 카슈미르
Kathmandu 카트만두
Khotan 호탄, 허톈시和田市
Khumbu Glacier 쿰부빙하
Khunjerab Pass 쿤자라브고개
Kongde Ri 콩드리
Kongur Tagh 콩구르타그
Kula Kangri 쿨라캉리
Kunlun Mountains 쿤룬산맥
Kunyang Chhish 쿠냥츠히시
Kusum Kanguru 쿠숨캉구루
Kyashar 키야샤르
Ladakh 라다크
Lahore 라호르
Laila Peak 라일라피크
Lanatang Lirung 랑탕리룽
Latok I 라토크1
Lhasa 라싸, 拉萨市
Lhotse 로체
Lobuche 로부체
Loinbo Kangri 룽보강리
Lucknow 러크나우
Lukla 루클라
Lupgar Sar 루프가르사르
Makalu 마칼루
Malubiting 말루비팅
Manaslu Peak 마나슬루
Menlungtse 멘룽체
Mera Peak 메라피크
Mush Muztagh Peak 무쉬무즈타그

Muztagh Ata 무즈타그아타
Nagar 나가르
Nagqu 나취, 那曲市
Naimonany 나이모나니
Namche Bazar 남체바자르
Nanda Devi 난다데비
Nanda Kot 난다코트
Nanga Parbat 낭가파르바트
Nangpa Glacier 낭파빙하
Nepalganj 네팔간즈
Ngojumba Glacier 고준바빙하
Ngojumba Kang 고준바캉
Nun 눈
Nuptse 눕체
Nyenchen Tanglha Mountains 니엔천탕라산맥
Pamir Mountains 파미르고원
Passu 파수
Pokhara 포카라
Pumori 푸모리
Pyramid Peak 피라미드피크
Rakaposhi 라카포시
Rawalpindi 라왈핀디
Rongbuk Glacier 롱부크빙하
Rutog 루토그, Rudok, 르투춘日土村
Saipal 사이팔
Sakya/Sa'gya 사캬, 薩迦
Sami Sar 사미사르
Saser Kangri 사세르캉리
Shikhar 시카르
Shimla 심라
Shishapangma 시샤팡마
Shispare Sar 시스파레사르
Shivlin 쉬블링
Sikkim 시킴
Siliguri 실리구리
Simikot 시미코트
Skardu 스카르두
Sosbun Brakk 소스분브락
Spantik 스팬틱
Srinagar 스리나가르
Sutlej River 수틀레지강
Taboche 타보체
Tanggula Mountains 탕구라산맥 (중국명, 티베트명 탕라산맥Tanglha Mountains)
Tengi Ragi Tau 텡기라기타우
Tenkang Poche 텡캉포체
Thamserku River 탐세르쿠
Thimphu 팀부
Tirich Mir 티리치미르
Trivor 트리보르
Ultar II 울타르2(Ultar Sar)
Uttarkashi 우타르카시
Xigazê 시가체, 르까쩌시日喀则市
Yarlung Tsangpo River 얄룽창포강
Yukshin Garden Sar 유크신가르단사르
Zanskar Range 잔스카르산맥
新藏公路 신짱도로

What's Next?

지은이 **히라이데 카즈야**平出和也(알파인 등반가 / 산악 전문 카메라맨)

1979년 5월 25일 출생. 나가노현 후지미정 출신. 적은 인원으로 짐을 경량화해 속도감 있게 오르는 '알파인스타일'의 고봉 등산이 특기로, 미답봉·미답 루트를 고집하며 등반 기록을 쌓아왔다. 2008년, 인도 카메트봉7,756m에 미답이었던 남동벽으로 등정하여 일본인 최초로 황금피켈상을 수상. 그 후 영상 카메라맨으로도 활약하면서, 2013년에는 당시 80세였던 미우라 유이치로의 세계 최고령 에베레스트 등정을 기록했다. 제21회 우에무라나오미모험상 수상했고, 2017년에는 파키스탄 시스파레사르7,611m를 북동벽으로 등정해서 두 번째의 황금피켈상을 수상했다. 2019년에는 파키스탄 라카포시7,788m를 미답이었던 남벽으로 등정해서 세 번째 황금피켈상을 수상했다. 이시이스포츠 소속으로 43세까지 현역 등반가로 활동했으며, 전 세계 일류 등반가 중 한 명으로 높은 평가를 받고 있다. 2024년 7월 27일 K2 서벽 등반 중 7,000m 지점에서 파트너 나카지마 겐로와 추락사했다.

옮긴이 **이승현**

한국외국어대학교 일본어과, 동대학교 교육대학원 일본어교육 석사과정 수료. 현 심석고등학교 일본어 교사이며, 교원능력부 부장교사를 맡고 있다. 평소 번역에 관심이 있어서 잡지나 매뉴얼 등 조금씩 번역을 해 오던 차에, 히라이데 카즈야 에세이의 번역 의뢰를 받고서 세계적으로 유명한 등반가에게 호기심이 생겨 등반 분야 도서 번역에 도전했다. 이 책을 번역하면서 히라이데에게 많은 감명과 도전을 받았으며, 많은 독자들이 이 책을 읽고 히라이데의 선한 영향력을 만끽하길 바라고 있다.

끝없는 도전

What's Next?

히라이데 카즈야 지음

이승현 옮김

전인미답의 봉우리를 향한

하루재클럽

제 **7**장

넘어온 산, 앞으로 넘을 산

일러두기

- 본 책은 국립국어원 표준국어대사전, 우리말샘 및 외래어 표기
  법을 따릅니다.
- 본 책의 주석은 역자와 편집자가 자료를 찾아 작성한 것입니다.
- 현지 지명 등이 원어 불명인 경우 원서의 일본어 표기를 한글과
  함께 그대로 실었습니다.

티베트고원 위로 떠오르기 시작한 태양이 텐트를 주홍빛
으로 물들인다. 텐트 밖으로 얼굴을 내밀자 지평선으로
부터 뻗어 나오는 햇빛에 눈이 부셨다. 눈앞에는 인도 제
2의 고봉인 난다데비산Mount Nanda Devi이 모르겐로트
morgenrot로 신비롭게 빛나고 있다. 멀리 티베트의 성산聖
山인 카일라스Mount Kailash부터 네팔 서쪽의 산들까지도
볼 수 있었다. 우리는 마지막으로 큰 선물을 받은 것 같아서
너무나 행복했다.

　2008년 10월, 나와 파트너인 다니구치 케이谷口けい는

* 인도 히말라야산맥의 쿠마운히말라야 최고봉. 동봉(7,434m)과 서봉(7,817m)
의 두 봉우리로 이루어져 있다. 1936년 영-미 합동등반대가 동봉을 초등했다.
** 새벽녘에 산의 표면이 햇빛을 받아 붉게 물드는 현상. 산에서만 볼 수 있는 여명.
*** 6,638m. 카일라스는 영어명이며, 네팔어로 카일라쉬.
**** 谷口桂. 1972-2015.12.22., 일본의 유명 여성 산악인으로, 여성 최초 황금피
켈상 수상자. 2015년 12월 홋카이도北海道의 다이세츠산大雪山 등반 도중 추락사
했다. 2020년 하루재클럽에서 그녀의 평전『태양의 한 조각』을 번역 발간했다.

해발고도 7,756m에 달하는 인도의 명봉 카메트산Mount Kamet에 있었다. 아무도 밟지 않은 남동벽의 눈과 얼음 위를 기어 올라가 눈을 파서 만든 얼마 안 되는 작은 공간에 펼친 좁은 텐트에서 춥고 잠들기 어려운 밤을 보내고 있던 6일째, 드디어 정상이 눈앞까지 다가왔다. 지금까지 해 온 고생에 대한 보상을 받을 날이 가까이 온 것이다.

조금씩 아껴 먹어온 식재료도 오늘 아침으로 끝났다. 정상까지 남은 150m를 반드시 올라가서 우리의 라인을 완결시키자고 마음속으로 다짐했다.

"가까워 보이지만 분명히 멀겠지."

케이가 중얼거렸다. 나는 그렇지 않기를 기도했다.

텐트에서 1피치pitch 정도 오르면 완전히 남동벽을 벗어나 정상의 능선으로 나올 수 있었다. 올려다보니 정상이 코앞이다. 짐은 텐트에 두고 나는 비디오카메라만 챙겼다. 좌우로 깎이듯이 떨어지는 능선을 조심하면서 오르자 경사가 서서히 완만해져 간다. 우리는 카메트의 정상에 올랐다.

"이곳에서 보이지 않는 세계는 없네."

내 말에 케이도 소리를 질렀다.

"경치가 끝내주네! 지구 멋지다!"

---

* 7,817m. 1931년 6월 21일 영국등반대(대장 프랭크 스마이드)가 초등했다.
** 등반 시 로프를 이용해 한 번에 움직일 수 있는 거리로, 정해진 숫자는 없다. 암벽등반에서는 50~60m, 빙벽등반에서는 60~100m의 로프를 사용하는데, 로프에 준해 1피치가 정해진다. 1피치로 움직일 수 있는 루트를 싱글피치, 여러 번 움직여야 할 경우에는 멀티피치라고 부르기도 한다.

What's Next?

여전히 좋은 날씨에 360도의 전망이 펼쳐진다. 저 멀리 하얀 눈으로 덮인 산들이 여러 겹으로 이어져 있고, 그 끝은 지평선이 되어 사라졌다.

설벽_{雪壁} 에 있었던 6박 7일 동안은 추락의 공포, 스트레스와의 싸움이 끊이지 않았다. 핵심부를 타고 넘어도 또 다시 어려운 장소가 나타나곤 했기 때문에 우리는 아침부터 밤까지 줄곧 시험받고 있었다. 빨리 끝내고 싶은 마음이 들기도 했지만, 조금 더 이 설벽에서 극한의 등반을 즐기고 싶다는 생각도 있었다.

만약 몇 년 전 카메트에 왔을 때 이 전인미답의 설벽을 만났다면, 도저히 오르지 못할 거라고 생각했을 것이다. 조금씩 산에 대한 경험을 쌓은 뒤 카메트가 구체적인 목표로 시야에 들어온 것처럼 카메트에서의 성공은 반드시 다음 번 새로운 미답의 설벽에 도전할 수 있도록 이끌어 줄 것이다.

"What's Next?"

카메트 정상에서 우리 두 사람이 무심결에 주고받은 말이었다.

본격적으로 등산을 시작한 것은 대학생이 된 이후다. 재학 중에는 일본 내의 산뿐만 아니라 해외의 산에도 올랐다. 등산은 그때까지 해온 경보_{競步} 의 세계와는 달리 자유와 해방감이 있었다. "이제부터는 경기장을 나와서 자유로운 활동을 할 수 있어."라는 생각에 나는 매우 들떴다. 하지만 7,000m나 8,000m급의 산들을 오를 때 앞선 사람들이 밟아 고른 길을 더듬어 간다는 것을 깨달았다.

이래도 되는 것일까. 그 후 나만의 가치관에 따라 '나의 산'을 발견하고 미답 루트를 답파踏破하는 것이 매우 강한 등반 동기가 됐다. 누구도 밟지 않은 곳부터 정상까지 아름다운 라인을 그리고 싶다고.

혼자 힘으로 미지의 분야에 도전하는 것은 매우 불안하다. 큰 불안감을 안은 채 산과 마주하는 일은 가끔 두려움에 도망치고 싶어 하는 연약한 나 자신과 대치하는 것이기도 하다. 나는 그 점에 대해서 깊이 생각했다. 내가 산과 함께 한 많은 시간은 사실 나 자신과 마주한 시간이기도 하다. 어쩌면 나는 혹독한 자연환경 속에서 활동함으로써 강인한 인간이 되고, 한층 더 성장하기를 갈망하고 있었던 것일지도 모른다.

그 일념으로 산을 오른 지 어느덧 20년이 됐다.

뜻밖에도 나는 등반계의 명예로운 상 중 하나인 황금피켈상Piolets d'or을 세 번이나 수상할 수 있었다. 2008년 카메트 남동벽, 2017년 시스파레사르산Mount Shispare Sar

---

* 프랑스의 고산등반협회와 산악 전문지 몽타뉴Montagnes가 1991년 제정한 상으로, 한 해 동안 전 세계에서 가장 뛰어난 등반을 한 산악팀에게 수여한다. 프랑스어로 '삐올레디오르', 일본에서는 피오레도르상ヒオレドール賞으로 부른다.
** 7,611m. 파키스탄 북부 카라코람산맥에 위치. 폴란드-독일 학술탐험대가 파

북동벽, 2019년 라카포시산Mount Rakaposhi 남벽 등반을 인정받은 것이다. 이 세 차례 도전으로부터 질적, 양적으로 우수하고 풍성한 경험을 얻었다. 하지만 영예롭게 수상한 세 번의 등반 뒤에 묻혀버리기 쉬운, 여러 동료와 함께했던 수많은 등산 또한 지금의 나를 만든 것임을 잊어서는 안 될 것이다.

나는 지금 나다운 등반을 마음에 새기고 그것에 열중하는 것이 가장 중요하다고 생각한다. 타인의 기준에 따라 살려고 하면 괴로워진다. 남에게 우습게 보여도, 무모하다고 야유를 받더라도 자기 자신에게 정직하게 산다면 남이 어떻게 평가하든 상관없다. 결국 자신의 인생은 스스로 되돌아보는 것이니까.

나다운 삶, 내가 할 수 있는 등반이란 무엇일까? 또 모험은 과연 무엇일까? 그 대답을 찾기 위해서 나는 앞으로도 계속해서 산에 오를 것이다.

수빙하를 따라 초등했다.
* 7,788m. 파키스탄 북부 카라코람산맥 서쪽 끝에 위치. 베이스캠프와 정상 사이의 높이가 5,000m가 넘는 세계 유일의 산이다.

제 1 장

운동선수에서 산의 세계로

18세, 3월 하순의 야쓰가타케의 아카다케 정상에서

2011년, 아마다블람 재방문

도대체 산은
나에게
무엇을 가르쳐 주고 있는 것일까?

'미지의 세계에 대한 탐구심'으로 움직이다

카메트의 남동벽을 초등한 이듬해인 2009년 2월의 어느 날, 한 통의 메일이 도착했다. 4월 하순에 프랑스 샤모니 Chamonix와 이탈리아 쿠르마예Courmayeur*에서 열리는 황금피켈상 시상식 초대였다.

황금피켈상은 '등반계의 아카데미상'으로 불리는 권위 있는 상으로, 매년 난도가 높으면서도 독창적인 등반을 이뤄낸 등반대와 등반가들에게 수여된다. 더그 스콧Doug Scott** 등 수많은 업적을 이룬 저명한 등반가들로 구성된 심사위원회의 심사로 여섯 개의 등반대가 최종 후보로 선정되어 세 개의 등반대가 수상했다. 그중 하나가 바로 우리 '카메

---

* 이탈리아 북부에 위치한 도시.
** 1941-2020.12.7. 영국의 산악인이자 등반작가. 1975년 9월 24일 에베레스트 남서벽을 초등했다. 영국산악회 회장(1999-2001) 역임. 2011년 황금피켈 평생 공로상을 받았다.

트 남동벽 초등'팀이었다. 1991년에 제정된 황금피켈상 사상 처음으로 일본인이 수상한 것이다.

우리가 상을 받게 된 이유 중 하나가 '미지의 세계에 대한 탐구심' 때문이었는데, 나는 이 사실이 그 무엇보다도 기뻤다. 수상소감에서 "카메트에 오른 것보다도 이 산의 미등 루트를 발견한 것이야말로 우리가 생각하는 성공이다."라고 말한 것처럼, 등반가로서의 나의 진가를 한 가지 꼽자면 '루트를 발견하는 센스'라고 자부한다. 기술적인 측면만 보자면 나보다 산을 잘 오르는 사람은 일본 내에도, 전 세계에도 많을 것이다. 그러나 목표가 되는 과제를 발견할 수 있는 센스가 없다면 그 기술을 발휘할 수 없다.

미지의 세계에 대한 탐구심. 이 수상 이유는 바로 나의 등반 철학에 대한 평가이자, 앞으로 오르게 될 산행에 대한 커다란 격려이기도 하다.

이렇게 '29세에 황금피켈상을 받은 등반가'라는 명예를 얻은 나는 도대체 어떤 길을 지나왔을까. 그것부터 되돌아 보고 싶다.

검도와 경기에 몰두한 나날들

산에 대한 나의 첫 번째 기억은 여섯 살 때 가족과 함께 올랐던 북알프스北アルプス 쓰바쿠로다케산燕岳의 풍경이다. 나카부사온천中房温泉에서 쓰바쿠로다케까지의 갓센능선合戦

6살 때 가족과 함께 오른 쓰바쿠로다케(오른쪽에서 두 번째가 나)

尾根*을 오르는 일이 큰 산에 처음 오르는 유치원생에게는 고
행 그 자체였기에 아버지를 원망했다. 하지만 정상에 도착
했을 때 바라본 경치가 너무나 인상적이어서 힘들었던 것을
잊을 수 있었다. 주변은 화강암으로 이루어진 기암으로 둘
러싸여 있었는데, 다양한 형태로 풍화되어 둥글어진 기암들
로 꾸며진 정원 같았다. 산 정상은 예리하고 뾰족하다고 알
고 있던 이미지와 달라서 의외였다. 또한 평소에는 올려다
보았던 구름이 바로 내 눈앞에서 모양을 바꿔가며 흘러가는

* 북알프스 3대 급경사 중 하나이지만, 등산로가 잘 정비되어 오르기 쉬운 편이다.

어린 시절에는 검도를 배웠다.

모습에 강렬한 인상을 받았다. 나의 작은 걸음으로도 이런 세계를 볼 수 있다는 것이 신선한 충격이었다.

나는 1979년 나가노현長野県의 남부에 있는 어머니의 고향인 아난阿南 마을에서 태어났다. 아버지는 경찰관으로, 산악구조에 종사하기도 했던 것 같다. 현장을 알아두기 위해서라도 주변의 많은 산을 오르곤 했다고 나중에 아버지께 들었다. 그런데 아버지는 여름 방학에 나를 산보다는 바다로 데려가는 일이 많았다. 나는 근처에 있는 산보다 멀리 있는 바다를 동경하는 아이였기 때문이다. 그래도 집 근처 뒷산은 내가 평소 방과 후에 탐험 놀이터로 삼아 비밀기지를 만들고 노는 장소였다. 그곳에서 놀면서 으름덩굴의 열매를 따 먹기도 했다.

초등학교 저학년 때는 수양벚나무로 유명한 다카토조시공원高遠城址公園 근처의 관사에서 지냈다. 벚꽃 시즌이 되면 이른 아침부터 다카토조시공원에 아버지, 형이랑 달리기하러 자주 갔었다. 관광객이 없는 조용한 아침에 달리면서 벚꽃을 구경하는 건 매우 기분 좋은 일이었다.

그곳에서 보이는 전원田園 끝자락에 우뚝 솟은 산이 센조가타케仙丈ヶ岳라고 아버지가 가르쳐 주셨다. 그때는 험준하고 접근하기 어려운 세모 모양의 산으로 보였지만, 산에 대한 경험이 쌓인 후에 다시 보니 둥글둥글하고 얌전한 느낌의 산으로 달리 보였다.

두 살 위의 형과는 자주 싸웠다. 아니 괴롭힘을 당했다. 아버지는 유도 검은 띠였는데, 아들들도 무술 익히기를 바랐는지 형을 먼저 마을 체육관으로 보내 검도를 배우게 했다. 형이 검도를 연습하는 모습을 지켜보던 나도 검도를 배우고 싶어졌고, 그 이후로 검도에 몰두하게 됐다. 불합리한 싸움이 아니라 규칙이 있는 검도를 하며, 형과 죽도로 승부를 겨룰 수 있다는 것이 기뻤는지도 모른다.

스키도 어릴 때부터 시작했다. 어느 겨울날 아버지가 선물해 준 플라스틱 스키를 들고 곧바로 공원으로 가서 눈으로 동산을 만들어 그 위에서 직활강했는데, 넘어지면서 스키가 두 동강이 나 버렸다. 선물 받은 바로 그날 부서졌는데도 아버지는 화를 내지 않고 오히려 제대로 된 스키를 준비해 주셨다. 이후 여름에는 등산, 겨울에는 스키를 연중행사로 즐기게 됐고, 나는 얼마 지나지 않아 우리 가족 중에서 스키를 가장 잘 타게 됐다.

어느 날, 나는 아버지의 권유로 마을 주민 마라톤대회에 참가했다. 평소 이른 아침에 달리던 것처럼 아버지의 느린 페이스에 맞춰 달리고 있었는데, 많은 선수가 내 옆을 지나 앞질러 가자 마음이 불편해졌다. 조금도 지치지 않았던 나는 아버지에게 "먼저 가도 돼요?"라고 물었다. 참가자가 많았기 때문에 아버지랑 다시 만날 수 있을지 불안하기는 했지만, 아버지랑 떨어져서 내 페이스로 달리기 시작하자 나는 나보다 큰 어른 수십 명을 제쳐 나가기 시작했다. 그럼에도 아직 여력이 있었기 때문에 바로 앞에 보이는 사람의 등을 목표로 더욱 속도를 올렸다. 골인했을 때는 성취의 기쁨보다 '훨씬 더 많은 사람을 앞질렀을 수 있었는데…' 하는 생각에 기분이 개운치 않았다. 처음부터 내 페이스로 달리지 못한 것이 아쉬웠다.

이처럼 자신의 노력으로 눈앞에 있는 사람을 앞질러 갈 때 상쾌한 기분을 느낀 것을 계기로 나는 운동선수로서 능력을 각성하게 됐다.

초등학교 4학년으로 올라갈 때 아버지가 전근하는 바람에 나는 다쓰노마치辰野町*에 있는 초등학교로 전학을 갔다. 특기가 운동이었던 덕분에 새로운 반에도 금세 적응할 수 있었다. 달리기가 빨랐기 때문에 동급생이었던 여자아이의 권유로 마을을 일주하는 역전마라톤駅伝競走** 팀에 들어갔다. 온 마을 구석구석을 달리는 역전마라톤에는 초등학생 구간도 있어서 성인과 함께 섞여 연습했다. 달리는 즐거움을 배우면서 힘도 기르고, 성적을 남기는 것에 보람을 느끼게 됐다. 방과 후의 시간은 오로지 검도로 채워졌고, 저녁 식사 후에는 역전마라톤 동료들과 연습했다. 하루 24시간 가운데 승패에 구애받는 단련의 시간이 늘어갔다. 초등학교 1학년부터 시작한 검도는 중학교 동아리 활동까지 이어졌고, 마지막 여름에는 현에서 단체 3위에 오르기도 했다.

'이제는 육상을 통해 강인함을 얻고 싶다.'
이런 생각으로 당시 육상경기에서 나가노현의 강호였던 도카이대학교東海大学 제3고등학교(현 도카이대학 부속 스와고등학교諏訪高等学校)에 진학했다. 그러나 역시 강호 고교의 훈련 수준은 내게 버거웠다. 이를 따라가지 못한 나는 육상

---

* 나가노 현에 있는 지역.
** 릴레이 마라톤 경기로, 한 팀의 여러 선수들이 역과 역 사이를 이어 달리는 경기다. 일본에서 최초로 만들어졌으며, 일본 내에서는 인기가 상당히 높다.

경보대회에서 선두로 가고 있다.

동아리에 들어가자마자 그만두어야 했다. 그런 다음 선택한 것이 경보였다. 당시 경보는 아직 대중적이지 않은 운동이었고, 지도자도 적어서 다른 곳의 학교 선수나 지도자와 교류합숙을 하면서 실력을 키워 나갔다. 우연하게도 근처에 올림픽 출전 경험을 지닌 현역 선수가 있어서 직접 배울 수 있었다. 교류합숙 시에는 기분 전환의 일환으로 다 함께 작은 산을 뛰어오르기도 했는데, 오랜만에 정상에 올라 경치를 보면 왠지 모를 그리움이 느껴졌다.

　이런 날들이 반복되면서 경기장이 조금씩 답답하게 느껴지기 시작했다. 경기에 대한 동기부여가 저하된 것은 아니었지만, 매일 하는 훈련에 경기장 밖에서 할 수 있는 트레이닝 프로그램을 도입할 수 없을지 궁리하게 됐다. 그러다 떠올린 것이 항상 훈련하던 경기장에서 정면으로 보이는 산에 오르는 훈련이었다. 횡橫으로 움직이는 트랙 훈련과 달

고교 시절 야쓰가타케의 아미가사야마 산기슭에 살았다.

리 종縱으로 이동하기 때문에 그만큼 힘들었지만, 트랙에서 하는 훈련보다 상쾌했고 쏟아지는 땀에 기분이 좋았다. 고된 훈련의 성과인지 이후에 열린 현내 경보대회에서 우승했다. 게다가 육상동아리에서는 탈퇴를 강요받을 정도의 수준이었던 내가 전국 6위라는 높은 순위에 올랐다.

　아버지의 직업 때문에 우리 가족은 이사를 자주 했다. 고등학생 때 우리 집은 야쓰가타케산八ヶ岳*의 가장 남쪽에 있는 아미가사야마산編笠山의 해발고도 1,000m쯤 되는 산기슭에 있었다. 여름에는 시원해서 좋은데, 겨울에는 영하 15도까지 내려가는 날이 비일비재했다. 가장 가까운 역까지 자전거로 빙판길을 왕래했던 일은 지금 생각해 보면 추위 견디기와 균형 잡기 훈련이 됐다고 생각한다.

---

* 나가노현의 스와諏訪, 사쿠佐久 지역 및 야마나시현山梨県의 경계에 있는 화산군.

내 방의 창문에서 가깝게는 야쓰가타케, 정면으로는 남알프스南アルプス의 호오산잔산鳳凰三山부터 가이코마가타케산甲斐駒ヶ岳과 노코기리다케산鋸岳의 능선, 게다가 멀리는 후지산富士山까지 잘 보였다. 그때까지 나에게 산은 풍경의 일부로만 보였는데, 그 시각이 변하기 시작한 건 그 무렵이었는지도 모른다.

도카이대학에 진학한 후에도 육상부에 들어가 경보를 계속했다. 그러나 경기장에서 연습하는 일은 거의 없었고 항상 교외로 나갔다. 단자와丹沢*의 산들이 자전거로 갈 수 있는 거리에 있었던 것도 있어서 쇼분샤昭文社(지도 전문 출판사)의 『산과 고원지도—단자와山と高原地図 丹沢』를 들고 단자와로 올라갔다. 반년이 지났을 때는 코스의 대부분을 외우게 됐다. 경치가 좋은 능선과 정상에 설 때마다 승패에 매달려 남의 등을 쫓기만 했던 지난날 동안 눈앞에 펼쳐진 이토록 멋진 세계를 모르고 있었던 것이 안타까웠다.

그래도 1학년 때 운동에 몰두해서 2학년 여름이 끝나갈 무렵 열린 일본경보선수권대회에서는 분명히 10위에 올랐다. '분명히'라고 표현한 것은 솔직히 정식 순위를 기억하지 못하기 때문이다. 그 당시 나에게 순위는 그다지 중요하지 않았을 것이다. 그 성적으로 이미 충분히 해냈다는 큰 성취감을 얻기도 했고, 사회인이 되어서도 경보를 계속하고

---

* 도쿄 남쪽에 인접한 가나가와현神奈川県에 있는 산지山地.

있는 내 모습이 전혀 상상되지 않았다. 훈련도 남들보다 몇 배나 해 왔기 때문에 이제 정점에 올랐다는 생각도 들었다.

'경기장' 밖으로

한편 산에 대한 그리움은 점점 커졌다. 훈련하며 산에 머물 수 있는 것은 고작 몇 시간뿐이었다. 게다가 훈련할 수 있는 계절도 눈이 녹는 봄의 끝 무렵부터 가을까지로 한정됐기 때문에, 산 표면에 눈이 보일 때는 멀리서 바라보고 있을 수밖에 없었다.

훈련하며 올랐던 산이 품고 있는 미지의 세계를 알고 싶어서 겨우 한 걸음 내디딘 산이 바로 여름의 야쓰가타케다. 항상 아미가사야마 바로 직전에서 발길을 돌렸던 능선을 2박 3일 동안 다테시나야마산蓼科山까지 걸어 보기로 한 것이다. 내 인생의 첫 종주 등산은 많은 실패를 경험하기도 했지만, 감동이 끊이지 않았기 때문에 지금까지도 영원히 바래지 않는 추억으로 남아 있다.

처음에는 평소의 습관대로 경치보다 지도에 적힌 코스 소요 시간과 스톱워치로만 눈길이 갔다. 운동선수로서의 습관이 배어 있었을 것이다. 남야쓰가타케에서 북야쓰가타케로 들어가니 이제까지 거친 산길이었던 풍경이 평온한 숲길로 확 바뀌었다. 태어나서 처음 보는 이끼 양탄자가 눈길을 사로잡았다. 산에서는 스스로 코스를 정해서 나아가도

맨 처음 혼자 갔던 텐트 야영은 가타카사산蓼科山에서 요시나산蓼科山까지 2박 3일의 야쓰가타케 종주였다.

되고 돌아와도 된다. 장비도 식품도 직접 챙겨야 한다. 이 모든 일을 자신이 책임지고 행동한다. 이런 활동의 자유로 움에서 진실한 감동을 느꼈다. 나는 '경기장'이라는 테두리 를 벗어났다는 해방감에 사로잡혔다.

집에 돌아오자, 평소 올려다보았던 산들이 지금까지와 는 분명히 달라 보였다. 멀리 높이 솟아 있던 산이 더욱 가깝 게 느껴졌다.

그 후 나는 개인적으로 한 달에 한 번 정도 야쓰가타케

의 미노토쿠치美濃戸口 → 교오자산장行者小屋 → 아카다케산
赤岳 → 요코다케산横岳 → 이오다케산硫黃岳 → 아카다케코
센赤岳鑛泉 → 미노토쿠치 코스를 세 시간 반 정도로 달리는
훈련을 했다. 요즘으로 치면 '트레일러닝trail running*'인 셈
이다. 산을 오를 때는 크로스컨트리를 하듯이 스키폴을 들
고 있는 팔을 뒤로 밀어내는 듯한 동작을 했다. 산에서 내려
올 때는 스키폴로 균형을 잡고, 때로는 축으로 삼아 크게 점
프하면서 상태가 좋지 않은 길에서도 속도를 낼 수 있는 나
만의 스타일을 고안해서 연습했다. 신발은 항상 메시mesh
소재의 러닝화를 신었다.

　　마을에 쌓였던 눈이 슬슬 녹기 시작하는 3월 하순, 기
다리다 지쳐 더는 참지 못하고 평소 달렸던 나만의 코스로
출발했다. 달리기 시작한 지 얼마 지나지 않아 미나미자와
南沢로 들어갔다. 온통 눈으로 뒤덮어 빙판처럼 된 길을 고
생하면서 힘겹게 나아갔다. 그러자 여름에는 없었던 이정
표 분기점과 마주쳤다. 어느 쪽으로 갈지 고민한 끝에 평소
다녔던 길과는 경치가 달라 보이는 오른쪽 길로 갔더니 눈
앞에 얼어붙은 큰 폭포가 나타났다. 태어나서 처음 보는 얼
어붙은 폭포는 에메랄드그린 같은 신비로운 색을 띠고 있었
다. 그 폭포의 한가운데에 헬멧을 쓴 사람이 있었는데, 도끼
같은 것으로 얼음을 두드리며 부수고 있는 것처럼 보였다.

---

* 포장된 아스팔트 도로나 트랙이 아닌 산, 초원, 숲길 등 자연 속을 달리는 운동.

'도대체 저 사람은 뭘 하는 거지? 무슨 공사를 하는 건가?' 당시 나는 '빙벽등반ice climbing'을 몰랐다. 물론, 그곳이 미나미사와 폭포南沢小滝란 것도.

분기점으로 돌아와서 산장까지 갔을 때, 눈이 내리지 않는 시기와는 전혀 다른 풍경에 놀람과 동시에 감동받았다. 여기서부터 아카다케까지는 가파른 눈길이었지만 그대로 올라갔다. 분자부로文三郎 길의 삼림한계선[*]을 넘었더니 햇볕이 내리쬐고, 바람이 불지 않는 따뜻한 날씨였기 때문에 상반신은 벗고, 하반신은 반바지 차림으로 아카다케의 정상에 올라섰다. 아이젠eisen[**]을 착용하고 등산 스틱을 들고 있는 등산객에게 등정 기념사진을 부탁했다. 그 등산객에게는 내 모습이 참 이상하게 보였을 것이다.

그곳에서 요코다케로 가는 바위능선은 햇빛에 눈이 녹기 시작해서, 그 등산객은 아이젠을 착용한 채 걷기 힘들 것 같은 길가를 서둘러 달려서 빠져나갔다. 이오다케에서 내려오자 역시나 눈이 많아서 앞으로는 내려갈 수 없어서 스키폴을 거꾸로 고쳐 잡고 그립 부분으로 눈 속을 찌르면서 뒤돌아서 신중하게 발을 내밀었다. 신발도 다 젖고, 손끝이 차갑다 못해 심하게 아팠지만, 그래도 아카다케코센의 완만한 내리막에서 라스트스퍼트last spurt를 하듯이 페이스를

[*] 고산이나 고위도 지방에서 저온으로 삼림이 이루어질 수 없는 한계선.
[**] 독일어. 강철로 된 스파이크로, 얼음 따위에 미끄러지지 않도록 등산화 밑에 덧신는다. 영어로 크램폰crampon.

끌어올리자 손끝의 통증은 언제부턴가 사라졌다.

미끄러질 뻔한 것을 포함해 여러 차례 위험한 상황을 마주했던 이 산행은 산에 대해서 잘 몰랐기 때문에 가능했던 것. 3월의 야쓰가타케 종주에서 그런 장비와 옷이라면 조난을 당한다 해도 이상하지 않았을 것이다. 이 산행을 계기로 겨울 산과 해발고도가 높은 산을 목표로 할 때는 절대로 자기 마음대로 하면 안 되고, 좀 더 확실하게 배워서 임해야 한다는 사실을 통감했다. 경보경기에서는 어느 정도 성취감을 얻기도 했고, 내 마음속에서 산의 존재가 점점 커지고 있었기 때문에 기분은 상쾌했다.

육상부를 그만두고 산악부에 들어가기로 했다.

큰 차이로 우승하다

1999년 가을, 육상부를 그만두겠다고 한 그날, 나는 산악부 동아리방 앞에 서 있었다. 육상부를 나설 때 가장 먼저 마음속에 떠오른 것은 규칙이란 것에서 해방됐다는 안도감이었다. 경보경기에서는 수백 미터마다 심판이 있어서 한 쪽 다리가 반드시 지면에 닿아 있는지 어떤지를 항상 확인한다. 이런 생활이 반복되자 마을에서도 남의 시선을 의식하게 됐다. 이에 반해 그런 답답함이 전혀 없는 등산의 자유로움이 마음에 들었다. 등산에 매료된 이유가 규칙이 엄격한 경보경기에 대한 반발심이었는지도 모르겠다.

대학산악부 대항 마라톤대회에서 단체전·개인전 모
두 우승했다.

　　대학교 2학년 때 산악부 동아리에 들어갔는데, 부원이
4학년과 3학년 각 한 명씩밖에 없었다. 마침 같은 시기에
한 사람 더 들어와서 나를 포함해 모두 네 명인 아담한 동아
리가 됐다. 하지만 몇 달 지나지 않아 3학년 학생이 그만둬
버리는 바람에 넓은 동아리방이 더 휑해졌다. 지금까지 내
가 활동했던 수백 명으로 이루어진 육상부와는 차이가 컸
다.

　　산악부에 들어가고 몇 달이 지났을 때 일본산악회 학생
부가 주최하는 황궁 외곽 일주 5km 코스를 뛰는 대학 대항

마라톤대회가 열렸다. 오전에는 네 바퀴를 네 명이 이어 달리는 단체전이 열렸다. 대회를 연패連霸하고 있던 메이지대학明治大学은 우승하면 졸업한 선배들로부터 금일봉이라도 나올 것처럼 기세부터 남달랐다. 물론 동아리에 들어온 지 얼마 안 된 나를 아는 사람은 아무도 없었고, 유일한 선배이자 주장인 구라모토 가쿠토蔵元学土도 그 이후에 전개될 상황을 상상하지 못했던 것이 틀림없다.

우리는 부원이 세 명밖에 없었기 때문에 내가 첫 주자와 마지막 주자를 맡아 달리기로 했다. 첫 바퀴, 상당한 차이를 벌리며 선두로 출발지점에 돌아오자, 경기장 안에 큰 함성이 울려 퍼졌다. 두 번째 주자였던 동기도 선두를 유지했고, 드디어 세 번째 주자인 선배가 달리기 시작했다. 그런데 마치 초보자와 같은 주법에 나도 모르게 웃음이 새어 나왔다. 그러다 문득 여기는 육상부가 아니라 산악부란 것을 깨달음과 동시에 나는 산악부에 들어왔는데 왜 또 이렇게 달리고 있나 하는 생각이 들어 쓴웃음을 지을 수밖에 없었다.

선배는 뒤처져서 4위로 들어왔지만 나는 전혀 걱정하지 않았다. 나의 하프 마라톤 최고 기록이 1시간 8분 30초였기 때문이다. 마지막 주자인 내가 다시 상당한 차이로 벌리면서 맨 먼저 출발 지점으로 돌아왔을 때 경기장에는 두 번째 함성이 터져 나왔다. 단체전에서의 첫 우승이었다.

오후에는 세 바퀴를 겨루는 개인전이 열렸는데, 물론 여기서도 가볍게 우승했다. 기록은 52분 55초, 이후로도 깨지지 않는 코스 기록이 됐다. 그리고 이 대회를 위해서 육상부에서 조력자를 데리고 왔다는 의혹에 비난받는 선배를 살짝 곁눈질로 보며 앞으로는 육상부에서 온 '조력자 히라이데'가 아닌 '산악부의 히라이데'로서의 모습을 제대로 보여주기로 다짐했다.

우승팀에게는 큰 상이 수여됐다. 등산용품점이나 유명 제조사의 협찬으로 호화로운 경품이 준비되어 있었는데, 가난한 학생인 나에게는 그림의 떡인 시몽사Simond社의 피켈*을 비롯해 신제품 장비를 여러 개 받을 수 있었다.

눈앞에서 목도한 갑작스러운 죽음

일본산악회 학생부의 교류활동 가운데 한일교류합동등반이라는 게 있다는 것을 알게 됐다. 양국 학생들이 인수봉仁壽峰이라는 한국의 산에서 암벽등반을 하는 계획이었다. 인수봉은 한국에서 암벽등반의 성지로 여겨지는 암봉岩峰이다. 당시 나는 그런 정보를 몰랐지만 아무런 망설임 없이 지원했다. 하지만 나는 몇 개월 전에 가나가와현神奈川県에 있는 유가와라湯河原 마쿠이와幕岩** 암벽에 한 번 오른 경험이 있을 뿐인 초보자였다.

그 마쿠이와에서는 실패해도 추락할 걱정이 없는 톱로

---

* 프랑스의 등산용품 제조사.
** 등반의 명소로 손꼽히는 암벽.

바위 타기에 열중하던 대학 산악부 시절

프top rope 방식[*]으로 올랐다. 그러나 힘을 덜 들이는 등반법을 몰랐기 때문에 그날 훈련이 끝날 즈음에는 전완근前腕筋이 팽창되어 안전벨트에 묶여 있는 로프를 푸는 것도 힘들 정도였다. 둘째 날은 아직 익숙해지지는 않았지만 전날보다 어느 정도 원만하게 오를 수 있게 됐고, 마지막에는 드디어 리드, 즉 선등자가 됐다. 주어진 루트는 5.10a 등급이어서 초보자에게는 상당히 어려운 편이었지만, 등반 이틀 만에 기분만큼은 이미 초보자가 아니었던 나는 기세 좋게 그 루트를 올랐다. 또 하나의 새로운 세계가 열리는 순간이었다.

---

[*] 등반 종료 지점에 로프를 미리 걸고 등반자가 암벽 아래에 있는 확보자의 보호를 받으며 등반하는 방식.

인수봉은 상상 이상으로 큰 바위 봉우리였다. 화강암이 미끌미끌하고 경사도 가팔랐다. 첫째 날은 여덟 피치의 루트(우정友情B길)를 한국 학생과 교대로 선등하며 올라갔다. 다음 날도 또 그다음 날도 계속 올랐다. 불안과 공포 같은 부정적인 기분은 사라지고 새로운 것에 과감히 도전해서 무엇이든 경험하고 흡수하고 싶은 매우 긍정적인 기분으로 가득 찼다.

인수봉에서의 경험은 언젠가 해외에 나가서 새로운 세계를 보고 싶다는 내 꿈이 실현된 최초의 사건이었다. 나는 마음속 깊은 곳에서 끓어오르는 산에 대한 호기심을 참을 수가 없었다.

나는 산을 배우는 일에 굶주려 있었다.

당시 도야마현富山県에 있는 문부성등산연수원文部省登山研修所(통칭 문등연)에서는 산에서의 조난사고를 막기 위한 다양한 연수 프로그램을 운영하고 있었다. 어느 날 나는 문부성文部省(현 문부과학성文部科学省)으로부터 대학 산악부 주장은 문등연이 주최하는 춘하추동 연 4회의 연수 프로그램에 참여해야 한다는 연락을 받았다. 대학 측에서도 그런 연수라면 비용을 지원해 주겠다고 했다. 나는 아직 주장이 된 것은 아니었지만 산악부원이 적었기 때문에 그 연수 프로그

---

* 북한산北漢山 인수봉仁壽峰의 루트로, '형제길'이라고도 불린다.

대학 산악부 시절에는 설산 등산의 기초를 확실하게 배웠다.

램에 참여할 수 있었다.

2000년 겨울 산지 연수는 전국 대학에서 모인 연수생 서른두 명과 강사 열 명이 일곱 개 조로 나뉘어 다이니치다 케산木日岳을 올라 스키를 타고 내려오는 프로그램으로, 입산한 지 3일째에 등정하여 다음 날 하산할 예정이었다. 3일째 되던 날, 우리 조는 오전 11시경에 다이니치다케의 정상에 도착했다. 쾌청하고 바람도 거의 불지 않아서 일본의 산이라고는 믿기 힘든 험준한 산세를 지닌 쓰루기다케산剱岳이 잘 보였다. 나는 눈처마를 조심하면서 전망이 좋아 보이는 정상의 한쪽 가장자리에 가서 사진을 찍었다. 그때 다른 사람들이 따라 올라왔길래 자리를 양보하고 점심을 먹으려고 이동했다. 바로 그때 '펑!' 하는 소리와 함께 나와 그 사람들 사이에 있던 눈에 균열이 생기며 1m 정도 앞에 있었던 사람이 순식간에 눈보라 속으로 사라져 버렸다. 눈처마가 그 위에 있던 사람들을 삼킨 채 무너져 내린 것이다. 그렇게 연수생 아홉 명과 강사 두 명이 눈처마에서 미끄러져 두 명의 연수생이 사망한 참사가 발생했다.

산에서의 죽음. 산의 냉험함을 몸소 경험한 그날의 그 사고는 나의 뇌리에 선명하게 새겨져 있다.

1년 만에 두 번, 히말라야 등반

산악부에 들어갔을 때 졸업한 산악부 선배인 데리하 요시쓰구出利葉義次라는 분과 만났다. 데리하 선배는 히말라야Himalaya와 알프스Alps에 올랐던 사람인데, 당시 대학교 직원이기도 해서 산악부 동아리방에 가끔씩 들르곤 했다. 그 데리하 선배가 졸업한 산악부 선배들과 함께 2001년 티베트Tibet의 쿨라캉리Kula Kangri라는 산에 갈 계획을 세우고 있었다.

쿨라캉리는 중국 시짱자치구(티베트)와 부탄의 국경 부근에 자리 잡은, 주봉의 높이가 7,538m에 달하는 고산이다. 주봉 외에 중앙봉(7,418m)과 동봉(7,381m)도 있다. 주봉

---

* 1986년 4월 21일 일본-중국 합동등반대(대장 히라이 가즈마사平井一正)에 의해 초등됐다.

** 국내에서는 7,554m로 알려져 있다.

쿨라캉리 2001

푸마윰초호수Lake Puma Yumco에서 멀리 쿨라캉리를 바라보다.

등정 기록

1986년 봄, 고베대학이 북면에 베이스캠프를 설치하고 서릉으로 주봉을 올라 초등에 성공했다.

은 1986년에 고베대학산악부神戸大学山岳部가 초등初登했지만, 중앙봉과 동봉은 미등未登이어서 그곳을 목표로 정했다. 졸업한 선배가 주축이었지만 재학생도 여러 명 데려가기로 했기 때문에 4학년이었던 산악부 주장이 가는 것으로 정해져 있었다.

7,000m급의 산이라는 것은 전혀 상상할 수 없는 세계였지만, 나도 선배들에게 어필하면 어떻게든 한 자리를 차지할 수 있지 않을까 하는 실낱같은 기대를 품고 원정길을 위해서 열리는 월 1회 스터디 모임에 초대받지도 않았는데 출석했다. 하지만 "너는 아직 겨울 산도 올라 보지 않아서 절대 안 된다."고 데리하 선배가 말했다. 그럼에도 포기하지 않고 쿨라캉리의 이미지를 입체적으로 파악하기 위해 스터디 모임에서 배부된 등고선이 들어간 지도를 갖고 산의 입체모형을 만들어 봤다. 그러자 다음 스터디 모임에서는 내가 만든 모형을 보면서 "이 근처부터 올라볼까? 이쪽은 어때?"하며 선배들이 들떠 있었다. 쿨라캉리의 사진은 멀리서 찍은 사진 한 장밖에 없었기 때문에 내가 만든 모형을 활용해 준 것이 참 기뻤다.

그러던 중 어떻게 하면 이 원정길에 참가할 수 있을지 열심히 어필하는 나를 보고, 대장이 "실제로 쿨라캉리에 갈 수 있을지 모르겠지만, 원정을 가기 전까지 설산 등산을 경험해 보고 판단하자."고 말해 줬다.

첫 히말라야 등반에서 미등봉 쿨라캉리 동봉 등정

처음 겨울 산을 오른 것은 1999년 겨울 가라사와다케
산涸沢岳 니시능선西尾根의 오쿠호다카다케산奧穂高岳이었지
만, 1년 차 산악부원은 겨울 산 정상에 세우지 않는다는 산
악부 내 규칙이 있었기 때문에 선배는 산을 오르고, 나는 텐
트를 쳤다. 그때는 이러한 전통이 무슨 의미가 있는 것일까
싶었다.

이듬해 두 번째 동계 등반은 연말연시에 올랐던 하야쓰
키능선早月尾根의 쓰루기다케. 이번에는 산 정상에 설 수 있
다는 즐거움이 있었지만, 정상에 올라서지 못하면 쿨라캉리
에는 가지 못한다는 부담감도 있었다. 결과적으로 날씨의
도움으로 겨울 쓰루기다케에 등정할 수 있었기 때문에 대학
산악부의 졸업생들을 주축으로 결성된 총원 16명의 대원정
대에 참가할 수 있었다.

2001년 3월 26일 일본을 떠나 베이징北京으로, 베이징에서 청두成都로, 청두에서 라싸拉薩로 비행기를 타고 이동하여 4월 1일 베이스캠프에 도착했다. 한 달 반 안에 산을 오르고 돌아오는 계획이었다.

세 개의 팀으로 나누어 루트 개척, 짐 수송, 휴식을 순서대로 돌아가며 루트를 개척해 나가기로 했다. 나도 미약한 힘이지만 루트 개척에 참여하게 됐고, 이 한 걸음 한 걸음이 정상으로 연결된다고 생각하니 너무나 흥분됐다. 이렇게 중앙봉과 동봉 초등에 성공했다. 나는 일곱 명의 멤버와 함께 동봉의 정상에 올랐다.

이렇게 해서 나의 첫 히말라야 등반은 호조의 스타트를 끊었지만, 돌이켜 보면 7,000m가 넘는 명봉임에도 그때까지 전인미답의 봉으로 남아 있었던 쿨라캉리 중앙봉, 동봉의 가치를 잘 모르고 오른 것이 후회된다.

이야기는 쿨라캉리에 오르기 전으로 거슬러 올라간다.

도쿄東京 이치가야市ヶ谷에 있는 일본산악회의 회의실에서 월 1회 정도 학생부 모임이 있었는데, 그곳에서 아세아대학산악부亜細亜大学山岳部의 오이시 아키히로大石明弘를 알게 됐다. 동갑인 그는 지난해에 알래스카Alaska의 최고봉인 데날리산Mount Denali에 올랐고 다음으로는 8,000m 봉

* 중국 시짱자치구西蔵自治区(티베트)의 구도区都.
** 6,190m. 1896년 공화당 대선후보였던 윌리엄 매킨리William McKinley(훗날

초오유 정상까지 얼마 남지 않았다.

우리를 벼르고 있었는데, 멤버가 모이지 않아 의기소침해 있었다. 그의 목표는 8,188m나 되는 티베트의 초오유산 Mount Cho Oyu이었다. 그 당시 나에게 8,000m 봉우리란 말도 안 되는 세계였지만, 해발고도가 높은 곳에 가고 싶다는 단순한 이유에서 참가를 신청했다.

쿨라캉리에서 돌아온 그해 가을, 오이시와 초오유로 향했다. 이 산은 8,000m 봉우리 중에서는 비교적 쉽다고 여겨져서, 베이스캠프에는 많은 산악인들로 북적였다.

제25대 대통령)가 자신의 이름을 따 매킨리산Mount McKinley이라 불렀고, 1917년 공식화됐다. 2015년 8월 데날리산으로 공식 개칭됐다. 북미에서 가장 높은 산.
* 세계에서 여섯 번째로 높은 산으로, 네팔과 중국 국경에 위치. 에베레스트 서쪽으로 약 20km 떨어져 있다.

초오유 2001

Cho Oyu 8188m

C3(7520m)

C2(7130m)

C1(6430m)

5,700m에 있는 베이스캠프에서 바라본 초오유

등정 기록

1954년 가을에 오스트리아 원정대(대장 H. 티히[H. Tichy])가 초등에 성공했다. 8,000m 봉우리를 목표로 하는데, 대원이 단 3명. 당시로는 이례적으로 소규모였다.

등반 비용을 줄이기 위해서 우리는 베이스캠프까지 모든 과정을 준비해 주는 국제상업등반대에 들어갔다.* 다양한 국적의 참가자들이 음식을 공유하면서 같은 베이스캠프에서 생활했다. 서양인은 체격도 크고 체력도 있어 보였다. 그에 비해 우리는 나이도 어리고 체격도 작았기 때문에 "너희 같은 어린이들은 오를 수 없어."라고 말하는 듯한 시선을 느꼈다. 그러나 산을 오르기 시작하자 우리는 누구의 도움도 받지 않고 예정된 스케줄대로 무산소로 정상에 오를 수 있었다. 스키를 잘 타는 나는 산 정상에서 스키를 타고 내려오는 것도 성공했다.

하지만 등반을 마치고 시간이 지날수록 '내가 하고 싶었던 게 이런 것이었나?'라는 의문이 머릿속을 안개처럼 뒤덮었다. 초오유에서는 상업등반이 한창 유행하고 있어서, 노멀루트nomal route에는 정상까지 로프가 설치되어 있었다. 때로는 줄을 서서 남의 뒤를 따라가기도 하고, 다른 대원과 조합을 이루어 오르는 타이밍을 결정하는 등, 산을 상대로 하는 것이 아니라 상업등반대의 의도에 휘둘리는 듯한 느낌이 들었다. 이처럼 다른 사람의 손으로 모든 준비가 이루어져 자유롭지 못한 등반은 이제 그만하고 싶어졌다.

베이스캠프에는 주변에 무슨 일이 있더라도 자신의 페이스를 무너뜨리지 않는 폴란드인 여성, 산에 오르지 않고

---

* 비용을 받고 등산하려는 사람을 모집해서 에베레스트 등의 고봉에 도전하는 등반대. 상업대라고도 한다.

학생 둘이서 초오유로. 파트너 오이시 아키히로와 베이스캠프에서

베이스캠프에는 사람이 놀랄 만큼 많았다.

What's Next?

책을 읽고 있는 사람, 차분하고 말수는 적지만 "새로운 루트를 오르는 거야."라며 숙연히 준비하고 실행하는 사람 등 국적도 다르고 개성도 다양한 사람들이 모여 있어서 흥미로웠다. 같은 산이라도 마주보는 방식을 바꾸면 산으로부터 얻을 수 있는 혜택이 풍성해지고 거대해진다는 것을 깨달았다. 이 깨달음이 8,000m 산 정상에 올라선 것보다 큰 수확이었을지도 모른다.

제 **2** 장

산과 생활의 양립을 원하다

2004년, 파키스탄의 라일라피크 정상에서

2004년. 파키스탄 스팬틱에서 트래킹 중에

착실하게 일할 것,
신뢰를 얻을 것.
이것은 산을 오르기 위한 중요한 준비이기도 하다.

이어 붙여서 만든 큰 지도

쿨라캉리 동봉과 초오유, 히말라야의 두 산을 올랐다가 돌아오니 그때까지 먼 곳이라고만 생각했던 바다 건너의 세계도 의외로 가깝다는 것을 실감할 수 있었다. 그러자 다음에 오르게 될 다른 나라의 산에 대한 동경이 다시금 부풀어 올랐다.

티베트 히말라야, 네팔 히말라야의 일부를 아주 얕은 수준이나마 알게 된 나는, 다음으로 K2와 같은 고봉高峰이 있는 파키스탄 북부의 거대한 산맥, 카라코람Karakoram Range*에 흥미가 생겼다.

그러던 어느 날, 우연하게도 길거리의 고서점에서 포갑에 든 큰 책을 발견했다. 『세계산악지도집성 카라코람·힌

---

* 히말라야산맥의 일부분으로 파키스탄과 인도, 중국 국경지대에 있는 고산 지대의 통칭.

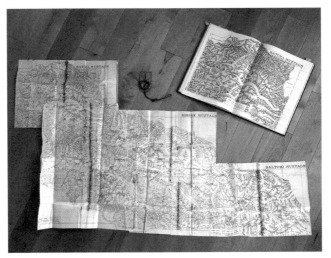

서로 이어 붙여서 만든 큰 지도

두쿠시편世界山岳地図集成カラコルム・ヒンズークシュ編』(학연학研, 1978년). 책이 매우 묵직했다. 카라코람과 아프가니스탄 북부 힌두쿠시산맥Hindukushi Range의 산들을 상세하게 표[*]시한 지도를 중심으로 산의 개요, 등산의 역사 등을 정리한 문헌이었다. 가격을 보니 정가 2만 엔이라고 쓰인 곳 위에 2천 엔 가격표가 붙어 있었다. 망설일 것 없이 책을 샀다.

이 큰 책의 책장을 넘기면서 지도를 살펴봤다. 하지만 지도가 단편적이어서 카라코람의 전체 모습을 파악할 수가 없었다. 그래서 카라코람 영역의 지도를 복사해서 이어 붙

---

[*] 중앙아시아 남부에 있는 산맥. 아프가니스탄 북동쪽에서 남서쪽의 파키스탄까지 1,200km에 달하는 산맥.

였더니 한 장의 커다란 지도가 완성됐다. 그다음에는 도카이대학교 산악부 OB의 데리하 선배로부터 『암과설岩と雪』(산과계곡사에서 발행한 등반 전문지. 1995년에 169호를 끝으로 휴간)의 과월호를 빌려와서 과거 카라코람의 등정 기록을 조사했다. 그리고 내가 만든 커다란 지도 위에 등정됐던 산을 표시하고, 지나갔던 루트에는 빨간 선을 그어 나갔다. 그러자 아직 그 누구도 밟지 않은 공백 지대가 드러났다.

그 공백 지대에 어쩌면 나의 다음 목표가 될 '보물'을 발견할 수 있을지도 모른다는 생각이 들었다. 하지만 지도와 눈싸움만 하고 있어 봤자 일은 진척되지 않는다. 카라코람의 산들을 직접 보고 싶은 충동을 억누를 수 없었던 나는 파키스탄 북부 산악지대의 등산 거점 중의 하나인 훈자Hunza* 마을로 떠났다.

훈자에서 발견한 '보물'

2002년 8월 27일, 나리타공항에서 파키스탄 항공기에 올라탔다. 블라우스 같은 하얗고 긴 옷을 차려입은 남성, 얼굴을 가려서 눈밖에 보이지 않는 여성, 귀에 익숙하지 않은 말, 그리고 기내의 스피커에서 흘러나오는 코란 소리, 갑자기 이슬람의 향기가 나를 휘감았다. 젊다는 것 하나만 믿고 떠

---

* 파키스탄 카슈미르 길기트 발티스탄에 속한 지역. 세계적으로 유명한 장수마을.

난 첫 번째 나 홀로 여행, 첫 번째 이슬람 국가, 게다가 이슬라마바드Islamabad에서 묵을 호텔도 예약하지 않은 상황. 기내에 앉아 생각해 보니 이제는 되돌릴 수도 없어서, 앞으로의 여정에 대한 불안감을 감출 수 없었다.

비행기가 베이징공항에 잠시 들렀을 때, 일부 승객이 내리려고 좌석에서 일어났다. 비행기 환승을 잘 몰랐기 때문에, 이슬라마바드까지 가는 승객도 일단 내려야 하는지 몰라 불안해졌다. 큰마음을 먹고 옆에 앉아 있던 두 일본인에게 물어봤더니 "내리지 않아도 돼요."라고 말해 줬다.

이것을 계기로 대화가 더 이어졌다. 카라코람의 산을 보러 간다고 얘기하자, 두 사람은 갑자기 흥미가 생긴 것인지 어떤 산을 보고 싶은지 물었다. 앞에서 소개한 이어 붙여서 만든 커다란 지도를 좁은 비행기 안에서 펼쳐 보였더니 "이 산의 이 라인은 틀려요, 여기도….'라며 가르쳐 줬다. 한 번 보고 잘못된 곳을 알아낸 것에 놀란 데다가, 두 사람의 입에서 계속해서 나오는 산의 이름에 멍해질 뿐이었다.

나중에 알게 된 사실이지만 이 두 사람은 데라사와 레이코寺沢玲子[*]와 일본을 대표하는 등산가 중 한 명인 도비타 카즈오飛田和夫로, 쿠냥츠히시Kunyang Chhish[**]라는 산에 가는 길이었다. 그날 이후 나의 등산을 생각하면 그야말로 운

* 일본을 대표하는 여성 산악인. 일본히말라야협회日本ヒマラヤ協会 회원.
** 7,823m. 카라코람산맥 히스파빙하Hispar Glacier에 위치한 산. 산이름인 '쿠냥'은 '보이지 않는'이라는 뜻이고, '츠히시'는 '봉우리'라는 뜻이다. 일본에서는 발음상의 문제로 'Kish(키시)'라고 한다.

훈자 지역 산과의 만남은 이후 등산의 방향을 결정하는 계기가 됐다.

명적인 만남이었다고 말할 수밖에 없다.

　이슬라마바드공항에 도착한 것은 밤이었다. 공항을 나서자, 손님을 태우려는 택시로 북새통을 이루고 있었다. 서로 알게 된 지 얼마 안 된 사이지만 숙소도 정하지 못한 나를 내버려둘 수 없었는지, 데라사와가 "따라와요." 하며 그들의 숙소로 데려갔다. 나 혼자였다면 이슬라마바드의 밤에 어찌할 바를 몰랐을 것이다.

　도비타 일행은 카라코람의 쿠냥츠히시(7,852m)에 정찰을 포함해 이미 네 차례나 올랐다고 말했다(이후 네 번을 더 올라서 여덟 번을 올랐다). 산의 즐거움을 아는 사람이라면 전 세계의 다양한 산에 올라 보고 싶어지는 것은 당연한 일일 것이다. 게다가 일반인에게는 8,000m 봉을 몇 개 올랐다던가, 7대륙 최고봉을 완등했다는 둥 그런 이해하기 쉬운 기록만 전해지는데도, 도비타 일행은 그런 것과는 상관없이 전혀 다른 가치관으로 산을 대했다. 인생을 걸고 오로지 자신이 오르고 싶은 산에만 몰두했다. 이런 등산도 있는 건가? 이번 여행에서의 첫 번째 충격이었다.

하룻밤 신세를 진 그다음 날, 당초에 세웠던 목적을 달성하라며 두 사람에게 등 떠밀린 나는 싸구려 여인숙으로 이동했다. 며칠 후 저녁 무렵, 훈자로 가기 위해 창문도 에어컨도 없고, 의자도 덜컹거리는 시골 버스에 올라탔다. 한낮의 온도는 50도에 육박했지만, 심야버스였기 때문에 기온이 다소 내려가 시원해진 기분 좋은 바람이 차 안으로 들어와 내게 위안이 됐다. 하지만 운전사는 계속해서 경적을 울려대고, 버스 안에는 시끌벅적한 음악이 끊임없이 흘러나와서 나는 좀처럼 잠들지 못했다.

지금 가고 있는 파키스탄 북부 산악지대는 중국의 신장 웨이우얼자치구新疆維吾尔自治区, 아프가니스탄과 국경을 접하고 있으며, 중국의 원조援助로 만들어진 카라코람하이웨이KKH가 카슈가르Kashgar*까지 연결되어 있다. 그러나 '하이웨이'는 이름뿐이고, 험로가 연속되어 평균속도가 40km 정도밖에 되지 않는다. 도중에 몇 차례 산사태의 토사土砂 등에 발이 묶이면서 약 20시간의 긴 여행 끝에 훈자에 도착

---

* 신장웨이우얼자치구의 남서쪽 끝에 있는 도시로, 중국어로는 카스喀什다.

했다.

1박에 약 200엔 정도 하는 값싼 숙소에 여장을 풀었다.
며칠 여유로운 시간을 보내는 동안, 훈자 마을의 평온한 모
습이 가져다주는 편안함에 사로잡혔다.

오다가다 마주치는 마을 사람들과 기분 좋은 아침 인
사를 나누고 그들의 여유로운 표정을 보고 있자니, 어느 잡
지에 "파키스탄 북부 지역에 '훈자'라는 좋은 사람들이 사는
아름다운 마을이 있다."고 쓰여 있던 것이 문득 생각나면서,
정말로 말 그대로인 것을 실감했다.

챙겨 간 지도를 펼쳐 놓고 훈자를 에워싸듯 솟은 산들
을 바라보며 지도에 산 이름을 하나씩 적어 나갔다. 이제부
터 '보물' 찾기가 시작된 것이다. 그때의 두근거리던 심정은
지금도 잊을 수가 없다.

우선, 평온하게 펼쳐진 훈자계곡Hunza Valley을 사이
에 두고 당당하게 자리 잡은 라카포시(7,788m), 그 왼편으로
단정한 디란Diran(7,266m), 그 왼편 안쪽에 우뚝 선 스팬틱
Spantik(골든피크Golden Peak, 7,027m), 뒤돌아보면 울타르2봉
Ultar II(7,388m)*과 새하얀 7,000m 봉우리가 아침노을부터
저녁노을, 달빛이 비추는 밤까지 다양한 모습을 보여 준다.
특히 저녁이 되면 석양을 받아 벽이 황금빛으로 빛나는 스

---

* 파키스탄 카라코람산맥 바투라산군Batura Group에 속하는 10km에 걸친 산군
의 총칭. 울타르사르Ultar Sar라고도 부른다.

'좋은 사람들이 있는 아름다운 마을' 훈자에서 많은 친구를 사귀었다.

팬틱이 내 눈을 사로잡았다.

훈자에서 카라코람하이웨이를 타고 북쪽으로 두 시간 정도 더 가면 파수Passu라는 지역이 나온다. 그곳에는 파란 하늘에 산봉우리를 예리한 검처럼 내민 산이 있었다. 지도를 보니 해발고도 7,611m의 시스파레사르라는 산이었다. 그 산의 인상이 너무나 아름답고 강렬해서 이번 여행에서 최고의 만남이었다고 말할 수 있을 정도다. 이 산과는 이 후 네 번 정도 더 만나게 된다.

여러 개의 빙하 위를 지나갔고, 많은 산을 봤다. 카라코람의 산들은 웅장한 스케일과 위엄있는 '생김새'로 나를 압도했고, 그때마다 나의 미숙함을 생생하게 상기시켜 주는 듯했다. 다른 한편으로는 정말로 내가 찾고 있는 건 이런 산

속을 헤치고 들어가는 것이라는 생각이 들었다. 여기서라면 내 나름대로 자유로운 등산 활동을 할 수 있지 않을까. 다시 여기로 돌아와야겠다고 다짐했다.

파키스탄에 머문 기간은 훈자와 그 주변을 포함해 한 달 반 정도 되는데, 인생을 걸고 오르고 싶은 산과 만날 수 있었던 실속 있는 여행이었다. 이번 여행에서 우러러 바라보며 이름을 알게 된 산들로 이후 내 발걸음을 옮기게 됐다.

덧붙이자면 시스파레사르는 1974년에 서독-폴란드 합동등반대가 처음 등정했고, 94년에 마스이 유키데루增井行照 대장이 이끈 고모노산악회菰野山岳가 두 번째로 등정했다. 귀국하자마자 마스이 대장에게 연락해서 등산 보고서의 일부를 받았다. 항상 책장에서 가장 잘 보이는 곳에 그것을 두고 언젠가 등정하게 되는 그날에 마스이 대장을 만나러 가겠다고 결심했다.

자퇴, 쿠냥츠히시, 새로운 생활

귀국한 후에도 도비타, 데라사와와는 교류가 계속 이어졌고, 두 사람이 이듬해 또다시 계획하고 있는 쿠냥츠히시 등반에 참가하기로 했다. 동시에 더 이상 대학에 다니는 의미를 찾을 수 없어서 자퇴를 결심했다.

그렇다면 자퇴하고 나서는 어떻게 할 것인가? 산의 길을 간다면 직업도 산과 관계된 것이 좋다.

마음을 단단히 먹고, 당시 이시이스포츠ICI石井Sprts 사장, 요코타 마사토시橫田正利에게 편지를 썼다. '등산을 진지하게 하고 싶다. 그러기 위해서라도 산과 관련된 매장에서 일하면서 제힘으로 등산할 수 있는 환경을 만들어 가고 싶은데, 이런 제게 편의를 봐 줄 수 있는가' 이런 내용이었다.

열정이 통했던 것일까, 요코타 사장이 만나자고 했다. 만나서 제일 먼저 하신 말씀이 "자네는 어떤 산을 목표로 하고 있나?"였다. "올여름에 쿠냥츠히시에 갑니다. 다녀오면 입사시켜 주십시오." 하고 부탁했다. 그러자 "자네, 좋은 산, 오르게." 하고 말씀하신 기억이 선명하다. 요코타 사장도 일찍이 정열적으로 산에 올랐을 때, 이 산에 한 번은 가려고 생각했었다고 한다.

몇 마디 주고받은 것만으로 입사를 약속해 줬고, 여름 원정이 끝나면 매장에 오라고 했다. 만약 내가 "세계 최고봉인 에베레스트를 목표로 합니다."라고 말했다면 이러한 전개는 없었을 것이다. 나는 운 좋게도 산을 위해서 장기간 휴가를 받을 수 있는 변칙적인 샐러리맨으로서 근무하면서 등산을 계속할 수 있는 환경을 만들 수 있게 됐다. 한 장의 편지가 생각지도 못한 커다란 인생의 전환기를 가져다 줬다.

이미 대학에 미련은 없었다.

쿠냥츠히시를 준비하는 과정에서 서류작성 등 등산 전의 사무작업을 도우면서 여러 가지를 배울 수 있었다. 도비타, 데라사와는 내가 하는 것을 조용히 지켜보면서 내가 감당하지 못할 때만 도움을 줬다. 그때까지만 해도 산에 오르는 것에만 눈이 쏠려 있었던 나는 등반 이전의 준비가 얼마나 중요한 것인지를 알게 됐다.

쿠냥츠히시 원정대는 도비타, 데라사와, 나 이외에 세 사람을 포함해서 총 여섯 명. 목표는 주봉 앞의 미등봉으로 남겨져 있는 서봉西峰(7,350m)이었지만, 정상까지 1,000m 이상을 남겨둔 지점에서 시간이 부족했다. 하지만 그 결과와는 반대로 나는 너무나 만족스러웠다.

미지의 루트에서 가능성을 찾고 과제를 하나씩 하나씩 해결해 가면서 정상으로 가는 과정을 되새길 수 있다면, 설사 곤란한 상황과 마주하더라도 그 어려움을 과감하게 극복해 나가려는 기개氣慨가 나온다. 그리고 그 상황을 즐기는 것까지도 가능하다. 이번 쿠냥츠히시가 그랬다. 그리고 초오유에서 느꼈던 소화불량은 그런 등산을 할 수 없었기 때문이라는 것을 깨달았다. 정상에 오르는 것은 실패했지만, "내가 하고 싶은 등산은 이런 것이었구나." 하는 깨달음을 얻은 쿠냥츠히시에서의 경험은 이후 나만의 등반 방식의 틀을 만들어 가는 실마리가 됐다.

쿠냥츠히시 발대식에서. 왼쪽에서 두 번째가 데라사와, 오른쪽 끝이 도비타

목표로 삼은 쿠냥츠히시 서봉. 지금도 여전히 미등이다.

쿠냥츠히시에서 돌아오자마자, 2003년 가을에 이시이 스포츠에 입사했다.

옛날 등반가 중에는 한 번의 원정으로 저축했던 돈을 다 써 버리고, 다시 단발적으로 적당한 일을 하면서 돈을 모아 다음 산에 오르는 것을 반복하는 사람이 적지 않았던 듯하다. 이런 방식으로는 꾸준하게 등반하는 것은 불가능하다. 시대도 변했고, 등반을 둘러싼 환경도 이전보다 더 엄격해졌다고 느낀 나는 등반을 오랫동안 계속하기 위해서는 일을 제대로 해서 수입을 포함한 일상생활이 안정적이어야 한다는 생각이 강하게 들었다. 확실한 생활 기반이 있어야 비로소 등반도 가능하다.

일하는 곳은 당시 신오쿠보新大久保에 있는 본점이었다. 중앙선中央線을 따라 들어선 아파트에서 편도 20km를 자전거로 매일 한 시간 정도 달려서 통근했다. 접객, 납품, 영수증 처리 등 하는 일은 다양했지만, 등반가로서 인정받기 전에 사회인으로서 신뢰를 얻고, 필요한 사람이 되는 것을 목표로 일에 몰두했다. 그렇게 해서 장기간 등반하러 갈 때는 회사와 동료로부터 "힘내요. 잘하고 돌아와요."라고 응원을 받을 수 있는 존재가 되고 싶었다. 착실하게 일하는 것, 신뢰를 얻는 것. 이것은 산을 오르기 위한 중요한 준비이기도 했다.

다니구치 케이가 불쑥 가게로 찾아오다

쿠냥츠히시를 다녀온 다음 해인 2004년, 스팬틱 등반을 계획했다. 2004년 훈자에 갔을 때 보고 강한 인상을 받은 해발고도 7,027m의 산으로 훈자 쪽에서는 석양이 비추면 벽이 황금색으로 물들기 때문에 '골든피크'라고도 부른다.

이 산에 대해서 보다 자세하게 가르쳐 준 것이『히말라야 알파인스타일ヒマラヤ・アルパイン・スタイル』(산과계곡사, 1996년)이라는 책이었다. '가장 매력적인 루트의 히말라야 등산'(띠지의 문구)으로 히말라야의 39좌 중에서 골라 뽑은 40개 루트를 자극적인 수많은 컬러 사진과 함께 설명했는데, 그중 하나로 스팬틱 북서벽의 장대하고 가파른 주상柱狀* 리지ridge, 통칭 골든필라Golden Pillar를 1987년에 초등을 한 영국인 등산가 믹 파울러Mick Fowler와 빅터 손더스Victor Saunders***의 기록을 언급했다.

나는 이 산을 무대로, 나의 능력 범위 내에서 계획을 세우고 현장에서의 모든 것을 내 판단으로 결정하는, 나에게 첫 번째가 될 등산을 하고 싶었다. 물론 골든필라는 말도 안 되는 소리였다. 그래서 믹 파울러 일행이 골든필라 등반 이후 하강 루트로 삼았던 북서릉을 목표로 선택했다.

---

* 기둥 모양의 산등성이.

** 1956- . 영국의 암벽·빙벽등반가, 등반 작가. 본명 마이클 파울러Micheal Fowler. 2003, 2013, 2016년 총 세 차례 황금피켈상 수상.

*** 영국의 등산가. 작가. 1991년『Elusivs Summits』로 세계적인 산악문학상인 보드맨 테스커상Boardman Tasker Prize을 수상했다.

스팬틱. 정상에 일직선으로 솟구친 암릉의 통칭은 골든필라

원정을 떠나기 수개월 전에 사장님에게 계획서를 들고 가서 휴가를 허락받았다. 하지만 그 이후의 진행은 순탄치 않았다. 파트너 찾기에 난항을 겪은 것이다. 산을 눈여겨 볼 만한 사람부터 찾아봤지만, 산의 매력을 제대로 전달하지 못한 것인지 누구도 고개를 끄덕여 주지 않았다. 내가 너무 서둘러 진행해서 위험해 보였던 것일지도 모르겠다.

포기하지 않고 안면이 있는 산악인이 매장에 찾아오면 스팬틱 사진 등을 모아둔 파일을 펼쳐서 권해 보았다. 열 일 제쳐 놓고 열변을 토했지만, 역시나 모두 반응이 시원치 않았다. 어쩌면 출발할 수 없을지도 모른다는 초조함에 지난해 쿠냥츠히시에 나를 초대했던 도비타 카즈오에게 도움을 요청했더니 다행히도 함께 가자고 했다.

도비타와 둘이 갈 준비를 하고 출발까지 딱 1개월 남았을 때, 느닷없이 케이가 가게에 찾아왔다. 그녀와 만난 것은 이때가 두 번째다. 2001년에 오이시 아키히로와 초오유에 오른 뒤 개최한 보고회에서 만난 이후 두 번째 만남이었다.

잡담 중에 스팬틱에 가는 일, 그리고 "스팬틱에 오를 수 있어서 여유가 생긴다면 이 라일라피크봉Laila Peak[*]에도 가고 싶다."고 하면서 여러 산의 사진을 보여 줬는데, 놀랍게도 그 자리에서 "나도 가고 싶어지는데. 나, 이 원정에 갈래!"라는 말이 돌아왔다. 뜻밖의 전개에 놀라면서 이런저런 이야기를 나누어 봤는데, 그녀가 나와 같은 시선으로 산을 보고 있다는 것을 알게 되어 왠지 잘될 것 같은 느낌이었다. 게다가 케이는 이미 몇 년 전부터 알고 지내온 것 같은 착각을 일으킬 정도로 신기할 만큼 처음부터 친근감을 주는 사람이었다.

앞서 얘기한 도비타, 데라사와처럼 나의 등산 인생에는 운명적인 만남이 몇 번 있는데, 이것도 그중 하나에 포함되는 매우 중요한 만남이다.

스팬틱 북서릉의 시련

이렇게 해서 2004년 6월, 내가 주도하고 계획하여 실행한

---

[*] 6,096m. 파키스탄 카라코람산맥 후세계곡Hushe Valley에 있는 봉우리. 영국산악인 사이먼 예이츠Simon Yates가 초등했다. 지금까지 높이 논란이 많은 봉우리다.

스팬틱으로 출발. 왼쪽부터 다니구치 케이, 도비타 카즈오, 나

첫 번째 해외 원정 등반을 위해 도비타, 케이와 함께 스팬틱에 도착했다.

드디어 정상 공격을 위해 베이스캠프를 떠나는 날이 다가왔다. 전날 밤 나는 큰 불안감에 휩싸여 도무지 잠을 이루지 못했다.

"정말로 올라갔다 돌아올 수 있을까? 편도 티켓이 돼버리는 것은 아닐까?"

우리의 등반은 누군가를 위한 것이 아니다. 더군다나의무도 아니다. 가고 싶지 않으면 안 가면 그만이다. 등반은개인의 판단에 맡겨진 완전히 자유로운 활동인데 왜 이렇게부담이 되는 것일까. 지금까지는 다른 사람이 설치해 둔 것

스팬틱 북서릉 2004

베이스캠프에서 본 스팬틱

등정 기록

1955년 서독원정대가 초고룽마빙하Chogo Lungma Glacier에서 남동릉을 거쳐 초등했다.

을 타고 올라가기만 했다. 하지만 지금은 모든 책임이 나에게 있다. 이것이 지금까지 느껴 본 적 없는 부담감의 원인일까. 이것도 등반가로서 나를 성장시켜 주는 시련의 하나인 것일까.

긴장감을 안고 베이스캠프에서 출발했다. 며칠간 날씨가 좋지 않았는데, 출발하는 날 역시 악천후 속에서 공격을 개시하게 됐다. 1캠프부터 위로는 눈의 상태도 각양각색이어서, 단단하게 뭉쳐 있을 거로 생각했는데 얼기설기 쌓여 있거나 때로는 허리까지 묻힐 정도로 깊은 곳도 있었다.

"2보 나아가면 3보 뒤로 가는 느낌이네." 케이가 말했다.

해발고도 6,000m부터는 빙벽등반이 됐다. 체력이 한계에 다다르고 있었지만 어떻게든 광활한 설원으로 나와서 2캠프를 설치했다. 그런데 여기서 도비타의 몸 상태가 이상해졌다. 지금까지 참고 있었던 위통이 다시 악화하여 식사도 제대로 하지 못했다.

"너희들이라면 반드시 등정할 수 있어."

도비타의 격려에 등 떠밀려 다음 날 케이와 둘이 2캠프를 출발했다. 변함없이 하늘은 구름으로 덮여 있었지만, 기적적으로 스팬틱 상공만은 완전히 개어 있었다. 뻥 뚫린 구름 틈 사이를 목표로 세 걸음 나아갔다가 멈춰서기를 반복하면서 꾸준하게 정상에 다가갔다. 점심 전에 설원을 다 올라가니 그곳이 정상이었다. 나에게는 세 번째, 케이에게는

정상은 아직 멀다.

스팬틱 정상을 향해 2캠프에서 두 사람이 출발한다.

스팬틱 정상에서

첫 번째 히말라야 정상이었다.

　　기쁨도 잠시, 하산의 시련이 기다리고 있었다. 화이트아웃whiteout[*]이 되어 아무것도 보이지 않는다. 6,500m 지점까지 내려가자 주변에서 "쿵!" 하는 소리가 들렸다. 눈사태가 일어난 것인가, 아니면 그 전조인가. 도비타와의 무선교신에서도 "빨리 돌아와!"라는 목소리에 긴박함이 느껴졌다. 화이트아웃 속에서 열심히 하산을 이어가서 그날 중에 2캠프로 되돌아갈 수 있었다.

[*] 모든 것이 하얗게 보여 방향과 거리를 가늠할 수 없게 되는 현상.

다음 날도 위험한 하산이었다. 얼기설기 쌓인 눈 때문에 하강 지점으로 사용하려던 스노바snow bar(L자 또는 T자 단면의 알루미늄 강재로 길이 50cm 정도의 봉. 눈에 박아서 사용)를 믿을 수 없어서 로프를 묶어가면서 클라이밍다운(로프에 하중 없이 내려가는 것)을 했다. 누군가 한 사람이라도 미끄러지면 전부 딸려 갈 우려가 있었다. 베이스캠프에 무사히 도착했을 때는 깊은 안도감만 느낄 뿐이었다.

이번 등반을 되돌아보면, 미숙했던 우리들을 따뜻하게 지켜보며 지지해 준 도비타에게 감사를 전하고 싶다. 케이와는 둘이 힘을 합쳐서 스팬틱 등정을 해냈고, 또 어려운 상황에서도 능숙하게 대응해 가는 과정을 통해서 서로 좋은 파트너가 될 수 있을 것 같은 예감이 들었다. 앞으로는 도비타가 없더라도 둘이 많은 산을 오를 수 있을 것 같다는 기대가 풍선처럼 부풀어 올랐다.

알파인스타일이라는 등반법이 있다. 유럽 알프스에서 이루어지고 있는 것으로, 기술과 스피드를 활용하여 얼음과 눈으로 뒤덮인 4,000m급 산들을 당일치기로 순식간에 올라갔다가 돌아오는 등반을 히말라야의 고산에서도 할 수 있는 것이 알파인스타일이다. 게다가 7,000m를 넘는 미등봉은 대부분 남아 있지 않기 때문에 '피크헌팅Peak Hunting'이 아닌 '루트헌팅Route Hunting'이 주류가 됐고, 누구도 오른

적이 없는 더 어려운 루트를 무산소로 맵시 있게 짧은 시간 안에 오르는 것이 세계 등반가들에게 동기가 됐다.

이 선구적인 등반을 상징하는 인물이 영국인 등반가 믹 파울러일 것이다. 믹 파울러는 1956년에 태어났다. 세무공무원이라는 직업을 갖고 있으면서 제한적인 휴가를 이용해 히말라야에서 수많은 미등봉과 미등 루트의 초등을 이루어냈다. 그 대표작이 스팬틱 북서벽의 골든필라이고, 그 밖에도 쓰구냥산四姑娘山* 북서벽, 시바산Mount Shiva 북서 필라 등의 등반으로 황금피켈상을 수상했다.

알파인스타일이 히말라야 등산의 주류가 된 것은 기록과 성취감 외에 다른 이유도 있다. 속도가 올라가면 그만큼의 위험지대에 있는 시간이 짧아져서 위험이 경감되는 것이 그중 하나다. 또 한 가지는 마음이 맞는 동료와 루트 개척을 포함해 개인 취향을 반영한 등반을 할 수 있다는 점이다. 지금까지 히말라야 등반이라고 하면 대규모 원정대에 의한 극지법極地法(대원이 교대로 루트를 개척하면서 캠프를 전진시킨다. 극지탐험과 히말라야 등산에 있어서 기본적인 등산 방법. 폴라메소드 Polar Method)이 주류였지만, 지금은 등반에 대한 가치관이 확 바뀌었다.

나도 이 알파인스타일, 즉 베이스캠프를 나오면 정상까

---

* 6,250m. 중국 쓰촨성四川省에 위치한 산으로 1981년에 개방됐다. 주봉은 야오메이봉幺妹峰. 1981년 7월 28일 일본 도시샤대학同志社大學 등반대(대장 가와타 데츠지川田哲二)에 의해 남동릉으로 초등됐다.

지 단번에 오르는 간단한 방법에 동경을 느끼고 있었다. 스팬틱은 등정에는 성공했지만, 원푸시one push* 알파인스타일이 아니었기에 마냥 기뻐할 수 없었다. 다음은 6,000m급의 산에서 알파인스타일을 실천하려고 스팬틱에서 돌아온 그 길로 케이와 둘이 라일라피크를 목표로 삼았다. 이것은 예정된 수순이었다. 항공료가 싸지 않아서, 산 하나만 오르고 귀국하는 것도 아까웠다. 산 하나 더 욕심을 내도 되지 않을까. 일본에서 출국할 때 이미 라일라피크도 머릿속에 있었던 거다.

라일라피크를 알게 된 것은 2003년 쿠냥츠히시로 가던 도중이었다. 훈자의 중심가를 걷다가 무심코 들른 기념품 가게에서 한 장의 엽서가 눈에 띄었다. 손으로 먼지를 털어내자 뾰족한 산이 모습을 드러냈다. '라일라피크'라고 쓰여 있었다. 가게 주인에게 이 산이 어디에 있는지 물어봤지만, "6,000m급의 산은 너무 많아서 몰라요."라고 대답했다. 10루피(약 5엔)를 주고 그 엽서를 사서 친구가 된 등산용품점 사장의 가게에 갔더니, 라일라피크는 K2 등이 있는 발토로빙하Baltoro Glacier의 기점이 되는 스카르두Skardu 방면에 있는 산이라고 가르쳐 줬다.

쿠냥츠히시 등반 종료 후 곧바로 나는 라일라피크를 보

---

* 본 등반 전 정찰 등의 활동이나 여러 차례의 시도 없이 단 1회의 등반으로 완등하는 스타일.

What's Next?

2003년, K2(8,611m)와의 첫 만남

기 위해 스카르두에 가서 트레킹을 떠났다. 후세Hushe 마을
에서 걷기를 이틀째, 하늘을 찌르는 듯한 그 봉우리는 신비
스럽고 자극적이었다. 세상에 이렇게 아름다운 산이 존재
할 수 있는지 탄식이 나올 정도였다. 가지고 있던 자료에 의
하면 해발고도는 6,096m, 가파른 북서벽은 1,500m 높이
에 이르고, 지금까지 두 번의 등정에서 일곱 명만 정상에 올
랐다고 한다. 미등의 북서벽을 목표로 삼으면서 또 하나의
산이 결정되어, 정찰하러 온 보람이 생겼다.

　이번 여행으로 해발고도 5,500m의 곤도고로고개

Gondo Goro Pass까지 가고, 그 고개에서 세계 제2의 고봉인 K2, 브로드피크Broad Peak, 가셔브룸Gasherbrum 등 카라코람 8,000m 봉의 위용을 처음으로 이 두 눈에 담을 수 있었다.

두 번째 산, 라일라피크

스팬틱 등산 종료를 보고하려고 일단 이슬라마바드까지 돌아온 후 도비타와 헤어지고, 스카르두로 이동해서 라일라피크로 향했다.

베이스캠프에서는 지금까지 없던 긴장감에 짓눌릴 것 같았다. 해발고도는 그다지 높지는 않지만, 세락serac(산의 경사면이 녹지 않고 남은 블록 상태의 거대한 눈덩이. 얼음 모양의 탑. 수직 빙하.)과 크레바스가 곳곳에 있는 데다가, 오후에는 끊임없이 눈사태가 일어나고 있고, 우뚝 솟은 삼각뿔의 북서벽을 보고 있자니 처음으로 불안해서 복통이 생길 것 같은 기분이 들었다.

등반 개시 전날, 두 사람 모두 말없이 루트를 계속 바라봤다.

"장난 아니네…."

두 사람의 입에서 흘러나온 말이다.

---

* '곤도'는 '깨어진 조각'을, '고로'는 '돌'을 의미한다.

라일라피크 북서벽 2004

Laila Peak 6096m

C1(5500m)

야영지에서 바라본 라일라피크

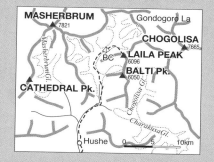

등정 이력

불명

그래도 다음 날 동트기 전에 "어떻게 하지?" 하고 물어보면서 서로의 의지를 확인할 필요도 없이 당연하다는 듯 말없이 출발했다.

"갈 수 있는 곳까지 올라 보자."

나는 케이에게 말했다.

둘 다 가파른 벽을 상대로 몸부림치고 있었다. 그것은 마음속에 있는 또 하나의 벽, 이제는 그만두고 싶은 기분과의 싸움이었을지도 모른다. 로프를 다루는 손이 부자연스러웠다. 평소라면 바일Beil의 피크pick가 5mm라도 얼음에 박혀 있으면 온몸의 체중을 실어 전진할 수 있었는데, 손이 떨리고 바일을 다시 박는 횟수가 늘어났다. 아이젠의 발끝만 들어갈 수 있는 딱딱한 얼음 때문에 종아리도 비명을 질렀다. 그래도 조금씩 고도를 올리자, 그동안 바로 앞의 산등성이에 숨어 있던 K2를 비롯한 수많은 산이 고개를 들기 시작했다. 눈 밑에는 우리의 베이스캠프 텐트가 작게 보였다. 저곳에 있으면 목숨에 대한 걱정은 전혀 하지 않는다. 그러나 안전한 장소 따위는 지금의 나에게 아무런 의미가 없다.

통과하지 않으면 앞으로 나아갈 수 없는 거대한 세락 아래로 나왔다. 이것이 무너진다면 인생은 끝난다.

잠시 세락과의 눈싸움이 지속됐지만 각오하고 걸음을

---

* 피켈의 독일어 명칭.

What's Next?

라일라피크의 핵심부, 세락 아래쪽을 통과하는 계곡 입구

라일라피크 정상에서는 K2를 비롯해 카라코람의 매력적인 고봉이 무수히 보인다.

라일라피크 등정을 마치고

뗐다. 세락 아래의 위험한 장소를 트래버스traverse* 하며 세락 위로 나왔다. 어느새 불안은 싹 가시고 마음도 차분해졌다. 아직 정상에 도착하지 못했지만 여기서 지금 하산해도 후회하지 않을 것 같았다. 케이의 얼굴도 만족스러워 보였다. 어두워지기 전에 예정된 장소에 텐트를 쳤다. 1년 전에 올려다본 산에 지금 오르고 있다고 생각하니 지난 1년 사이에 나 자신이 많이 성장한 것 같았다.

　다음 날도 날씨가 좋았다. 더블액스double axe** 로 오로지 위쪽을 향해 오른다. 우리의 도전을 기다려 준 것처럼 한 발 한발 정상으로 인도되어 간다. 정상은 정말 작았다. 주변이 큰 산으로 둘러싸여 있었지만, 지금 서 있는 곳이 가장 높고 세상의 중심에 있는 것 같았다.

　등반은 참 신기하다. 하지 않아도 되는데 왜인지 하고 싶어진다. 가지 않으면 안 되는 게 아니다. 하지만 어느샌가 마음은 산으로 향하고 있다. 이번 라일라피크는 우리의 동기 부여만으로 오른 산이었다. 실제로는 등 뒤를 밀어준다던가, 끌어당겨 주는 게 있는 편이 편할지도 모른다. 이런 것이 없을 때는 자신과 정면으로 마주해야 한다. 그것을 절실하게 느끼고 있는 것은 케이 쪽이었다.

　이 원정길 출발 직전에 그녀는 이런 수기手記를 남겼다.

---

* 산의 경사면을 거의 수평으로 이동하는 것
** 가파른 빙벽을 아이스바일과 아이스해머를 양손으로 사용하면서 등반하는 것

미답봉이던 도르쿤무즈타그에 등정했다.

나는 그저 걷고 있을 뿐인데, 그런 산에서 자연과 함께 심각한
그 무엇을 보게 되었다. 심각할 정도로 내 모습이 잘 보였으며, 그
때부터는 필요한 것이 보이기 시작했다. 나약한 자신에게 억눌릴
것인가 아니면 그런 나약한 나를 넘어서 강한 나로 우뚝 서게 될 것
인가. 여기에 큰 갈림길이 있다. 대지 위에서 벌어지는 자기 자신
과의 싸움.

　　　　- 오이시 아키히로,[*] 『태양의 한 조각』 산과계곡사, 2019년. 이후, 야마케
　　　　　이문고

케이가 인간으로서 얼마나 성숙했는지를 엿볼 수 있는
글이다. 그때 나는 등산이 자신과 대치하는 것과 같다고는
생각하지 못했다. 같은 수준에서 같은 산을 바라보고 있었

---

[*] 1979- . 일본 산악인. 대학졸업 후 산과계곡사 편집부에서 2년간 일했다. 2019
년 하루재클럽의 초청으로 처음 한국을 방문, 인수봉과 선인봉을 등반했다.

지만, 그곳을 향하는 마음과 각오에 있어서 케이는 나보다 훨씬 앞서 있었다.

라일라피크 이후, 케이와 헤어지고 나서 나는 신장웨이 우얼자치구로 이동해 6,355m의 미등봉으로 향했다. 모교 산악부의 학생이 주체가 되어 치른 원정에서 나는 OB로써 도중에 합류해서 초등을 이끌 수 있었다. 무명이었던 정상에 '도르쿤무즈타그Dorkhun Muztagh(현지어로 '산의 물결'이라는 의미)'라고 이름을 짓고 3개월에 걸친 등산을 마무리했다.

무즈타그아타

2004년에 스팬틱, 라일라피크, 도르쿤무즈타그 3연속 등정에 성공한 나는 다음 번에는 6,500m 정도 높이의 산에 있는 난도 높은 벽에도 오를 수 있지 않을까 생각하게 됐다.

다음으로 시야에 들어온 것이 인도 강고트리산군 Gangotri Group의 쉬블링산Mount Shivlin(6,543m)이었다. 케이에게 이 산의 이름을 전하자, 그녀도 『히말라야 알파인스타일』 책을 기다리고 있어서 쉬블링에 주목하고 있었다고 말했다. 그래서 이야기가 빨라졌다.

그러나 쉬블링 같은 가파른 벽을 갖고 있는 6,500m급 산에서의 난도 높은 등반을 성공시키려면 7,000m대의 높

---

* 아름다운 외관으로 '인도의 마터호른'이라고 불린다.

무즈타그아타 동릉 2005

Muztagh Ata 7546m

C4(7200m)
C3(6450m)
C2(5850m)
C1(5400m)

2004년, 도르쿤무즈타그의 정상에서 처음으로 이 동쪽을 보았다.

등정 기록 1956년 중국-소련의 대규모 등반대가 서릉으로 초등에 성공했다.

What's Next?

우선 서릉의 베이스캠프로 낙타와 함께 간다.

은 산에서 고소적응을 하고 가는 것이 필요하다고 생각했
다. 그것도 단순한 적응 산행이 아닌 7,500m 정도의 높은
곳에서 베리에이션루트variation route[*]를, 정당한 방법으로
오를 수 있어야 한다. 어프로치approach와 날씨가 안정돼
있는지 등 몇 가지 조건을 찾아서 발견한 것이 신장웨이우
얼자치구에 있는 무즈타그아타Muztagh Ata(7,546m)[**]였다.

[*] 등산에 있어서 노멀루트와는 달리, 등반이 보다 어려운 루트를 말한다.
[**] 현지 위구르어로 '빙산의 아버지'라는 의미다. 초등한 중-소 합동등반대는 중국
대원 13명, 소련대원 19명이 정상에 올라 단체등정 부문 세계 기록을 세웠다.

2005년 8월 1일, 케이를 포함하여 네 명으로 구성된 원정대는 일본을 떠나 파키스탄에서 카라코람하이웨이를 달려 신장웨이우얼자치구로 향했다. 중국과의 국경인 쿤제라브고개Khunjerab Pass를 넘어 카라쿨Lake Karakul이라는 아름다운 호수의 근처에 있는 무즈타그아타의 베이스캠프로 들어갔다.

나와 케이의 목표는 베리에이션루트인 동릉의 드래곤리지Dragon Ridge로 등정해서 서쪽으로 내려가는 것이었다. 우선 고소적응을 겸해서 노멀루트인 서릉으로 네 명이 향했지만, 7,200m까지 올랐을 때 대원의 몸 상태가 나빠지고, 날씨도 안 좋아져서 등정까지는 하지 못했다.

9월 1일, 케이와 둘이 동릉으로 향했다. 완만한 서릉은 많은 등산인들로 붐볐지만, 동릉은 우리뿐이었다. 같은 산이라고는 생각할 수 없을 정도였다. 예정대로 능선의 북쪽인 걸리gully(가파르고 좁은 바위틈)에 발을 붙인다. 올라갈수록 경사가 급해진다.

둘째 날, 전날 밤부터 눈보라가 치더니 아침이 되어서도 시야가 좋지 않았다. 굴뚝 모양의 바위와 눈과 얼음의 믹스 두 피치를 올라서 눈밭으로 들어갔다. 안개가 걷히고 눈앞에 동릉의 핵심부인 까칠까칠한 용의 등과 같은 드래곤리지가 모습을 드러냈다.

셋째 날, 쾌청한 아침 드디어 드래곤리지로 돌입. 무릎 아래 정도까지 눈에 파묻혔다가, 단단한 눈이었다가, 얼음

무즈타그아타의 동릉을 오르다.

드래곤리지는 험난한 등반이 이어지는 삼각형 걸리를 따라 올라간다.

7,500m, 정상 바로 아래의 세락을 넘다.

이었다가 하는 등 불안정하다. 올라도 계속해서 설벽이 나타난다. 정말로 용의 등이다. 더블액스를 휘두르는 팔의 근육이 팽창되어 피로가 극심했다. 이날 밤은 다리가 시려 숙면을 취할 수가 없었다.

넷째 날, 드래곤리지 후반도 그저 오르고 내려가기만을 반복했다. 때때로 작은 크레바스에 빠지면서 올랐다. 7,000m의 높이에서 빙벽등반을 할 수밖에 없고, 눈 덮인 능선을 나와도 여전히 경사가 급하기 때문에 쉬고 싶어도

무즈타그아타 정상에 서다.

쉴 수 없다. 바로 코 앞에 보이는 정상의 바위 봉우리가 조금도 가까워지지 않기 때문에 한 걸음 한 걸음이 괴롭기 그지없다. 눈 밑에는 올라온 동릉이 곱게 뻗어 있고, 옆에 있는 북봉은 주홍빛으로 물들어 있었다.

다섯째 날, 정상 바로 아래에 있는 세락을 넘어 서릉 방향으로 나왔다. 강풍에 얼굴이 얼어붙을 정도로 추웠지만, 바로 그 앞이 정상이었다. 2000년 미국 대원에 이은 두 번째 동릉 등정이었다. 스키 활강으로 하산하면서 서릉에서

쉬블링으로 향하는 인도 국경에서는 국경경비대가 축하 행사를 하고 있었다.

추운 하룻밤을 간신히 이겨내고, 6일째에 베이스캠프로 돌아왔다. 여기까지 돌아오니 산 정상 주위의 희박한 공기와 혹한의 세계가 마치 꿈속에서 일어난 일인 것 같았다.

　이 무즈타그아타는 루트와 함께 해발고도에 대한 도전이기도 했다. 7,000m를 넘는 높이에 있는 베리에이션루트, 드래곤리지를 알파인스타일로 올라서서 서릉으로 종주하며 산을 온전하게 즐겼다. 고도高度에 있어서도, 등반에서도, 우리의 등반을 기록하고자 처음으로 가지고 간 비디오카메라 촬영에 익숙해진다는 점에서도, 쉬블링으로 향하는 좋은 준비가 됐다. 정당한 스타일로 등정에 성공하자 다음 목표인 쉬블링이 확실하게 보이기 시작했다.

다시 카라코람하이웨이를 달려서 이슬라마바드로, 다시 버스와 열차를 이용해서 인도로 향했다. 국경은 상당한 거리를 걸어서 넘어야 했지만, 원정대 치고는 짐이 적어서 모두 각자 짊어질 수 있을 정도로 홀가분했다. 줄곧 육로로 이동한 것은 예산 문제도 있었지만, 꼭 그것 때문만은 아니었다. 나와 케이는 여행을 좋아했다. 이때는 이미 우리 마음이 다음에 갈 쉬블링으로 향하고 있었기 때문에 육로의 장거리 이동마저도 괴롭지 않게 즐길 수 있었다.

 무즈타그아타 등반

essay ● 세계의 산에서 스키를 타다

유소년기부터 시작한 스키는 금세 실력이 늘어서 나에게는 산을 더욱더 즐길 수 있는 수단이 됐다.

그 경험 중 하나가 학생 때 초오유(8,288m) 정상에서의 스키 활강이다. 길이 1m 정도의 쇼트스키short ski에 등산화를 장착해서 내려왔다. 고정이 잘 안 되는 신발이어서 흔들리는 발과 다양한 설질雪質 변화를 체중 이동의 균형으로만 극복했다. 그러나 8,000m 봉에서 산소를 사용하지 않고 스키를 탔을 때 숨이 막혀서 속도가 나지 않았다. 실제로는 파트너인 오이시가 걸어서 하산하는 쪽이 빨랐을 정도다. 극한 스키를 탄 것도 아니고, 자신에게는 조금 광대한 스키장을 천천히 내려간 정도에 지나지 않았다. 이것을 계기로 에베레스트를 스키 활강한 미우라 유이치로三浦雄一[*]로부터 연락을 받아 처음으로 만남을 가졌다.

게다가 신장웨이우얼자치구에 있는 무즈타그아타(7,546m)에서도 스키를 짊어지고 동릉의 베리에이션루트를 올라서 서쪽으로 스키를 타고 하강했다. 이때는 너무나 기분 좋은 경사면이었기 때문에 루트에서 이탈한 것도 모른 채 트래버스를 크게 하는 바람에 정규 루트로 돌아오기에

---

[*] 1932- . 일본의 스키 선수. 등산가. 수의사. 일본프로스키연맹 회장 역임. 1970년 5월 에베레스트의 사우스콜 8,000m 지점에서 활강 성공으로 기네스북에 게재. 당시 영상기록물이 다큐멘터리 영화로 만들어져 아카데미상 기록영화 부문을 수상했다. 1985년 아콩카과산Mount Aconcagua에서 활강에 성공하며, 세계 7대륙 최고봉 전봉 활강에 성공했다.

유소년 시절 스키 연습

실패했다.

어느 원정이든 스키를 타지 않는 쪽이 체력적으로나 정신적으로 편했던 것은 틀림없지만, 그런 고생을 해 봤기에 그때의 일을 선명하게 기억하고 있다. 이제 와 생각해 보니, 오르는 것도 내려가는 것도 욕심으로 가득했던 산악스키 원정이었다.

그 후 산악스키 아시아 선수권대회에 참가하게 되어 국가 대항 4인 계주로 겨루는 단체전에서 우승도 할 수 있었다. 이 기세를 몰아 유럽의 세계선수권대회에 출전했지만, 트레일러닝의 세계 챔피언이기도 한 킬리안 조르네트Kilian

초오유 정상에서부터의 스키 활강

2008년, 산악스키 세계선수권대회(스위스)에서

Jornet Burgada* 가 출전하는 바람에 세계와의 수준 차이를 통감하게 됐고, 이로 인해 스키 경기에 대한 동기 부여가 크게 저하됐다. 그러나 그 이후에도 등반 장소까지의 어프로치와 하산 등 이동하는 목적으로는 지금도 적극적으로 활용하고 있다. 또 스키를 탈 수 있어서 사사키 다이스케佐々木大輔와 함께 엄동설한 속에 리시리잔산利尻山** 에서 활강하면서, 또 데날리산에서 나란히 달리면서 보다 더 현장감 있는 영상을 남길 수 있었다.

스키는 산의 즐거움을 배가시키는 향신료가 됐다.

---

* 스페인의 프로 장거리 트레일 러너 및 산악스키 선수.
** 1,721m. 홋카이도 리시리섬에 있는 산.

제 **3** 장

쉬블링과 카메트

2008년, 인도 히말라야 카메트 남동벽을 뒤로 하고

2017년, 시스파레사르에서

한계에 도전할 때일수록
파트너와의 끈끈한 유대와 사랑이
뒷받침돼야 한다.

'꿈의 파일'

2002년의 파키스탄 북부 산악지대 여행을 계기로, 등산 잡지에 실린 멋진 산 사진이나 기사를 스크랩해서 투명 파일에 넣어 두고 계속 보는 습관이 생겼다. 다음 산으로 향하는 나만의 루틴routine이라고나 할까, '의식' 같은 것이다. 그렇게 펼쳐 보다 보면 어느 순간 예전에는 꿈이었지만 지금은 손에 닿을 수도 있을 듯한 산이 파일에서 둥실 떠오른다. 이 순간에는 스스로 조금 더 성장했다고 실감하기도 한다. 나는 이것을 '꿈의 파일'이라고 부른다.

그 '꿈의 파일'에서 쉬블링을 고른 것은 2005년 무렵이다. 쉬블링을 선택한 데는 두 가지 이유가 있다. 네팔, 중국, 파키스탄, 인도에 이르는 광활한 히말라야산맥을 인도에서 오른 적은 없었기 때문에 다음에는 인도의 산에 가 보고 싶었던 것이 첫 번째 이유다.

두 번째가 더 큰 이유다. 아무도 오른 적 없는 새로운 루트를 오르고 싶은데, 정상까지 바로 연결될 듯한 깔끔한 라인이면 더 좋겠다는, 나만의 등산 동기를 충족시켜 줄 듯한 산과 루트로 쉬블링의 북벽이 눈앞에 크게 펼쳐진 것이다.

파일에 있던 쉬블링 북벽 사진을 살펴보다가 어떤 라인이 눈에 들어왔다. 1987년 체코등반대가 올랐던 라인에서 중간에 오른쪽 위로 올라 북서릉의 상부로 연결해 정상으로 이어지는 라인이었다. 이것은 쉬블링의 새로운 미등 루트였다. 라일라피크, 무즈타그아타보다 난도가 현저하게 높을 것으로 예상됐지만, 6,000m급 봉우리의 벽을 초등하고 싶은 마음을 다독이기 어려웠다. 보람 있는 도전이 될 것 같았다.

전에는 느끼지 못했던 불안감 속에, 2005년 10월 무즈타그아타 등반을 마치고 파키스탄에서 육로로 인도에 들어간 케이와 나는, 북부에 있는 힌두교의 순례지이기도 한 강고트리Gangotri에서 출발해 갠지스강 상류의 힌두교 성지인 고무크Gaumukh*를 목적지로 하는 트레킹을 시작했다. 이곳은 빙하의 끝으로, 사두Sadhu(힌두교에 있어서 요가의 실천자와 수행자의 총칭)가 빙하에서 막 녹아내린 얼음물로 몸을

* 인도 우타라칸드주 우타르카시 지역의 해발 4,023m 높이에 위치한 마을. 갠지스강의 시원始原.

What's Next?

쉬블링 베이스캠프 예정지, 타포반 도착

깨끗이 씻고 있었다.

　강고트리에서 카라반caravan[*]을 시작한 지 이틀째, 흘러가는 구름 사이로 처음으로 쉬블링이 모습을 드러냈다. 케이가 툭 한마디 한다.

　"말도 안 되는 곳에 와 버렸어."

[*] 먼 길을 가는 도보 여행.

올려다본 쉬블링은 사진에서 본 것보다 훨씬 가파르고 신비로웠다.

쉬블링의 전경이 보이는 언덕 위, 표고 4,300m의 타포반Tapovan[*]에 베이스캠프를 설치했다. 인도에서도 날씨는 우리 편이 돼 줬다. 앞서 쉬블링에 들어갔던 체코-폴란드 합동등반대, 쉬블링 옆에 있는 메루피크봉Meru Peak[**]을 목표로 했던 한국등반대도 악천후 때문에 되돌아오고 있었지만, 우리가 입산하고부터는 산의 날씨가 쭉 좋았다.

'베이비쉬블링Baby Shivling'이라고 불리는 5,500m의 정상에서 고소적응을 하고, 베이스캠프 근처의 큰 바위에서 볼더링bouldering[***]을 즐겼다. 그렇게 시간을 보내면서 풍향과 구름의 움직임에 따라 날씨가 어떻게 변하는지 알게 됐다. 고도에 익숙해졌고, 북벽에 대해서도 많은 정보를 얻게 되자 쉬블링은 처음 봤을 때보다 위압적으로 느껴지지 않았다. 케이도 "조금씩 산에 가까워지면서 산과 친해졌어."라고 말했다.

---

[*] 강고트리빙하Gangotri Glacier에 있는 갠지스강의 원류 중 하나로, 트레킹으로 유명한 지역이다.
[**] 6,660m. '메루'는 산스크리스트어로 '봉우리'를 뜻한다. 2011년 10월 콘래드 앵커Conrad Anker, 지미 친Jimmy Chin, 레난 오즈투르크Renan Ozturk가 초등했다.
[***] 암벽등반에서 로프 등 별다른 장비 없이 규모가 작은 바위를 오르는 행위.

쉬블링 북벽 2005

북벽 아래쪽에서 올려다본 쉬블링 북벽

등정 기록

1974년 인도의 인도
티베트국경경찰대Indo
Tibetian Border Police
(ITBP)가 메루빙하
Meru Glacier를 경유하
여 서릉으로 올라 초등
에 성공했다.

넌 쉬블링에 오를 수 없어

드디어 시작될 도전을 앞두고 무즈타그아타에서의 분투로 다소 '피로해진' 등반장비에 재차 혼을 불어넣는다. 바일의 피크를 갈아낸다. 같이 힘내자며 갈고 있다. 다음은 아이젠의 발톱이다. 캠과 슬링을 확인하는 것도 소홀히 할 수 없다. 또 둘이 가져갈 등반장비를 다시 엄선한다. 핵심은 경량화다. 식량과 연료, 개인장비에서 의류를 줄여야 하기에 배고픔이나 추위는 참는다고 해도, 등반장비는 최소량보다 더 줄이고 싶지 않았다. 등반장비가 부족한 탓에 전진할 수 없다거나 탈출조차 할 수 없게 되는 것만은 피하고 싶었다. 침낭과 침낭 매트는 빼고, 침낭 커버만 챙겼다. 식량은 4박 5일분으로, 밤에는 알파미[*] 한 끼분을 두 명이 한 개, 아침에는 비스킷 네댓 개, 행동식은 스낵바 한 개와 사탕 한 개로 정했다.

10월 8일 베이스캠프 출발. 날씨는 맑음. 바람을 타고 히말라야의 허브향이 다가온다. 그리운 향기다. 우선 북벽 바로 아래 커다란 바위 위에 텐트를 친다. 이곳이 우리의 ABCAdvanced Base Camp(4,750m)[**]다. 오후에 몇 번이나 루트를 올려다본다. 이렇게 산의 품에 안겨 있다 보면 산의 벽과 우리 사이의 거리가 보다 가까워지는 기분이 든다. 이런

* 일본의 오니시식품尾西食品에서 개발한 비상 건조식량.
** 전진 캠프.

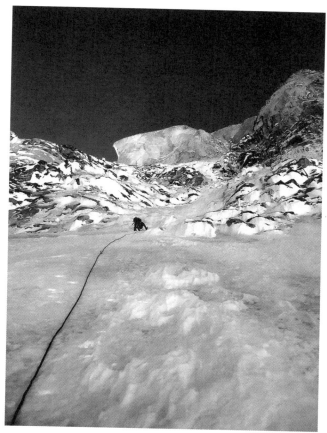

쉬블링 북벽 등반 2일째. 단단하고 가파른 빙설벽이 이어졌다.

시간이 좋다. "내일 도전해 보고 싶다."고 케이가 말했다.

　2일째, 새벽 여섯 시에 북벽을 향해 출발. 망설임과 불안감은 없다. 첫 번째 크레바스를 만나는 곳에서 로프를 풀고, 빙설벽을 더블액스로 올라갔다. 케이는 양손 모두 폐

2일째 기록
북벽에 대한 도전이
드디어 시작되다.

즐사Petzl社의 최신 퀴크Quark를, 나는 왼손에는 시몽사 Simond社의 나자Naja, 오른손에는 미조사Mizo社의 호쿠신 北辰을 들었다. 주로 쓰는 오른손으로 호쿠신을 있는 힘껏 때려 박아도 블루아이스blue ice에 살짝 꽂히는 정도다. 이렇게 단단한 얼음은 처음이다. 액스로 때려 박는데 필요 이상으로 힘이 들어가는 바람에 새끼손가락이 얼음에 자주 부딪혔다.

드디어 첫 번째 핵심부에 들어갔다. 바위 위에 얇고 마른 눈만 쌓여 있었기 때문에 액스는 사용할 수 없다. 눈을 치워가면서 홀드hold와 스탠스stance를 찾았다. 미묘한 두려움으로 아드레날린이 나오는 등반이 이어졌다. 도중에 눈이 본격적으로 내리기 시작한다. 그러자 곧바로 분설눈사태가 덮쳤다.

오후에는 삼각형 모양으로 된 눈밭의 깔때기 모양 하부에 1캠프(5,650m)를 설치했다. 텐트의 3분의 1은 공중에 떠 있지만, 두 사람이 누워서 잘 수 있는 평평한 장소는 이곳밖에 없기 때문에 참을 수밖에 없었다. 텐트에 들어가 장갑을

* 프랑스 등산용품업체 페츨에서 만든 피켈 제품명.
** 프랑스 등산용품업체 시몽에서 만든 피켈 제품명.
*** 일본 등산용품업체 미조에서 만든 피켈 제품명.
**** 청빙靑氷. 공기 포말泡沫이 극히 적은, 조직이 치밀한 투명한 색조의 얼음.
***** 바위를 오를 때 손잡이나 발판이 되는 곳.
****** 손을 사용하지 않고도 설 수 있는 정도 크기의 발 놓을 자리.
******* 분설粉雪이 경사면을 타고 미끄러져 내려오는 눈사태.

벗자 다친 손끝이 부어올라 있는 게 보였지만 신경 쓰지 않았다. 생명을 단축시킬 수도 있는 등반을 할 수 있다는 것에 만족하고 있었다.

3일째, 햇빛이 들지 않는 북벽은 서서히 우리의 여유를 빼앗았다. 바위와 얼음 깔때기 부분의 얼음 라인에서 약점을 찾아가며 올라갔다. 상부의 삼각형 눈밭에 들어가도 빙설벽이 이어졌다. 기대와 달리 경사는 완만해지지 않았고, 얼음 위에 쌓인 눈도 불안정한 상태여서 안정적인 텐트를 설치할 수 있는 장소는 기대할 수 없었다.

삼각형 모양으로 된 눈밭의 위쪽에 있는 바위와 얼음으로 덮인 경사면에서 폴을 뽑아 매단 듯한 텐트에서 2캠프(6,070m)의 밤을 맞았다. 추운 나머지 두 시간 간격으로 가스를 켜 봤지만, 가스도 아까워서 아주 잠시 데워주는 정도만 켰다가 마음을 다잡고 다시 불을 껐다. 안전벨트에 매달려 있었기 때문에 몸이 히라가나의 'く'자로 굽어서 아팠다. 발가락 끝도 속절없이 차갑고 아팠다. 목도 너무 마르고 아팠다.

4일째, 설벽, 얼음, 바위가 이어지는 북벽 상부가 최대 핵심부였다. 선등하던 케이가 화강암 바위에 아이젠의 발톱을 박박 갈아서 불꽃이 일어났다. 그 핵심부를 넘어서자 염원하던 햇빛이 기다리고 있었다. 북서릉의 한 모퉁이에서 나온 빛이다. 그곳은 오랜만에 손으로 지탱하지 않고도 일어설 수 있는 눈의 경사면이었다. 햇볕이 따뜻해서 기뻤

3일째 기록
빙설벽과의 씨름

다. 얼마 안 남은 연료로 보온병의 미지근한 물을 데우고 바싹 마른 목을 축였다.

이때의 일을 케이는 이렇게 적었다.

날씨는 어떻게 될까? 우리는 정상까지 갈 수 있을까? 그러다가 하산도 어렵지 않을까? 그러나 이 북벽을 우리 루트로 오른 것이 무엇보다도 기쁘다. 힘도 많이 들었고 시간도 걸렸으나 새로운 도전을 해냈으니 그저 즐겁다. 역시 하면 할 수가 있다.

   - 『태양의 한 조각』 중에서

북벽의 미등 라인에서 북서릉으로 벗어났을 때, 나도 같은 생각을 하고 있었다. 그곳은 정상이 아닌데도 마치 등정한 듯한 기쁨을 느꼈다. 몹시 지쳐 있어서 대화가 줄어들긴 했지만, 우리는 같은 충만감에 싸여 있었다. 북벽 등반이 완료됐기 때문에 루트에 대한 온 신경이 산 정상으로 옮겨간 시점이기도 했다.

정상을 향해 걸음을 옮기자 다시 단단한 얼음벽, 그리고 크레바스가 기다리고 있었다. 각오하고 건너편으로 점프했다. 북서릉을 나와도 로프를 풀 수 있는 상황이 아니었다. 우리 둘 모두 지쳐 있었고, 남은 높이가 300m라고는 하지만 이런 상태의 눈과 얼음에서는 정상까지 상당한 시간이 걸릴 것 같았다. 얼음을 깎아서 3캠프(6,200m)의 텐트 사이트를 구축했을 무렵 눈이 내리기 시작했다. 늘 그렇듯 3분

4일째 기록
북벽의 핵심부에
과감히 도전하다.

열악한 비바크 때문에 정신적으로도 궁지에 몰렸다.

의 1은 공중에 떠 있는 텐트로 기어들어 가서 손발을 녹이는 동안에도 밖에는 눈이 소복소복 쌓였다. 날씨는 확실히 나빠지고 있었다. 어디선가 '쿵! 우르르…' 하는 눈사태 소리가 났다. 내일 날씨는 어떻게 될까? 우리는 등정할 수 있을까? 아니면 하강조차 할 수 없게 될까? 불안감이 커져만 갔다.

5일째, 정상을 향해서 출발. 온통 크레바스 지대다. 그 앞에 있는 60도 경사의 빙설벽을 더블액스로 우측 위를 향해 올라갔다. 오로지 빙설벽뿐이었다. "실수하지 않도록 확실하게 가자."고 몇 번이나 서로에게 말을 건넸다.

정오에 가파른 쉬블링의 정상에 도달했다.

"북벽을 다 올라온 시점에서 정상이란 곳이 특별히 좋을 거라고 예상은 했지만, 오길 잘했네."라며 케이가 혼잣말

북벽에서 북서릉으로 빠져나갔다. 오랜만에 태양과 재회했다.

등반 시작 닷새 만에 쉬블링 정상에 섰다.

What's Next?

처럼 말했다. 그리고 일본에서 출발하기 전에 주변 사람들로부터 "너는 쉬블링에 못 올라가."라는 말을 몇 번이나 들었다는 사실을, 내가 들고 있는 비디오카메라 앞에서 처음으로 털어 놓았다. 케이는 주위의 가파른 산들을 바라보면서 눈물을 흘리고 있었다.

빈털터리 하산

정상이 최종목표라면 얼마나 좋을까. 하지만 우리는 이 가파른 정상에서 무사히 하산해야 했다. 한 사람을 로프로 확보해 나가면서 하강시키면 이미 한쪽은 더블액스로 클라이밍다운을 했다. 3캠프에 돌아온 것은 오후 3시였다. 아직 이동할 수 있는 시간이었지만, 여기서부터는 북서릉의 하강에서 가장 핵심부인 세락 지대를 직접 하강 해야 했다. 위험한 세락 지대를 눈이 단단한 이른 아침에 벗어나고 싶어서 베이스캠프로의 하강은 다음 날로 미뤘다. 밤에는 추위에 덜덜 떨면서 꾸벅꾸벅 졸다가 가끔 일어나서 서로의 다리를 따뜻해지도록 비비기도 했다. 내일은 반드시 베이스캠프로 돌아간다는 생각만 하면서 추위를 견뎠다.

6일째, 극한의 밤을 보내고 맞이한 아침, 보온병의 미지근한 물을 끓이고 있는데 마지막 가스 불이 꺼졌다. 마지막 수프를 둘이 나눠 먹고, 마지막 스낵바도 반으로 나눠서

5일째 기록
우리의 라인이
완성되다.

먹었다. 마지막 건전지도 다돼서 틀어둔 음악이 멈췄다.

모든 것이 탈탈 떨어져 빈털터리가 된 채 괴롭고 긴 하산이 시작됐다.

몇 번이고 가다 서기를 반복하면서 계속 걸었다. 크레바스를 넘고 세락 지대를 통과했다. 북서릉의 눈과 바위의 산등성이를 느릿느릿 내려오자, 눈이 내리기 시작했다. 눈 위에 주저앉아 있다가 다시 무념무상으로 걷기만 했다. 목이 마르고 아팠다. 뱃속은 텅 비어서 쪼여왔다. 다리도 무거웠다. 다리와 허리에 힘이 들어가지 않아 몇 번이고 비틀거리며 넘어졌다. 그럼에도 발걸음을 옮겼다. 한 걸음이라도 아래쪽에 가까워지도록.

어두워지기 직전에 드디어 베이스캠프에 도착했다. 몸은 너덜너덜해졌다. 줄곧 주방 텐트에서 기다려 준 요리사 틸란트가 놀람과 환희의 소리를 지르며 우리를 반겼다. 우리는 깊은 안도감을 느꼈다.

"내가 일어서지 못하면 히라이데도 걸을 수가 없으니까 남은 힘을 쥐어 짜서 걸었어요."

케이가 오늘 하루를 돌아보며 말했다.

베이스캠프에 돌아오니 얼어 버린 몸이 서서히 녹기 시작했다. 오늘도 히말라야의 태양 빛을 받으며 쉬블링이 거룩하게 빛나고 있다. 우리들의 산. 지금은 그렇게 부를 수 있다. 쉬블링이 우리를 받아들여 준 것에 대한 감사와 안전한 장소로 돌아오게 된 기쁨이 충만했다.

쉬블링 북벽 2005

북벽의 아랫부분에서 더 나아가 북서릉을 정찰했다.

그러나 쉬블링은 이것으로 끝난 게 아니었다. 베이스캠프에 도착한 다음 날, 나의 손가락과 발가락에 이상이 생긴 것이다. 분명히 심각한 동상이었다. 3캠프에서는 조금 이상한 정도로만 생각했는데, 그 이후 악화된 듯했다. 우선 발가락 동상이 심각해서 짐꾼에게 업혀 혼자 먼저 하산하는 사태가 벌어졌다. 델리에서 응급처치를 한 후 귀국길에 올랐다. 나리타공항에서 동상 치료에 권위 있는 가네다 마사키金田正樹 선생님이 계신 시라히게바시병원白鬚橋病院으로 직행해 곧바로 입원했다.

동상이 가져다준 것

어려운 등산을 계속해 나가려면, 목표를 정한 후 어떻게 대응할지 다양한 각도로 이미지를 확대해 생각해 보고, 실제로 도전한 후 그 이미지와 어느 정도 차이가 있었는지 바로 확인해 답과 맞춰 보는 작업을 하는 것이 중요하다. 이 작업을 반복하면 등산의 정밀도는 높이고, 위험은 줄일 수 있다.

그런 의미에서 쉬블링의 동상 사건을 되돌아보자.

필요한 식량과 등반장비를 엄밀하게 이미지화해서 선택했지만, 결과적으로 한 번도 사용하지 않았던 등반장비가 적지 않았고, 도중에 연료와 식량은 소진돼 버렸다. 가스가 부족해 마지막 이틀 동안은 충분한 수분을 섭취할 수 없었다. 탈수증에 걸리면 혈류가 나빠지고 동상에 걸리기 쉽다.

6일째 기록
춥고 고된 하산

눈속, 꼬질꼬질해진 하산

공복이면 체온이 올라가지 않기 때문에 더욱 문제가 된다. 당시에는 식량이 부족해도 공복은 참으면 될 거라 여겼고, 그것보다도 미지의 산, 미지의 루트에 도전하는 불안감 때문에 등반장비를 많이 가져 가야겠다는 생각이 앞섰다. 지나치게 적었던 식량과 연료, 너무 많았던 등반장비. 경험 부족 탓에 안분按分에 실패한 결과가 동상이었다. 아쉽지만 이것이 그 당시의 우리 실력이었다고밖에는 할 말이 없다.

　　더 얘기하자면 우리 둘은 매일 밤 방석 한두 장 크기 정도밖에 안 되는 공간의 열악한 환경이 초래하는 스트레스에 대한 내성도 갖추지 못했다. 또 되돌아갈 수 있는 시점이 있었는데도 정상까지 올라 한계를 넘어선 것은 '해낼 수 있는 나 자신'에 도취한 나머지, 자신감과 의기양양함이 지나쳐 위험관리를 하지 못했던 탓도 있다.

한 달간의 입원 끝에 오른쪽 발가락 네 개의 첫 번째 관절 끝마디를 절단했다. 동상으로 인한 손가락, 발가락 절단이란 등반가에 있어서는 치명적인 손상이다. 옛날에는 '훈장'으로 취급받기도 했었지만, 장비가 좋아진 요즘 시대에는 '부끄러운 일'일 뿐이다.

다만 등반에서는 어떤 실패에 대한 경험이 다음 등반을 안전하게 만들어 주기 때문에, 발가락 네 개의 손상과 맞바꿔서 얻은 것이 있다고 내 나름대로 좋게 생각한다. 아픈 경험은 젊을 때 많이 하는 편이 좋다. 미숙했던 스물다섯 살에 경험한 실패로부터 많은 것을 배워 왔기에 지금의 내가 있는 것이라 생각하고 싶다.

게다가 이 일은 자신의 생명에 대해 진지하게 생각해 보는 계기가 되기도 했다. 그때까지 너무 잘 나가고 있어서 덴구天狗가 된 것도 있었지만, 등산을 어중간하게 착수하면 죽고 마는 행위인 것을 통감했다. 산은 누구에게나 평등하다는 것. 기술과 경험이 부족한 사람에게는 그 나름대로 반격한다. 상처가 아물면서 '이 실패가 실패로 끝나지 않도록 다음에 이 경험을 살리자.'는 생각이 들었다. 그래서 동상입은 사람에게 참고가 되기를 바라면서 '동상 일지'란 것을

---

* 일본의 요괴. 얼굴이 붉고 코가 높으며 신통력이 있어 하늘을 자유로이 날면서 깊은 산속에 산다는 상상의 괴물.

쉬블링에 가져갔던 장비와 식량. 식량이 훨씬 적다.

만들었다. 동상을 입고 나서 수술을 거쳐 회복될 때까지의
상태를 기록한 것이다.

다음 도전, 카메트

쉬블링에서 입은 동상으로 발가락 일부를 잃고, 이대로라면
언젠가는 산에서 죽게 될 거라는 위기감을 품고 있던 나는
등반가로서도, 인간으로서도 더욱 성장해야겠다는 생각에
2007년부터 활동 영역을 유럽으로 넓혀 그곳의 등반을 경
험했다. 등반의 발상지에서 많은 등반가를 만나며 지금까
지 몰랐던 세계에 눈을 뜨게 됐다.

　이 와중에도 쉬블링에서의 실패 경험을 살릴 기회를 찾
고 있었다. 그곳에서 발견한 곳도 역시 인도에 위치한 카메

쉬블링 등반(편집본)

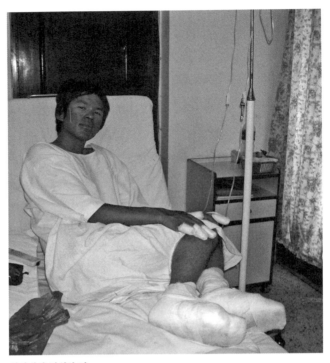

델리에서 입원한 나

트(7,756m)였다.

 계기는 『아메리칸알파인저널American Alpine Journal (AAJ)』이라는 미국산악회연감에 실렸던 등반보고서였다. AAJ는 2005년에 우리가 올랐던 쉬블링 등반을 최초로 다룬 등산 연감으로, 그 기록이 게재된 호에는 같은 2005년에 노멀루트로 카메트에 도전했던 미국등반대의 보고가 있었는데, 그 기사에서 한 장의 사진이 눈에 띄었다. 사진 설명에는 'Unclimbed Face of Kamet'라고 적혀 있었다. 이어서 다음 문장을 발견했다.

1,800m-high unclimbed southeast face of Kamet!

'높이 1,800m에 이르는 미등의 카메트 남동벽!' 이 문장에 나의 마음이 술렁였다.

쉬블링을 등반한 지 약 3년. 다음 목표로 7,000m급의 산에서 알파인스타일의 등반을 할 수 있는 미등 루트를 찾고 있던 나에게 카메트는 그야말로 새로운 도전의 무대로 적합하게 여겨졌다.

2007년경, 나는 인도 델리에 있는 인도등산재단IMF의 도서관에 있었다. 등정 가능성이 가장 높은 시기를 찾기 위해 산더미 같은 장서 속에서 과거의 카메트를 포함해 주변에서 이루어졌던 등반의 등정 일자 등의 정보를 수집했다.

인도 가르왈히말라야Garhwal Himalaya의 고봉 카메트 초등은 1931년 프랭크 스마이드Frnak Smythe[*], 에릭 십튼Eric Shipton^{**} 등에 의해 이루어졌다. 동카메트빙하East

---

* 1900-1949. 영국의 산악인. 작가, 사진작가 및 식물학자. 카메트를 등반하면서 꽃의 계곡을 발견했다. 약 28권의 저서가 있으며, 그중 『캠프 식스』(1937년)와 『꽃의 계곡』(1938년)을 하루재클럽에서 번역 발간했다.
** 1907-1977. 영국의 산악인. 총 4회에 걸쳐 영국에베레스트원정대에 참가했으며, 특히 1951년에는 오늘날 에베레스트 등반로인 쿰부빙하 루트를 찾아냈다. 히말라야의 전설 속 설인인 예티의 발자국 사진을 찍었다고 알려져 있다.

Kamet Glacier로 어프로치해서 미드콜Mead's Col을 경유하는, 당시로서는 인간이 도달한 가장 높은 산 정상이었다. 그 이후 다양한 루트로 도전이 시도됐지만, 남동벽은 미등이었다.

　　이렇게 보람 있는 과제를 발견해 낸 것에 다시 마음이 들떴다. 파트너는 이번에도 케이다. 그 어느 때보다도 도전적인 등산이 시작되려고 하고 있었다.

정찰에 공을 들이다

2008년 9월, 우리는 3년 만에 인도로 향했다. 인도에서의 두 번째 등반이어서 요령이 생겼다. 숙박비를 줄이려고 인도등산협회의 공용침실에서 묵고, 차를 타고 조시마트Joshimath라는 마을로 갔다. 그러나 여기서부터 입산 허가를 받지 못해 발이 묶이는 예상 밖의 상황이 벌어졌다. 다음 날 다시 같은 관공서에 가서 끈질기게 교섭하여 겨우 허가를 받았다. 가장 안쪽의 니티Niti 마을에서 준비를 마친 후 이틀 걸려 해발고도 4,800m의 베이스캠프에 도착했다.

　　9월 4일, 2박 3일분의 식량을 챙겨서 1차 정찰에 나섰다. 노멀루트인 동카메트빙하의 오른쪽 길을 일곱 시간 동안 걸어서 5,000m에 있는 NC1(노멀루트 1캠프) 도착. 여기

---

* 인도 북부 우타라칸드Uttarakhand의 샤몰리chamoli 지역에 있는 도시.

서부터는 아직 벽이 보이지 않는다. 다음 날 돌아올 길을 생각해 케른cairn을 쌓으며 다시 전진했다. 케른은 최소한 3개의 돌을 쌓아 올리고, 가장 위의 돌은 다음 케른의 방향을 가리키는 화살표다. 지금까지의 경험에서 나온 아이디어다. 5,500m 높이에 있는 NC2는 남동벽을 정면으로 볼 수 있는 특등석이었다.

　　일본에서 입수한 카메트 남동벽의 사진을 보고, 직선으로 가면 정상 바로 아래에 세락 같은 것이 있다는 것을 미리 확인해 두었기 때문에 가능한 한 그것을 피해 우회해서 가려고 생각했다. 하지만 실제로는 정상 바로 아래 세락이 없었고, 오히려 우회하려던 루트쪽 상부에 세락이 있어서 위험도가 높다고 판단했다. 쌍안경으로 벽을 정찰하던 나에게 케이는 "갈 수 있을 것 같아. 직선으로 가자."고 말했다. 나도 이견은 없었다. 지금까지 많은 사진을 보았지만 실제로 벽을 보기 전까지는 정말로 오를 수 있을지 마음 한구석에 반신반의하는 생각이 자리하고 있었다. 어려운 등반이 될 거라는 것은 쉽게 상상할 수 있었지만, 우선은 루트를 찾아낸 것에 안심하고 마음을 다잡았다. 정보가 넘쳐나는 시대지만 직접 눈으로 확인하고 판단하는 것이 중요하다는 것을 다시 한번 되새겼다. 그렇게 찾은 것이 모험 가치를 더 많이 지니고 있기도 하다.

* 등산을 기념하기 위해 쌓아 놓은 돌무더기. 이정표.

**첫 번째 정찰에서
북동벽으로 라인을
탐색하다.**

카메트 남동벽 2008

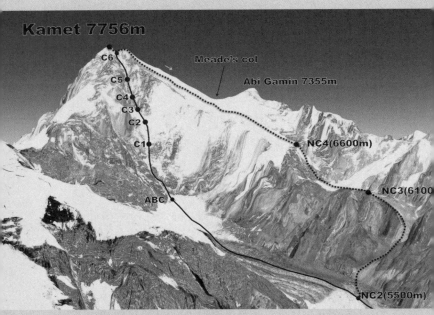

점선의 초등 루트를 우리는 하강로로 사용했다. (Map data © 2023 Google)

등정 기록 1931년 영국등반대(대장 F.S. 스마이드)가 동카메트빙 하에서 미드콜을 거쳐 초등에 성공했다.

9월 중순에 진행한 두 번째 정찰에서는 등정 후의 하강 루트가 될 노멀루트의 미드콜 7,050m까지 올라갈 예정이었다. 등정 후 하강 루트에서 우왕좌왕하며 궁지에 빠지는 것은 피하고 싶었다.

지난번 정찰에서 두고 온 NC2의 텐트에서 동카메트 빙하의 왼쪽 기슭을 올랐다. 이전 등반대가 놓고 간 고정로프에 의지해서 고도를 올렸지만, 바위에서 돌조각이 후두둑 떨어지는 불안정한 장소에서는 여러 군데의 로프가 절단되어 있었다. 예정된 NC3의 장소에서는 노멀루트의 핵심부이기도 한 커다란 록밴드rock band가 보인다. 다음 날 그곳을 넘어서자 남동벽이 바로 눈앞에 나타나 바로 옆에서 벽의 모습을 정찰할 수 있었다. 이 6,600m에 NC4 설치.

이튿날에는 텐트를 남겨둔 채 짐을 가볍게 싸고서, 미드콜까지의 정찰과 고소적응을 하기 위해 길을 나섰다. 상부는 눈으로 덮인 넓은 플라토plateau이기 때문에 삼각깃발을 꽂으면서 미드콜로 이동했다. "여기까지 내려오면 나머지는 안심이야."라고 케이가 들뜬 목소리로 말했다. 과연 우리는 산 정상을 넘어서 무사히 이 장소까지 내려올 수 있을까. 여전히 불안감이 있었지만, 이렇게 하강 루트의 80% 정도를 걸어 본 데다, 남은 20%도 눈앞에서 루트를 확인할 수 있었기 때문에 남동벽 등반에 집중할 수 있겠다는 생각

---

* 밴드band는 암벽면에 가로질러 띠 모양으로 돌출된 형태의 바위.
** 해발고도가 높고 비교적 기복이 적은 지대가 연속되는 평탄한 지형.

NC2 텐트는 남동벽이 정면으로 보이는 특등석이었다.

이 들었다.

NC4에서 2박을 하면서 남동벽의 모습을 3일에 걸쳐 관찰했다. 등반 중에 고생할 법한 거대한 핵심 부분이 세 곳임을 확인했다. 이에 따라 벽에서의 비바크Biwak[*]는 최소 3회가 될 것으로 예측하며 등반계획을 세웠다. 또 이곳 NC4에는 산 정상을 넘어 휘청거리면서 도착하는 모습을 상상할 수 있었기 때문에 라면 등의 식량과 연료를 눈 속에 묻고 표식으로 삼각깃발을 꽂아 두어 비상사태에 대비했다.

베이스캠프에 돌아온 후 상황이 급변했다. 눈이 내리기 시작한 것이다. 이틀 동안 족히 40cm는 쌓인 듯했다. 엄청난 폭설에 나는 마음이 꺾였지만, 케이는 "벽을 보고 나서 갈지 말지, 결정하면 되지 않을까?"라며 듬직하게 버티고 있었다.

예상 밖의 상황 전개에 등반장비와 식량 선택에 대해 새로이 의견을 나눴다. 정상에 가져갈 식량은 4일분과 예비 행동식 3일분으로 정하고, 섭취 열량과 영양 균형, 중량을 계산했다. 작은 체구의 두 사람이 겨우 들어갈 수 있는 침낭과 반으로 자른 매트를 선택하고, 연료의 양도 자세히 살펴봤다. 가지고 갈 등반장비도 둘이 모두 동의할 때까지 논의했다.

[*] 텐트를 사용하지 않고 지형지물을 이용하여 하룻밤을 지새는 일. 현장에서 '비박'으로 통용된다.

지금이야말로 쉬블링에서의 실패 경험을 살릴 때다.

눈과 얼음벽에서의 1주일

적당한 날씨를 기다리며 9일간이나 베이스캠프에 머물고 있던 그다음 날, 화창한 날씨가 찾아왔다. 너무나도 길었던 휴식이 드디어 끝났다. 푸른 하늘을 보니 어제까지 괴로웠던 기분이 멀리 날아간 듯했다.

9월 26일, 드디어 남동벽으로 출발. 이미 많은 등반장비를 NC2에 보관해 두었기 때문에 거침없이 눈을 헤치며 나아갔다. 하지만 NC1을 지나 NC2 근처에 와도 높이 105cm의 텐트가 보이지 않았다. 텐트를 찾지 못한다면 장비도 잃어버리기 때문에 등산을 중단해야만 한다. 필사적으로 찾은 끝에 꼭대기 부분까지 눈에 파묻혀 있었던 텐트를 발견할 수 있었지만, 함께 보관해 두었던 식량의 일부는 동물들이 먹어 버린 상태였다.

28일, 3일간의 긴 어프로치 끝에 해발고도 5,900m 지점에 ABC 설치. 여기에서는 루트 전체를 볼 수 없어서 마치 미로 입구에 서 있는 듯한 느낌이었다. 이런 상황이라면 앞으로는 우리가 선택한 방법이 등반에 성공하고 살아서 돌아갈 수 있는 최선의 길이라고 믿고 나아갈 수밖에 없다.

미드콜까지 정찰. 그래서 허둥지둥 하산해도 괜찮다는 생각이 든다.

장비를 엄선하다.

1일째(29일). ABC → 1캠프(6,600m)

오늘은 깔끔한 빙설벽을 오를 예정이며, 고도를 조금이라도 높일 수 있을 것 같다. "열심히 다녀오겠습니다." 케이의 말에 힘을 얻어 손을 잡고 ABC에서 한 걸음 뗐더니 불안감은 어느샌가 기분 좋은 긴장감으로 변했다.

ABC까지는 두 발로 보행이 가능했지만, 그 뒤로는 경사가 있어서 아이스바일을 양손에 들고 아이젠을 착용했다. 쉬블링 때는 좌우에 다른 브랜드의 바일을 들고 올랐지만, 이번에는 시몽사의 아나콘다 컵라이트Anconda Cup Light를 좌우에 들었다. 내 마음에 쏙 든 이 바일은 프랑스 샤모니 근처에 있는 시몽 본사 공장에 갔을 때 나에게 맞게 튜닝tuning해서 받은 것이다.

언제나 그랬듯이 케이와 로프를 묶었다. 카메라에 비치는 우리의 얼굴은 등산을 마쳤을 때처럼 그을려 있었다. 정찰과 기후 문제로 벌써 이 땅에 머문 지 한 달을 넘기고 있었다. 배낭의 무게는 각각 10kg 정도다. 만약 둘 중 한 명이 배낭을 떨어뜨려도 문제없도록 각각의 장비를 균등하게 나눴다. 단, 먼저 먹을 식량을 케이의 배낭에 배분해서 빠른 시일 내에 가볍게 만들어 케이의 부담을 줄일 수 있도록 했다.

크레바스를 넘어 눈과 얼음과 바위의 좌측상단 쿨르와르(급경사면에서 움푹 패인 곳)로 향했다. 여기가 산 정상까지 이어지는 라인의 입구다. 드디어 새하얀 종이에 펜으로 우

1일째 기록
남동벽으로의
도전이 시작되다.

카메트 남동벽 2008

노멀루트의 NC2에서 본 카메트 남동벽

리의 라인을 그려갈 때다. 왼쪽으로 가든 오른쪽으로 가든 우리가 하기 나름이다. 새로운 무대로 향하는 모험이 시작되는 것이다.

네 시간 동안 500m 정도의 고도를 올랐다. 나쁘지 않은 속도다. 하늘은 어느샌가 분홍빛으로 물들기 시작했고 일몰이 다가오고 있었다. 첫날치고는 성과가 좋아서 이미 정찰로 며칠간 체류했던 노멀루트의 NC4(6,600m)와 같은 고도가 됐다. 물론 평탄한 캠프 야영지 같은 것은 바랄 수도 없었다. 서둘러서 바일 한 개로 완전히 어두워지기 전에 한 시간 이상 설벽을 깎아서 평지를 만들었다. 텐트의 꼭대기를 바위에 걸어놓으니 해먹 같은 잠자리가 됐다. 공중에 매달린 상태이기 때문에, 바위에 고정한 로프를 텐트 안까지 당겨서 안전벨트에 묶어 추락을 방지했다. 이런 가혹한 상황과는 정반대로 머리 위 하늘에는 별들로 가득했다.

2일째. 1캠프 → 2캠프(6,750m)

첫날의 피로 때문에 아침 햇살이 텐트에 비출 때까지 기다렸다가 따뜻해지고 나서야 일어났다.

오늘은 첫 번째 핵심부를 완등하는 날. 배낭을 메고 등반하기에는 이미 고통스러운 해발고도였지만, 아이스스크류ice screw의 확보(추락을 막기 위한 지점)가 확실한 데다가,

---

* 눈이 언 비탈에서 밧줄을 걸기 위해 박아 두는 기구.

What's Next?

카메트 남동벽 1일째. 우리 라인의 시작이기도 하다.

바람도 없이 온화한 날씨 덕분에 팔다리의 움직임이 원활했다.

　몇 피치를 올랐을까? 어느샌가 오후가 되었고, 분설눈사태가 시작됐다. 그 폴라인fall line(붕괴를 직격으로 받는 위치, 장소)을 통과할 수밖에 없어서 그대로 돌입했지만, 분설눈사태의 풍압이 강해서 바로 위를 보고 루트를 확인할 수도 없었던 데다가 풍압에 밀리지 않으려고 필사적으로 눈앞의 얼음에 바일을 때려 박으면서 올라갔다.

* 최대 경사선. 산비탈. 슬로프 경사면에서 공을 굴린다고 가정했을 때 공이 굴러가는 가상의 선.

2일째 기록
첫 번째 핵심부에
도전하다.

완력 소모가 심하지만 견딜 수밖에 없다. 그대로 40m 정도 올라 분설눈사태의 폭풍 속에서 빠져나왔을 때는 온몸이 눈투성이가 됐고, 차가워진 몸은 금방 회복되지 않았다. 그나마 위안이 된 것은 첫 번째 핵심부를 빠져나왔고, 눈앞의 눈을 깎아서 2캠프의 텐트를 칠 수 있다는 사실이었다. 하루 동안 위로 150m밖에 루트를 연장하지 못했지만 초조함은 없었다.

3일째. 2캠프 → 3캠프(7,000m)

오늘도 화창한 날씨 속에서 출발한다. 머리 위로는 두 번째 핵심부인 얼음과 바위가 떡하니 버티고 있다. 밋밋한 얼음에서 두 다리를 벌리고 버티는 스테밍stemming[*]으로 올라갈 수 있을 것 같은 좁은 룬제runse[**](급경사의 바위틈)를 선택해서 왼쪽 위로 올라가자 슬랩slab(요철이 적은 평평한 바위)에 이르렀는데, 그 이상은 나아갈 수 없을 것 같았다. 20m 정도 아래에, 올라설 수 있을 듯한 얼음의 룬제가 오른쪽 위에 있는 것을 알고 있었던 나는 케이를 그곳에 있게 하고 크랙에 앵글하켄angle haken[***] 한 개를 박아서 그곳까지 하강했다.

오른쪽 위에 있는 룬제에서 루트를 연장할 수 있을 것

---

[*] 암벽등반에서 따로 떨어져 있는 바위의 두 지점 사이에서 몸을 지탱할 수 있게 해 주는 짝힘주기 기술.
[**] 독일어. 가파르게 패인 계곡, 도랑 등의 지형을 가리킨다.
[***] 암벽이나 빙벽을 등반할 때 바위나 얼음에 박혀서 확보의 지점이나 등반 보조용에 쓰이는 큰 쇠못.

3일째 기록
두 번째 핵심부에
도전하지만…

2일째, 분설눈사태 속에 등반하다.

같아 안심했지만, 어두워지기 시작했기 때문에 서둘러서 텐
트를 칠 장소를 찾아야 하는 문제가 생겼다. 헤드램프로 주
변을 살피며 적당한 장소를 찾아 트래버스를 하듯 로프를
풀어가며 올라가 눈앞의 크랙에 살짝 남아 있는 얼음에 아
이스스크류를 박았다. 자기확보self belay를 하며 발판을 깎

___

* 로프를 함께 묶고 등반하는 사람이 추락할 때 추락을 막기 위한 로프 조작기술.

3일째, 빙하를 올라 해발 7,000m 가까이 됐을 때 아래를 내려다보니 끝없이 이어진 빙하가 보였다.

아 공간을 넓히려고 하는 순간에 '쿵!' 하는 큰 소리와 함께 다리가 공중에 들리며 몸이 떴다. 발판으로 삼았던 눈덩이 가 붕괴한 것이다. 눈앞의 아이스스크류가 빠지지 않을까

What's Next?

가슴을 졸이고, 또 부서진 눈덩이가 케이에게 떨어지는 것은 아닌지 걱정됐지만, 다행히 둘 다 무사했다. 어둠과 피로는 이유가 되지 않는다. 해서는 안 될 실수였다.

확보물을 추가하고 자세를 정비한 다음, 케이를 오게 해서 방금 일어난 일을 이야기했지만, 평소와는 다르게 그녀의 반응이 느렸다. 또 웬일인지 내가 있는 곳까지 올라올 때마다 "미안해."라는 말을 반복했다. 해발고도가 7,000m 정도 되어 피로도가 한계를 넘어서 그랬을지도 모른다. 케이가 이후에 기록한 내용을 보면, 이날은 "숨쉬기도 힘들다. 이런 상황인데 오르는 의미가 있을까?"라고 생각했다고 한다. 나는 아직 초반이라서 케이가 이 지경까지 떠밀렸다고는 생각하지도 못했다.

머리 위에 얼음으로 뒤덮힌 룬제가 있었지만, 헤드램프로 비춰 봐도 앞이 잘 보이지 않아서 다음 날에 대한 불안감을 적잖이 느끼면서 텐트에 몸을 맡겼다.

4일째. 3캠프 → 4캠프(7,100m)

3박 4일을 잡고 벽을 벗어날 요량으로 식량을 준비했지만 이미 4일째. 어제부터 한 끼분을 반씩 나눠 먹었다. 만성적인 공복 상태가 됐다.

첫 피치pitch는 내가 선등했다. 고도도 7,000m를 넘었고, 배낭을 메고 선등하기도 힘들어서 배낭을 끌어 올리는 스타일로 바꿨다. 다만 촬영 기술은 향상되어 급경사 등반

4일째 기록
두 번째 핵심부를
벗어나다.

4일째. 날씨는 안정적이지만, 햇볕에 타서 아프다.

속에서도 촬영을 멈추지 않았다. 등반 속도가 조금 늦어지는 것이 문제이기는 했지만, 비장한 기분은 전혀 들지 않았고 오히려 이 극한의 시간을 조금 더 길게 즐기고 싶은 생각이 들었다.

이틀에 걸쳐 두 번째 핵심부를 벗어나자 설벽이 나타났고, 그 앞에는 세 번째 핵심부가 보였다. 7,100m에 4캠프 설치.

5일째. 4캠프 → 5캠프(7,250m)

이날 아침은 둘 다 얼굴이 붓고 햇볕에 그을려 피부가 거칠어져 있었다. 세 번째 핵심부는 바위와 얼음이 뒤섞인 곳으

5일째, 바나나쿨르와르 입구

로 라인을 찾아서 올라갔다. 또다시 분설눈사태의 습격을 받으면서도 세 번째 핵심부를 벗어나 마침내 정상으로의 마지막 샛길인 바나나쿨르와르Banana Couloir의 입구에 도착했다.

바나나쿨르와르의 굴곡 부분인 7,250m에 5캠프 설치. 정상까지 앞으로 약 500m. 잘하면 내일 정상에 설 수 있을지도 모른다는 작은 기대를 품고 잠을 청했다.

6일째. 5캠프 → 6캠프(7,600m)

그저 바나나쿨르와르의 설벽을 오르는 데만 집중했다. 공원에 있는 미끄럼틀을 오르는 듯한 느낌으로 올라도 경치는

5일째 기록
세 번째 핵심부에
도전하다.

변하지 않았고, 서서히 졸음이 몰려왔다. 꾸벅꾸벅 졸기도 해서 얼굴을 때리면서 올라갔다. 이미 피곤함의 한계를 넘어섰다. 이런 곳에서 실수로 죽고 싶지는 않았다.

거의 하루가 걸려 바나나쿨르와르에 올라선 후 곧이어 정상 능선으로 나가려고 할 때 미끄러져 버렸다. 정신을 차렸을 때는 이미 급경사의 눈 위를 미끄러지고 있었다. 멈추지 못하면 지금까지 올라온 남동벽을, 케이를 휘감은 채 1,000m 이상 떨어지게 된다. 바일을 있는 힘껏 설면에 박고 발버둥 치는 사이에 속도가 줄어들더니 순식간에 멈췄다. 다시 바일과 아이젠을 강하게 눈에 박고, 헬멧을 설면에 밀어붙이며 자세를 낮춰 심호흡했다. 심장이 쿵쾅쿵쾅 뛰고 있었다.

이렇게 산에서 죽는 건가…. 삶과 죽음이란 아주 작은 차이밖에 나지 않는다….

그것을 여실히 실감한 순간이었다. 정상 능선 근처가 되니 바람으로 설면이 빙판화되고 있었지만 그것을 눈치채지 못하고 아이젠의 발톱을 강하게 차지 않은, 나의 부주의로 인한 실수였다. 케이에게는 내가 미끄러지는 게 보이지 않았을 테지만 갑자기 손에 있던 로프가 느슨해졌기 때문에 불안했을 것이다.

집중력이 떨어진 데다, 산 정상 부근은 눈보라가 휘몰아쳐서 쿨르와르의 출구인 정상에서 눈 내린 능선 근처 크레바스 안에 텐트를 쳤다. 얼음을 조금만 깎았는데도 오랜

6일째 기록
쿨르와르에서
졸음과의 사투

만에 평평한 텐트에서 다리를 뻗고 잘 수 있었다.

사무라이 다이렉트

7일째. 6캠프 → 정상(7,756m) → 노멀루트 4캠프(6,600m)

7월 5일, 이날의 등정 모습은 이 책의 서두에 썼다.

오이시 아키히로가 정중하게 취재하여 저술한 다니구치 케이의 평전『태양의 한 조각』에서 그날의 카메트 정상의 모습을 인용한다.[*]

정상에 도착했을 때, 케이가 히라이데에게 건넨 말은 "히라이데, 멋져!"라는 한마디였다. 히라이데는 농담조로 "그럼요. 정말 내가 멋진 것 같아요."라고 말하며 웃었고, 케이도 평상시와 마찬가지로 "멋지다! 멋지다! 멋지다!"를 연발하며 웃었다.

눈 아래에는 인도 히말라야의 높고 험한 산봉우리들이 끝도 없이 펼쳐지고 있었다. 베이스캠프에서 폭설에 갇혀 있었을 때는 상상도 못 했던 장면이었다. 두 사람은 골든피크, 쉬블링 등정이라는 경험을 쌓고, 마침내 7,000m 봉의 미답벽에 직등라인을 그었다. 하지만 끝없이 펼쳐진 가파른 산들을 보고 있자니 여기가 '마지막'이라고는 도무지 생

[*] 『태양의 한 조각』p.169에서.

각할 수 없었다.

"What's Next?"

히라이데는 미소로 케이에게 물었다.

"What's Next?"

케이도 히라이데에게 되물었다.

하산하는 노멀루트의 미드콜이 바로 거기에 보였다. 본 등반 전에 정찰했었기 때문에 하강에 대한 스트레스는 거의 없었다. 하지만 몸이 너무 지쳐 있어서 실수 없이 하산하자며 함께 다시 한번 마음을 다잡았다.

케이가 먼저 클라이밍다운해서 간다. 눈의 표면은 크러스트crust(눈의 표면이 바람과 햇볕 등의 영향으로 단단해진 상태), 눈 속은 말랑말랑한 "모나카" 같은 상태여서 다리에 상당한 부담이 되어 두 사람 모두 자주 주저앉을 수밖에 없었다. 케이는 나보다 훨씬 지쳐 있었고 좀처럼 일어서질 못했다. 케이는 끝까지 만류했지만, 나는 도중에 두 사람의 짐을 모두 짊어졌다. 여기서부터 베이스캠프까지 살아서 돌아가기 위한 최선의 방법을 선택한 것뿐이었다.

카메트에 태양이 가려져 추워진 저녁, NC4에 당도했다. 눈 속에 연료와 식량을 묻어둔 곳이다. 국물이 많은 매콤한 라면을 먹었는데, 이내 속이 메스꺼워졌다. 최근 1주

---

* 찹쌀로 만든 얇게 구운 과자 껍질 사이에 팥소를 넣어서 만든 화과자.

7일째, 이제야 고생에 대한 보상을 받는다.

일간 소량의 식사로 위가 작아진 데다가 자극에 약해졌기 때문일 것이다. 눈앞에는 올랐던 남동벽의 라인이 정면으로 보여서, 우리는 지나온 경로를 찾아봤다. 어제까지는 저곳에 있었는데, 이미 먼 옛날 일처럼 느껴졌다. 그리고 지금 지쳐버린 우리에게 어디에서 저런 에너지가 나왔던 것인지 믿기 어려웠다. 머리 위로 작은 무지개가 보였다.

8일째. NC4 → 베이스캠프
일어났더니 태양은 이미 높이 솟아 있었다. 묵직한 노곤함에 두 사람 모두 좀처럼 일어나지 못했다. 그럼에도 NC4에서 NC2까지 단번에 내려갔다. NC2에 남겨 두었던 모든 짐을 회수했기 때문에 배낭은 더욱 무거워졌다. 공복이었

7일째 기록
다이렉트 루트 완료

7일째, 카메트 정상
에서. 우리 라인이
완성된 순간이기도
하다.

7일째, NC4에서
올라간 남동벽을 뒤
로 하고

What's Next?

지만 남은 식량이 없었다. 정찰할 때 빙하 한가운데서 발견했던, 지난해 인도 등반대가 남기고 간 인스턴트 카레를 믿을 수밖에 없었다. 이미 저녁이 되어 햇빛이 비스듬히 비추는 가운데, 겨우 찾아낸 차가운 인스턴트 카레를 먹고서야 한숨 돌렸다. 모든 것을 쏟아내 피로의 한계에 도달한 우리에게는 여기서 다시 텐트를 펼칠 기력이 남아 있지 않았다. 베이스캠프까지는 조금만 더 가면 될 것 같았다. 좀 무리하면 밤사이에 돌아갈 수 있을지도 모른다는 희망을 품고 걸음을 뗐다.

이윽고 의식이 몽롱해져서 어둠의 바다를 떠다녔다. 너무 어두웠기 때문에 눈을 감고 있어서 어두운가 보라고 생각했을 정도였다. 자는 걸까, 깨어있는 걸까? 이 길에서 괜찮은 걸까? 꿈과 현실을 왔다 갔다 했다. 꿈속에서는 모든 고통으로부터 도망칠 수 있다는 점이 훨씬 편한 것 같아서 눈을 감으려고 하니, 그 유혹에 빠지지 않으려고 있는 힘을 다해 버티는 또 다른 내가 있었다.

도중에 길을 벗어나 돌아가야 할 방향을 잃어버리고 말았다. 잠시 우왕좌왕하다가 바위 그늘에 앉아 가만히 하늘이 하얘지기를 기다렸다. 드디어 움직일 수 있는 밝기가 됐을 때 깜짝 놀랐다. 우리는 이미 베이스캠프가 있는 곳까지 와 있었다.

드디어 베이스캠프에 도착했다. 긴 하루였다. 모든 것

을 다 쏟아 내어 기진맥진했지만 살아서 돌아올 수 있었다는 것만으로도 다행이었다. 일본산악회 데라사와 레이코에게 무사히 베이스캠프까지 하산했다고 연락했더니 히말라야 쿨라캉리에서 발생한 눈사태로 인해 지인인 나카무라 스스무中村進, 가토 요시노부加藤慶信, 아리무라 데쓰시有村哲史 등 세 명이 사망했다고 알려 줬다. 이들 모두 경험이 풍부한 등반가였다. 우리는 동쪽 멀리 쿨라캉리 방향의 하늘을 올려다보며 한숨을 쉬는 것밖에는 할 수 있는 게 없었다.

　신발을 신은 채 텐트 안에 쓰러졌더니 순식간에 반나절이 지나 버렸다. 배가 너무 고파서 잠에서 깼는데, 이를 꽉 물고 있었던 것인지 턱이 아팠다. 꿈에서는 아직 추위를 견디며 살아 돌아오는 루트를 필사적으로 찾아 헤매고 있었다. 그로부터 며칠간 눈을 뜰 때마다 살아 있다는 기쁨이 배로 커졌다.

　베이스캠프에서 하산할 때는 두 사람 모두 자력으로 걷는 것이 불가능해서 당나귀를 수배했다. 이런 하산은 지금까지 없었다. 이후 조시마트에서도 거의 이틀 동안 일어날 수 없었다. 지금까지 경험해 본 적이 없을 정도로 지쳐 있었지만, 등산가로서의 경험치가 올라가면서 마음이 채워지고 있었다.

　이 초등 루트를 우리는 '사무라이 다이렉트Samurai Direct'라고 이름 붙였다.

카메트 등반(전체편)

essay ● 스포츠 카메라맨으로서

2008년경부터 이시이스포츠의 매장 근무와 더불어 산악 전문 카메라맨으로서의 일도 병행하게 됐다.

2001년 도카이대학 등산대에서 쿨라캉리 동봉에 올랐을 때 유명 업체에서 대여해 영상과 사진을 찍었던 것이 나의 '첫 카메라'였다. 그 후 2005년 무즈타그아타에 갈 즈음에 비디오카메라를 샀다. 작은 가정용 비디오카메라였는데, 영상의 섬세함이 좀 떨어졌지만 등산보고회 등에서 사용하기는 괜찮았다. 영상은 스틸사진보다 우리가 해낸 것을 사람들에게 훨씬 사실적이고 현장감 있게 전달했다.

2008년, 훗날 8,000m급 봉우리 14좌를 완등한 다케우치 히로타카竹内洋岳의 카라코람 가셔브룸2봉Gasherbrum II(8,035m)과 브로드피크봉Broad Peak(8,047m) 등반에 동행할 영상기록 담당자 및 파트너로 결정됐을 때, 그때까지 사용했던 가정용 비디오카메라로 찍은 영상에 한계를 느끼고 있었던 나는 마음먹고 30만 엔이나 하는 전문가용 비디오카메라를 구입했다. 태어나서 처음으로 자신의 장래에 투자한 것이었다.

같은 해 가을, 후지TV의 「가챠핀의 히말라야 챌린지ガチャピンのヒマラヤチャレンジ」라는 기획 건이 들어왔다. 네팔 히말라야의 얄라피크봉Yala Peak이라는 5,000m짜리 봉우리

---

* 후지 텔레비전 계열의 어린이 프로그램의 캐릭터.

로 가챠핀을 안내하면서 촬영도 담당하는 것이었다. 이 일은 취미활동을 일로 삼아, 카메라맨으로 일하면서 돈을 벌수 있는 첫 번째 기회였고, 이 일을 계기로 '좋아하는 일을 업으로 삼아도 좋겠다.'고 생각하게 됐다. 무엇보다도 촬영을 통해 하나의 목표를 함께 협력해 완성해내는 임무가 등산과 통하는 점이 있어서 좋았다.

2009년에는 핀란드의 등반가 베이카 구스타프손 Veikka Gustafsson이 열네 번째 8,000m봉인 카라코람의 가셔브룸1봉Gasherbrum I(8,080m)에 등정할 때 영상 촬영 및 지원 스태프로 합류했다. 이쯤 되니 점차 산악 전문 카메라맨으로서의 일이 늘어나기 시작했다.

산악 영상 촬영에 사용되는 고성능 비디오카메라는 가격이 비쌀 뿐만 아니라 조작도 복잡해서 누구나 쉽게 할 수 있는 일은 아니다. 보통 영상제작업체에서 일하는 촬영 기사 중에 야외활동이나 등산을 좋아하는 사람이 그 분야를 담당한다.

나는 산이 먼저였고, 그저 취미로 영상을 찍고 있었는데, 카메라가 소형화되면서 조작도 쉬워져서 촬영 실력이 늘고 있었다. 여기에 운동선수 같은 체력과 등반기술을 더한다면 산악 세계의 영상을 지금까지와는 다른 새로운 방식으로 전달할 수 있지 않을까. 쉽사리 들어갈 수 없는 곳이라도 나는 갈 수 있다. 결국 '온리원Only One'인 존재가 될 수

영상 셀카는 2005년부터 시작했다.

있는 나다운 활동이라는 생각이 들었다. 게다가 일본뿐만 아니라 전 세계에서 활약할 수 있는 스포츠 카메라맨이 되고 싶다는 분명한 목표도 생겼다. 산악 전문 영상 카메라맨은 그 사람만이 가진 기술과 노하우로 어려운 일을 해내는 장인적인 요소가 있다. 그래서 나만 할 수 있는 일인 산악 전문 영상 카메라맨으로의 독립을 생각하게 됐다.

　　카메라맨으로 살아가야겠다는 생각이 점점 커졌고, 결국 회사를 그만두는 쪽으로 마음이 기울어지고 있었다. 고민 끝에 다니구치 케이에게 상담했더니 "하고 싶은 거지? 그럼 하면 되잖아."라는 그녀다운 대답이 돌아왔다. 그 한마디로 답답한 마음이 싹 가셔서, 이시이스포츠 사장에게 상의하러 갔다. 그 당시 사장인 마쓰야마 메이松山盟는 전직

스키 선수였기에 스포츠에 대한 이해가 깊었다. "급여가 반으로 줄어도 괜찮으니, 시간을 자유롭게 썼으면 합니다. 그게 불가능하다면 그만두겠습니다." 하고 솔직하게 이야기하자 "알았다. 급여는 반이 될지 모르지만, 100%의 시간을 자신을 위해서 써라. 응원할게." 하고 말씀해 주셨다. 회사에 적을 두고 모든 시간을 등산과 영상 촬영 업무에 몰두하는 것을 허락해 준 것이다. 2011년의 일이었다.

새로운 장르인 '스포츠 카메라맨'이라는 자리를 스스로 만들어 내고, 이 직업으로 살아갈 수 있는 길이 펼쳐지게 된 것은 엄청난 행운이었다. 나름의 기술과 체력을 지닌 사람만이 볼 수 있는 고산의 경치를 내가 직접 촬영한 영상으로 넓게 볼 수 있다는 기쁨뿐만 아니라 촬영 대상인 등반가는 모두 최고의 사람이기 때문에 그들의 활약상을 '특등석'에서 볼 수 있다는 매력도 있었다.

촬영할 때 조심하는 것이 있다.

카메라맨은 취재 대상자와 기본적으로는 거리를 두어야 하는 입장에 있다. 그런 분위기가 조성되지 않을 때는 일부러 '나는 외부인'이라는 분위기를 내기도 한다.

한편으로 나도 팀의 일원이니까 위험을 감지했을 때는 확실하게 말을 해서 멈추게 한다. 나까지 위험에 빠뜨릴 수는 없는 일이다. 외부인이면서 파트너. 그 거리감은 사례별로 조정할 수밖에 없다.

NHK 스페셜 프로그램에서 미얀마의 최고봉 카까보라지 촬영

　하나 더, '이 장면은 나중에 일어날 큰 사건의 복선이 될 지 모른다'고 재빠르게 상상을 하면서 다음을 준비한다. 그 것이 '결정적 순간'을 만드는 것으로 연결된다. 그러기 위해 서도 항상 시야를 넓게 하는 것이 중요하다. 대국을 본다. 그것은 일뿐만 아니라 나 자신의 안전과도 연결된다.
　스포츠 카메라맨으로서의 일은 보람이 있을 뿐만 아니 라 경제적인 혜택도 가져다줬다. 동시에 카메라맨이라는 일을 통해서 나의 등산 가능성을 열어 가는 기분도 들었다.

제 4 장

통한의 아마다블람

2010년, 아마다블람 정상 등정 후에서의 헬리콥터 구조

2013년 산스파레사르의 최고 도달 지점에서

산이 '돌아와' 하고 말하는 목소리가,
삶과 죽음 사이에서 들릴 때가 있다.

넓어지는 세계

일본의 많은 등산가는 일본의 산에서 경험을 쌓고, 그다음 유럽 알프스의 4,000m급 산들을 오르고 난 후 히말라야를 목표로 한다. 그런데 나는 알프스를 경유하지 않고 바로 히말라야의 세계로 들어갔기 때문에 나의 등산 배경에는 알프스의 등산 문화와 등반이 빠져 있었다. 아무래도 근대등산의 발상지인 알프스의 환경 속에서 그쪽 산과 등산가들을 만나보고 싶었던 나는 2007년에 알프스로 향했다.

일본을 떠날 때는 봄이었지만 유럽은 아직 겨울이었다. 우선 몽블랑에 오르려고 했는데 현지인이 "지금은 시즌 마감이라서 오르는 사람이 없어요."라고 알려줬다. "날씨가 좋지 않은데도 산에 가는 사람은 일본인과 한국인 정도네요." 그리고 "자주 조난을 당하는 것도."라며 덧붙였다.

일본에서는 겨울 등산이 당연한 일이지만, 그들은 위험

가우리샹카르 남봉 동벽 2009

베이스캠프 부근에서 바라본 가우리샹카르 동벽

등정 기록 1979년 봄 미국-네팔 합동등반대(대장 윌리엄 리드William Albert Read)
가 서벽을 직등하여 주봉에 초등했다. 그해 가을, 영국등반대(대장 피터 보드만
Peter Boardman)가 남봉에서 뻗어 나온 서릉으로 남봉 초등에 성공했다.

What's Next?

도가 높은 겨울에는 등산하지 않는다고 한다. 위험은 가급적 피한다는 합리적인 생각에서다. 산은 목숨을 거는 장소가 아니다. 아니, 목숨을 걸면 안 된다는 것을 실감했다. 원래 날씨가 나쁘면 산에 들어가지 않는다. 그것은 의지가 약하다거나 겁쟁이라거나 하는 문제가 아니다. 위험은 스스로 통제해야 하는 것이다. 일본에서는 경험해 본 적이 없는 성숙한 산의 세계가 있다는 것을 알았다.

2009년 황금피켈상을 수상한 이후에 등반가로서 조금 자신감도 생기고, 파트너도 외국 사람들로 넓어졌다. 2009년 핀란드 출신의 등반가 베이카 구스타프손의 8,000m 14좌째가 되는 가셔브룸1봉 도전에 촬영 겸 파트너로서 외국인과 둘이 처음 올랐고, 그 후 알프스에서도 몇몇 외국인과 짝을 이뤘다. 유럽의 등산 문화를 배경으로 지닌 그들과 오르다 보면 어깨에 힘이 들어가지 않았고, 있는 그대로의 몸으로 산을 오를 수 있었다. 그들은 황금피켈상의 수상 유무를 떠나서 나를 동등하게 대해 줬기 때문에 순수하게 등산을 즐길 수 있었다. 해외 파트너까지 얻자 내 안에 있던 국경이 없어지면서 세계가 단숨에 넓어졌다.

독일 출신의 등반가이자 산악 카메라맨인 다비드 괴틀러David Göttler를 만난 것도 그때쯤이었다. 베이카 일행과 가셔브룸1봉으로 가던 도중에 파키스탄 이슬라마바드의 호텔에서 있었던 일이다. 베이카와 다비드는 예전에 히말라야 등반에서 팀을 이뤘던 적이 있는데, 이들이 오랜만에 재회하는 자리에 내가 함께한 것이다.

다비드도 앞으로 오스트리아 등반가의 촬영차 K2에 간다고 했다. 나와 동년배이고, 나와 마찬가지로 산악 촬영을 생업으로 하고 있어서 관심을 갖게 됐지만, 등반가로서도 같은 분위기를 느꼈던 것을 기억한다.

그해 가을, 네팔과 티베트의 국경에 위치한 롤왈링 히말Rolwaling Himal의 명봉 가우리샹카르Gauri Shankar(7,134m)를 티베트 쪽에서 오를 예정이라고 얘기했더니 그는 과거에 네팔 쪽에서 도전했었다고 말하며, 그 자리에서 당시 사진을 보여 줬다. 가우리샹카르와 같은 그다지 유명하지 않은 산도 똑같이 대하는 점이나 알파인스타일을 추구하는 등 지향점이 같다는 것을 직감했다. 그 당시 나는 아직 해외에서 난도 높은 등반을 할 자신이 없었지만, 언젠가는 해 보고 싶다는 마음을 품고 있었다. 그때는 "언젠가 함께 등반해요."라며 의례적인 인사를 하고 헤어졌다.

그 가우리샹카르 등반은 이렇게 된 일이다.

카메트 정상에서 말을 꺼낸 "What's Next?"로부터 1년 뒤, 나와 다니구치 케이는 이 산을 티베트 쪽에서 올랐다. 동쪽 티베트에서 도전한 기록은 적은 편이다. 1997년 가을에 야마노이 야스시山野井泰史가 북동릉으로 올랐지만, 빈번

* 네팔 동부 중앙의 쿰부히말Khumbu Himal 서쪽에 위치해 있는 에베레스트와 아마다블람 등을 보유한 산군.

가우리샹카르 등반

156

가우리샹카르 남봉 동벽 핵심부

가우리샹카르 남봉 동벽 등반

루트 상황이 나빠서 등반을 포기. 정상 바로 아래 160m 지점이 최고 도달점이 됐다.

What's Next?

한 낙석 위험 등 루트의 상태가 나빠서 더는 나아가지 않았던 것 같다.

우리는 베이스캠프로 가는 도중에 특수지역의 입산허가증이 없다는 이유로 중국 군인에게 발이 묶여 5일간의 실랑이 끝에 입산할 수 있었다. 정찰 결과에 따라 주봉이 아닌 남봉(7,010m) 동벽에 붙어서 5일째, 마지막 비바크를 할 때 땅에 텐트를 남겨 두고 정상을 노렸지만, 머리 위로 우뚝 솟은 암벽을 눈앞에 두고 정상까지 160m 정도 남기고 퇴각했다. 위험을 무릅쓰면서까지 정상을 향하는 선택은 더는 있을 수 없었다.

독일인 등반가의 권유

이듬해 2010년, 나와 케이가 목표로 정한 산은 티베트의 나이모나니산Mount Naimonanyi(7,694m)이었다. 그런데 케이가 그해 봄에 산에서 스키를 타다가 다리 인대가 파열되는 큰 부상을 입는 바람에 연기됐다. 케이가 재활하는 동안 무엇이라도 하려고 했지만, 애석하게도 함께할 파트너가 없었다.

그러던 여름 어느 날, 돌연 다비드에게서 메일이 왔다.

카즈야, 뭐 하고 지내? 가을에 함께 등산하자!

---

* 중국 시짱자치구 남서부, 인도-네팔 국경 근처에 있는 산.

텅보채Tengboche에서 파트너 다비드와 나

네팔 아마다블람산Mount Ama Dablam(6,856m)을 북서
벽의 미등 루트로 올라가자는 것이었다. 다른 사람의 계획
에 합류하는 것은 나의 등산 스타일은 아니지만, 타이밍이
좋아서 바로 승낙했다. '대환영!'이라고 답신했다.

카트만두Kathmandu에서 만나 루클라Lukla까지 비행
기를 타고 날아가 트레킹 6일 만에 베이스캠프가 될 추쿵
Chhukung 마을에 도착했다. 아마다블람의 목표인 암벽이
가깝게 보인다.

고소적응을 위해 추쿵리산Mount Chhukung Ri[*] 바로
앞 5,500m에서 2박을 했다. 아일랜드피크봉Island Peak
(6,189m)도 북릉으로 올라 정상 바로 아래에서 하루 반나절

***

[*] 추쿵의 근처에 있는 산 이름.

을 머물다가 저무는 태양과 만월이 배턴 터치하는 순간, 그 조용한 정상에 섰다. 조금씩 서로를 이해하면서 점진적으로 기술을 확인했다.

모든 준비가 끝났다. 남은 것은 계획을 실행하는 것뿐이다. 목표는 북서벽을 가능한 한 직선으로 오르는 것이다. 날씨가 안정되면 암벽의 출발지점으로 이동하고, 다음 날에는 북서벽에 올라갔다. 몇 피치를 올라 암벽의 상태를 확인하고 진퇴를 판단하기로 했다.

추쿵에 들어간 지 2주가 지난 11월 4일 등반 시작. 북서벽 아래쪽에서 오른쪽 위로 오르면서 출발지점으로 향했다. 서로 말없이 담담하게 나아갔다. 지금은 단순하게 상대가 바라는 것, 내가 해야 하는 것을 해나가면 된다. 붕괴할지 모르는 세락의 위험을 피할 수 있는 루트를 선택했다. 그것도 일시적인 위안일 뿐, 대규모 붕괴는 대응할 수 없다는 건 알고 있었다. 속도를 우선해서 위험을 경감시켰을 뿐이다. 사전에 등반 순서를 완벽하게 맞춘 것은 아니었지만 로프는 순조롭게 뻗어 나갔다.

출발지점에서 표고로 600m는 오른 것일까? 해질 녘이 다가오고 있어서 오늘의 움직임에 마침표를 찍고 싶었지만, 텐트 칠 장소를 발견하지 못했다. 이곳을 넘어가면 분명…. 하지만 그때마다 기대는 어긋났고, 결국 불안정한 경사면에 간신히 1캠프(5,877m)를 설치했다. 첫날부터 괴로운 밤이 됐다. 정상에는 이날의 마지막 햇빛이 빛나고 있었다.

2일째, 이 벽에서 가장 가파른 부분으로 들어갔다. 상부의 눈밭을 향해서 다비드가 로프를 끌고 갔지만, 빙벽등반에 안성맞춤인 블루아이스에서 완전히 바뀌어 너럭바위 위에 곰보눈sugar snow(가랑눈, 분설)*이 깔린 불안정한 장소와 맞닥뜨리는 바람에 일단 클라이밍다운을 했다. 이 벽은 상당히 엄준嚴峻하다고 말하고 싶어 하는 듯한 파트너의 표정에, '하산'이라는 글자가 머릿속에 아른거렸다. 그러나 다비드가 다시 한번 힘을 냈다. 다른 라인을 통해서 겨우 상부의 눈밭으로 나오자, 시야가 탁 트였다. 출발지점부터 이곳까지 곧바로 오를 수 있었기 때문에 이대로 산 정상까지 올라가고 싶은 마음이 강해졌다. 한편, 차가워진 손가락이 신경 쓰여 햇빛이 전혀 없는 그늘진 벽에서 벗어나고 싶은 마음도 있었다.

곧바로 정상에 오를 수 있는 컨디션으로는 보이지 않지만, 왼쪽 위로 올라 북릉으로 향하기로 했다. 크게 낙심했지만, 눈밭의 경사가 완만해서 어제보다는 안정된 비바크 장소에서 느긋하게 보내기를 기대하며 속도를 올렸다. 6,200m에 2캠프를 설치했다. 그곳에서는 정상이 바로 보여서 잘하면 내일 등정할 수 있을지도 모른다는 기대감에 휩싸인 채로 잠이 들었다.

---

* 지표면과 쌓인 눈 사이에 승화에 의해 생기는 얼음 결정의 층.

올라가면서 서서히 호흡이 맞는 파트너가 된 다비드

아마다블람 북서벽 2010

Ama Dablam 6856m

C3(6350m)

C2(6200m)

C1(5877m)

ABC(4855m)

산 아래로 향하는 도중에 본 아마다블람 북서벽

등정 기록

1961년 뉴질랜드 등정대(대장 E. 힐러리E. Hillary)가 남서릉 초등에 성공했다. 그러나 이것은 무허가 등산이었다.

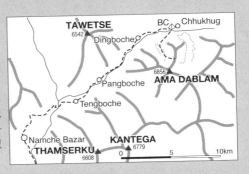

TAWETSE
6542

Dingboche

BC — Chhukhug

6856
AMA DABLAM

Pangboche

Tengboche

Namche Bazar
THAMSERKU
6608

KANTEGA
6779

0   5   10km

북릉에서 나오자 단숨에 시야가 트이면서 에베레스트가 얼굴을 내밀었다.

헬리콥터라는 선택지는 없는 것일까?

오르기 시작한 지 3일째, 높이 올라간 만큼 경치가 상당히 좋아졌다. 로체산Mount Lhotse 남벽 너머로 에베레스트의 정상이 얼굴을 내밀었다. 작년 가을에 목표로 했던 가우리 샹카르도 멀리 보였을 것이다. 에베레스트를 트레킹하고 있는 사람들도 쌍안경으로 우리를 볼 수 있을지도 모르겠지만 과연 몇 명이나 알아차릴까. 특별히 남 앞에서 퍼포먼스를 하는 것은 아니지만, 눈 밑으로 보이는 트레킹 루트에 사람들이 걷고 있을 것이라는 상상만으로도 안심이 됐다.

그런 여유도 잠시, 상부의 암벽을 피하려고 왼쪽으로 3 피치나 되는 어려운 수직벽의 트래버스와 악전고투한 끝에 겨우 북릉으로 나왔다. 오랜만에 내리쬐는 햇살에 몸을 따

오르지 못한 북릉의 최고 도달지점

What's Next?

뜻하게 데워 보지만 지금까지 상상을 초월할 정도로 힘든 등반으로 피로는 극에 달해 있었다. 그래도 북서벽의 루트가 완성됐다는 안도감 때문에 다비드와 합류하여 서로 기쁨을 나눴다.

이후 쉬운 능선을 걸으면서 정상인가 했던 안이한 생각은 몇 미터를 오르자 사라져 버렸다. 너무 불안정한 눈 상태를 본 다비드가 일단 돌아가자고 해서 나의 확보로 클라이밍다운을 시작했다. 바로 그때 다비드가 눈보라와 함께 굴러떨어지더니 시야에서 사라져 버렸다. 순간적으로 반대 경사면으로 몸을 날려서 충격에 대비했다. 로프의 흐름이 멈추고, 매달린 다비드의 하중을 견뎌야 하는 시간이 몇 분간 이어졌다. 이윽고 로프의 하중이 없어져서 로프를 세게 끌어 올리자 얼굴이 베어 피를 흘리고 있는 다비드가 눈앞에 끌려 올라왔다. 그는 눈처마를 밟고 말았다고 말했다.

나아갈 길이 눈에 가로막혀서 우리는 철수하기로 하고 150m 정도 클라이밍다운 해서 6,350m 주변의 안전한 장소에 3캠프 텐트를 쳤다. 이후 어떻게 할지 시간을 갖고 의논한 결과, 이곳까지 올라온 북서벽을 하강하기로 했다. 하지만 두 사람 모두 이미 손발 마디가 저렸고, 이대로 하강을 계속하면 대가를 치를 확률이 높았다.

절박한 상황에 갈등이 심화됐다. 자력으로 내려갈까, 구조를 요청할까. 위험도를 저울질하며 다비드와 이야기를 나눴다.

다비드가 먼저 구조되고 나는 다음 비행기를 기다리기로

"헬리콥터라는 선택지는 없는 거야?"

처음 헬리콥터라는 단어를 입에 올린 것은 나였다. 남의 힘에 의지하는 것은 아무리 생각해도 안이한 선택지로 보여 갈등하기도 했지만, 이미 동상에 걸린 손발의 상태가 더 심해지고 있는 지금, 오기나 자존심 같은 것을 고려하다가 손발의 마디를 잃게 되거나 심지어 죽게 되는 것이 최악이라고 생각했다.

그러자 다비드가 "헬리콥터 구조의 가능성이 있는지 한번 알아보자."며 이번 등반을 대행하는 회사에 전화했다. 그 회사는 헬리콥터 구조 회사를 자회사로 두고 있는 듯했는데, "헬리콥터 구조가 가능하다."고 답신했다.

눈앞의 설벽에는 헬리콥터 로터rotor가 접촉한 흔적이 남아 있다.

　　결론을 내렸다. 아마다블람의 기술적으로 난도 높은 루트에 도전하던 중, 정상까지 350m 남은 지점에서 불안정한 설질 때문에 철수를 결정한 우리는 구조 헬리콥터를 요청했다.

　　4일째 아침, 바람도 없고 에베레스트를 비롯한 네팔 히말라야의 하얗고 뾰족한 봉우리들을 사방으로 저 멀리까지 내다볼 수 있는 좋은 날씨였다. 예정대로라면 지금은 아마다블람을 등정해서 노멀루트로 하강하고 있을 시간이었다. 그렇지만 현실은 정상을 눈앞에 두고 철수를 결정하고, 구조 헬리콥터에 의지하기로 했다. 이런 결말 따위는 상상조차 하지 않았다.

구조 장소가 될 만한 작은 피너클pinnacle(작은 첨탑)까지 5m 정도 로프를 고정하고 기다렸다. 드디어 멀리서 헬리콥터가 날아와 우리 눈앞에 나타났다. 구출은 한 명씩 진행되어 다비드가 먼저 헬리콥터에 올라탔다. 10분 정도 지나서 나를 위한 헬리콥터가 다시 날아왔다.

헬리콥터가 다가오고, 조수석에서 구조대원이 내민 로프 끝의 카라비너에 나와 연결된 슬링을 끼우려고 할 때 헬리콥터가 갑자기 나를 향해서 다시 천천히 움직였다. 그 때문에 끼우는 것을 멈추고 허리를 숙여 일단 상황를 보기로 했다. 머리 위에서 아슬아슬하게 호버링hovering* 하던 헬리콥터가 그다음 순간 "쿵!" 하는 굉음과 함께 기울었다. 그러더니 통제력을 잃은 헬리콥터가 빠르게 허공으로 추락하고 말았다.

주위에 흩날리던 눈보라로 시야가 가려졌기 때문에 도대체 무슨 일이 일어난 것인지 알 수가 없었다. 그러다 순식간에 타는 냄새에 휩싸였고, 잠시 후 기체의 일부로 여겨지는 금속 파편과 도장 페인트 조각들이 발 주변에 흩뿌려져 있는 것을 알아챘다. 조금 전 굉음의 정체는 헬리콥터가 내 머리 위의 설벽에 부딪혀서 난 소리였고, 그러면서 양력을 잃고 추락했다는 것을 깨달았다.

---

* 헬기가 공중에서 안정적으로 정지 비행을 하는 상태.

'어떡해….'

그 자리에 그저 멍하니 서 있을 수밖에 없었다.

삶에 대한 집착

헬리콥터가 추락한 현실을 목도하고는 아무 생각도 할 수 없었지만, 서서히 냉정함을 되찾은 나는 우선 헬리콥터가 왔을 때 거기에 버리려던 텐트를 포함해 생활 도구를 전부 놓아둔 장소를 조심스럽게 찾았다. 혹시 헬리콥터가 추락할 때 날아갔다면 혹한 속에서 맨몸뚱이로 지옥 같은 밤을 보내야 한다. 나날이 겨울로 접어드는 히말라야의 6,000m 봉우리는 밤에 영하 25도로 떨어진다.

다행히 텐트나 도구는 사고에 휘말리지 않았다. 먼저 구조된 다비드가 있을 추쿵을 향해 손을 흔드는 것도 보이지 않을 것 같아 바로 포기했다. 그리고 자신이 살아 있다는 증거를 남기기 위해서 카메라를 바라보며 어디선가 일어난 사고 현장을 취재하듯이 셀카를 찍었다. 언젠가 이 카메라가 발견됐을 때를 대비해서.

이럴 수는 없다는 생각이 머릿속에 가득 찬 상태로, 불과 몇 시간 전까지 텐트를 쳐두었던 장소에 다시 텐트를 쳤다. 텐트 안에 들어가자 현실 도피를 할 수 있게 된 것인지, 다소 냉정하게 이 사태를 생각할 수 있었다. 연료나 식량을 확인해 보니 1일 2식으로 3일이나 4일분 정도 될 것 같았

살아 있다는
증거인 셀카

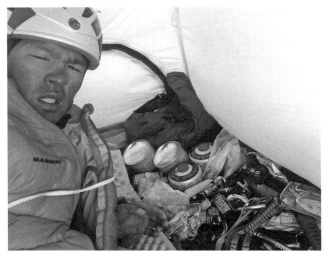
헬기추락 후 텐트에서. 남은 식량과 연료를 펼쳐놓고 앞으로의 일을 생각했다.

다. 1식으로 하면 1주일은 버틸 수 있을 것으로 예상했다.

몇 시간이 지났을까. 추락한 헬리콥터를 향해 구조대가 가고 있는 것인지 다시 헬리콥터의 소리가 났다. 텐트 밖으로 얼굴을 내밀어 내려다보니 2,000m 정도 아래에 헬리콥터가 보였다. 하지만 전혀 이쪽으로 다가오는 것으로 보이지 않았다.

살아서 돌아갈 방법을 종이에 메모해 보지만, 누군가가 이런저런 것을 해 줬으면 하는 정도밖에 생각이 나질 않는다. 모두 타력본원他力 本願*이다. 스스로 할 수 있는 것은 아

---

* 아미타불의 기원에 의해서 성불하는 일. 비유적으로 남의 힘을 빌려 일을 이루려고 하는 일.

무엇도 없다는 것을 깨달았을 뿐이었다. 매년 수백 명이 오르는 이 산의 노멀루트에는 이 시기에도 등반가가 많이 오른다고 들었다. 정상을 넘어 누군가가 도와주러 오지 않을까. 다비드는 장소를 알고 있으니까, 구조대를 데리고 와 줄지도…. 그런 희박한 기대를 하는 자신이 실망스러웠다.

그날 밤은 앞으로도 먹을 수 있도록 아껴서 소량으로 저녁을 해결하고, 오늘 일어난 장렬한 사건으로 인한 피로감과 현실 도피하고 싶은 마음이 뒤엉킨 채 일찍 잠자리에 들었다. 손발이 차갑고 아팠다.

5일째 아침, 일어났더니 밖은 이미 환해져 있었고, 텐트 안쪽에 생긴 결로가 얼음이 됐다가 태양의 열기에 녹아 다시 물방울이 되어 떨어졌다. 텐트 안은 사정이 이전과 사뭇 달랐다. 어제까지는 가파른 설벽 때문에 한 사람밖에 누울 수 없는 좁은 공간에서 몸을 구부려서 잤지만, 지금은 그 파트너가 없어서 혼자 쓰게 된 텐트는 이상할 정도로 넓고 허무한 공간처럼 느껴졌다. 쿠키 몇 조각으로 간단히 아침을 해결하고, 연료를 쓸데없이 쓰지 않으려고 지난밤 자기 전에 눈을 담아 두었던 병에서 샤베트 상태의 얼음이 나오지 않도록 주의하면서 차가운 물을 컵에 조금만 따라서 입으로 가져왔다. 멍한 상태로 시간이 흘러갔다.

문득 들려오는 헬리콥터의 소리에 정신을 차렸다. 시계를 보니 7시였다. 나의 모습을 확인하기 위해서일까. 근처를 통과해 지나갔다. 빨간색과 파란색으로 도장이 된 것이 전날 왔던 헬리콥터와 같다는 것을 깨달았다. 기체의 왼쪽 창문에서 보조가 계속해서 무언가를 호소하고 있었다. 자세히 보니 손으로 × 동작을 하고 있었다. 이 장소에서 구조하는 것은 불가능하다는 신호다.

이대로 이곳에 머물러 있으면 상황은 변하지 않을 것이다. 수중에 있는 50m 로프 두 개를 연결해 하나로 만들어서 하강을 하려고 했다. 우선 100m 아래로 내려가면 그 어딘가에 구조가 가능할 만한 장소를 찾을 수 있을지도 모른다. 만약 찾지 못한다 해도 지금 할 수 있는 일을 하지 않으면 후회할 것 같다. 헬리콥터와의 거리를 줄이기 위해서 내가 헬리콥터에 접근하는 방법을 생각해야만 했다.

로프가 얽히지 않도록 다시 묶고, 스노바를 확보지점으로 해서 2,000m 아래까지 닿을 정도로 공중으로 있는 힘껏 던졌다. 무엇이 성공이고 무엇이 실패인지는 여기에서 탈출했을 때 알게 될 것이라는 각오를 하고, 안전벨트에 연결한 로프에 몸을 맡겨 한 걸음 나아갔다. 나이프리지knife ridge를 따라 신중하게 내려갔다. 신경 쓰지 않으면 리지에서 발을 헛디뎌 진자처럼 동벽으로 이동해 버린다. 이렇게 되면 헬리콥터의 구조는 불가능하다.

* 칼의 칼날처럼 날카롭게 자른 능선.

갑자기 발밑의 눈이 떨어져 나가 공중에 매달리게 됐다. 발밑에서 눈사태가 발생한 것이다. 내가 밟아서 떨어뜨린 눈이 자동차보다 크고, 집 한 채 정도의 덩어리가 되어 산의 표면을 깎으면서 떨어져 나갔다. 살아서 돌아갈 가능성은 과연 몇 퍼센트 정도 되는 걸까. 로프를 고정하고 있는 스노바는 한 개로 버틸 수 있는 것일까. 이제 와서 그런 걱정을 해봤자 스스로는 답을 내지 못한다는 걸 알면서도 여러 생각이 스쳐 지나갔다.

몇 미터를 더 공중에 매달려 내려가니 그제야 아이젠의 앞발톱이 눈 속의 얼음에 걸려 발이 땅에 닿았다. 저승에서 이승으로 돌아온 기분이었다. 로프 50m의 연결 매듭을 지나 나머지 50m. 그 사이에도 헬리콥터는 몇 번이나 선회하면서 이쪽의 상황을 확인하고 있었다. 다시 × 모양의 동작을 보게 될까 두려워서 헬리콥터를 군이 보려고 하지 않았다.

게다가 하강을 하는데 아래쪽에 있는 로프의 끝이 땅에 닿은 것처럼 보였다. 혹시 평평한 곳일까? 조심스럽게 접근했다. 그러자 지금까지 수직이던 경사가 거짓말처럼 완만한 경사면으로 바뀌었다. 그 끝자락이라면 헬리콥터를 방해하는 설벽으로부터는 거리가 있었다. 물론 헬리콥터가 안정적으로 착륙할 수 있는 장소는 아니지만, 헬리콥터의 스키드skid* 한쪽에는 올라탈 수 있을 것이다. 로프도 거의

---

* 주로 헬리콥터 착륙 시에 지면에 닿는 다리 부분의 총칭.

끝났고, 더는 내려갈 수 없다. 이제 이곳밖에 없다.

나는 헬리콥터로 눈을 돌렸다.

조금 전까지만 해도 닫혀있던 뒷좌석의 왼쪽 문이 활짝 열려 있는 것을 발견했다. 매우 천천히 다가왔기 때문에 파일럿과 보조의 얼굴을 확실하게 알 수 있었다. 한 번 더 선회해 오겠다는 의미의 움직임으로 헬리콥터는 천천히 지나쳐 갔다. 나는 이번이 마지막 기회라 생각하고 모든 것을 걸었다. 발 주변의 눈을 밟아 다져서 발 네 개 정도 들어갈 만한 작은 공간을 만들었다. 문젯거리는 헬리콥터가 가까워졌을 때 방해물이 될 만한 눈앞의 로프다. 각오하고 나를 이곳까지 데려와 준 로프를 안전벨트에서 떼어냈다. 로프는 이미 손이 닿지 않는 곳으로 떠나갔다. 모든 것은 이제부터 일어날 일에 몸을 맡기는 수밖에 없다.

헬리콥터는 다시 천천히 다가와서 왼쪽 스키드의 극히 일부를 눈 위로 밀어붙인 채 움직임을 멈췄다. 오른쪽 스키드가 공중에 떠 있었기 때문에 기체는 흔들리고 있었지만, 파일럿은 왼쪽 뒤를 돌아보며 내 모습을 살피면서 안정시키려고 노력하는 듯이 보였다. 몸을 내밀어 손을 뻗어준 보조와 손이 닿았고 스키드에 오른발의 아이젠 앞발톱을 걸고 천천히 헬리콥터의 기체 안으로 몸의 중심을 옮겼다. 그런 다음 중간 발판에 왼발 아이젠의 앞발톱을 걸었다. 마지막으로 보조와 팔을 단단히 맞잡은 다음, 오른쪽 무릎을 기내로 밀어 넣고 미끄러져 들어갔다. 헬리콥터 안에는 어떤 경고음이 울리고 있었다. 보조가 연료 부족 경고음이라고 큰 소리로 알려 줬다. 헬리콥터는 다비드가 있는 추쿵이 아니라 4,000m 아래에 있는 루클라를 향해서 단숨에 내려갔다.

나는 구사일생으로 살아났다.

사죄와 용서

루클라의 헬리포트heliport에 도착하니 인산인해를 이루고 있었다. 등반하던 모습 그대로인 나에게 시선이 쏠렸다. 나는 차마 고개를 들 수가 없었다. 그대로 관제실이 있는 건물로 불려 가 조사를 받았다. 전대미문의 구조 임무, 그리고 추락사고. 나를 구조하려 했던 헬리콥터 파일럿과 보조 두 사람이 사망한 것을 알게 됐다. 파일럿의 이름은 사빈Sabin이고, 보조의 이름은 푸르나Purna라는 것도 그때 알았다. 추락사고로 사망했을 것이라고 짐작은 했지만, 다시 한번 내 마음은 허탈해졌고, 아무 생각도 할 수 없었다.

현지에서 여러 가지로 도움을 준 에이전트로부터 보도진이 소란을 피우고 있으니, 추쿵에 남겨진 짐을 정리해서 하산하고 있는 다비드를 기다리지 말고, 한발 먼저 카트만두로 돌아오라는 연락을 받았다. 산속에서의 모습 그대로

---

* 헬리콥터의 발착장.

카트만두로 가는 항공편으로 단숨에 돌아왔다.

며칠 뒤 카트만두공항으로 루클라에서 오는 다비드를 마중 나갔다. 수많은 인파 속에서 다비드가 보인 순간, 눈물이 쏟아졌다. 다비드도 마찬가지였다. 살아 있어서 다행이라며 서로 껴안고, 앞으로의 일에 관해서 얘기하기 시작했다.

다비드는 구조된 직후 헬리콥터 안에서 파일럿, 보조와 손을 잡고 환희에 휩싸였다고 했다. 헬리콥터가 루클라로 가는 것 같아서 베이스캠프였던 추쿵으로 가자고 부탁했다. 추쿵이라면 나를 데리러 가기에도 좋은 조건이라고 여겼다고 한다. 헬리콥터에서 내린 다비드는 비디오카메라를 꺼내 나를 구조하러 돌아가는 헬리콥터를 촬영하기 시작했다. 잠시 후 갑자기 눈이 좋은 한 네팔인이 "헬리콥터가 추락했다!"고 외치는 소리가 들려왔고, 뜻밖의 사태에 당황했다고 한다.

카트만두에서 사고로 사망한 두 사람의 가족에게 사죄하고 싶다는 우리의 부탁을 듣고 대행사에서 조율해 줬다. 사죄하는 것밖에는 할 수 있는 게 없다 해도 우선은 만나야 했다. 무엇보다도 나에게는 사고 상황을 직접 유족에게 설명해야 할 의무가 있었다.

가는 길에 꽃과 과일을 사고, 먼저 파일럿인 사빈의 본가로 향했다. 차에서 내려 막상 눈앞에 집이 보이니, 긴장감에 다리가 굳어 움직이지 않았다. 그래도 가족의 안내를 받으며 발걸음을 옮겼다. 많은 사람의 시선을 느끼면서 영정 앞에서 합장하고 우리 탓으로 이런 사고를 당한 것에 대해 사죄했다. 그 이상의 말을 찾을 수는 없었다.

가족에게 사고가 났을 때의 모습을 충실하게 이야기하는 것이 우리가 할 수 있는 최대한의 성의였다. 이미 파슈파티나트Pashupati Nath라는 곳에서 화장이 이루어졌고, 이 지역 풍습에 따라 유골은 강물에 흘려보냈다. 아버지는 온통 하얀색의 옷을 입고 상을 치른다고 알려 주셨다. 일정 기간 누구와도 접촉할 수 없고, 먹을 수도 없다고 한다. 아직 어려서 겨우 걸을 수 있게 된 사빈의 아이에게도 역시 "미안해요."라는 말밖에는 건넬 수 없었다.

침묵의 시간이 흘러 사빈의 어머니께서 "아이는 태어났을 때부터 그런 운명이었어요."라고 말문을 열었다. 이것은 네팔의 종교적인 의미일 것이다. 그리고 "당신들에게 책임은 없어요. 탓하지도 않습니다. 살아난 것에 대해서 새로운 목숨을 얻었다고 생각하고 앞으로도 목숨을 소중히 여겼으면 좋겠어요."라고 말씀하셨다. 사빈의 아내는 "이번 일로 등산을 멈추지 말아요."라고 당부했다.

보조인 프루나의 집은 공항 근처에 있었다. 이곳에서도 사고 당시의 모습을 상세하게 설명했다. 열 살쯤 된 푸르나의 아들은 주먹을 불끈 쥐고 계속 아래를 보고 있었다. 집

---

* 네팔의 수도인 카트만두 동쪽 바그마티강Bagmati River에 있는 힌두교 사원.

구조 헬기 조종사들에게 무덤의 비석이 되어 버린 아마다블람

을 나서니 가로등도 별로 없는 이곳은 깜깜했다.

며칠 뒤 나와 다비드는 각자 귀국길에 올랐다. 어떤 말
을 주고받으며 다비드와 헤어졌는지 지금은 기억나지 않는
다.

우여곡절 끝에 살아 돌아온 나는 이번 일을 되돌아보면
서 '헬리콥터로 구조될 수 있는 환경에서의 등반을 모험이
라고 말할 수 있는 것인가?'라는 생각에 사로잡혔다. 미지·
미답에의 도전을 이야기하면서도 결국은 안전이 확보된 '경
기장' 안에서 활동하고 있던 것은 아닌가 하고.

사망한 두 사람을 추모하며 아마다블람이 보이는 언덕에 추모판을 설치했다.

　나는 등반을 당연히 산에서 내려올 때까지를 가정해서
준비한다. 아마다블람에서는 그것이 도중에 멈춰 버렸다.
원래대로라면 그것은 죽음을 의미했다. 게다가 두 사람의
목숨을 빼앗는 사태가 되어 버렸다. 정말로 자력으로 내려
올 수는 없었던 것인지 그 이후로도 계속 생각했다.

　'안이하게 헬리콥터의 구조를 선택한 건 아닐까?'

　'아니, 그때는 그럴 수밖에 없었어.'

　'아니 그래도 자력으로 내려가야 했어. 아무리 동상을
입더라도….'

　그런 생각이 교차했다. 답은 나오지 않았지만 '자력으

로 내려갔어야 했다'는 후회만은 사라지지 않았다. 가령 모든 손가락을 잃게 됐을지라도 그렇게 했어야 했다.

그 이듬해 막 정년 퇴임한 아버지가 "에베레스트를 보고 싶구나." 하고 말씀하셨다. 오랜 세월 경찰관으로서 근무하면서 장기 휴가를 얻을 수 없었기 때문에 지금까지 함께 어디론가 갈 기회가 전혀 없었다. 아버지에게 조금이라도 효도하고 싶은 마음에 에베레스트 산행을 결정했다. 에베레스트에 가는 도중에 반드시 시야에 들어오는 아마다블람. 그 산이 잘 보이는 언덕에 사망한 두 사람의 추모판을 설치하고 싶다는 마음도 나를 다시 네팔로 떠밀었다.

후지산의 해발고도보다 더 높은, 희박한 공기 속에 남체바자르Namche Bazar의 뒷산 언덕에 올라서 아버지에게 에베레스트를 보여줄 수 있었다. 그리고 오른쪽 바로 앞에 있는 산을 가리키며 "저곳이 아마다블람이에요."라고 알려 드렸다. 아버지는 감개무량한 표정으로 진지하게 바라보고 있었다. 에베레스트는 핑계고, 사실은 아마다블람을 보고 싶었던 것일까? 아들이 생사를 헤맸던 산을 직접 눈으로 보고, 그리고 아들을 구해 준 네팔 사람들에게 고마움을 전하고 싶었던 것일까? 일부러 물어보진 않았지만 그럴 것이라 믿고, 아버지의 생각을 기쁘게 마음에 새겼다.

아마다블람이 잘 보이는 언덕에 추모판을 설치하고 아버지와 손을 맞잡았다. 온화한 날이었다. 사빈과 푸르나는 나와 다비드에게 영원한 영웅이며, 절대 잊지 않을 것임을 다시 한번 맹세했다.

제 5 장

이별, 새로운 파트너

2011년, 나이모나니 정상에서

2009년, 가우리샹카르에서

나에게는 인생을 걸고 오르고 싶은 산이 있다.
나이기 때문에 할 수 있는 도전이 있다.

재기의 산, 나이모나니

아마다블람에서 일어났던 불행한 사건의 충격으로 의기소
침하게 지내던 나에게, 사고일로부터 반년이 지난 2011년
봄, 적당한 타이밍이라고 생각한 것인지 다니구치 케이가
말을 걸었다.

"나이모나니, 가자."

케이의 부상으로 연기됐던 나이모나니산. 다리의 인대
파열은 점차 회복됐고, 입장이 뒤바뀌어서 이번에는 케이가
나를 위해 손을 내밀었다. 그녀에게 등 떠밀려서 나는 히말
라야로 돌아갈 결단을 내렸다. 만일 나에게서 산에 오를 기
미가 전혀 안 보였다면 케이는 말을 걸지 않았을 테지만, 내
안에 아직 남아 있는 산에 대한 기억을 알아채고 끄집어내
서 "이봐." 하며 내 앞에 제시한 것이다.

2011년 가을, 우리는 다시 함께 여행을 떠났다. 나이모

나니산으로.

　중국 시짱자치구(티베트)에 있는 나이모나니산Mount Naimonany(7,694m)은 한자로 納木那尼峰(납모나니봉)이라고 쓰고, 인도나 네팔에서는 '구를라만다타Gurla Mandata'라고 불린다. 1985년에 일-중 합동등반대가 서쪽에서 초등했다. 이후 많은 등반대가 초등 루트를 통해서 정상을 밟고 있다.

　이번에 우리가 발견한 '보물'은 미등의 남동벽이다. 오사카산악회大阪山の会의 오니시 다모쓰大西保가 2000년에 방문했던 서네팔의 나라칸카르Nalakankar 남봉의 보고서에 작게 찍혀 있던 나이모나니. 그 사진을 돋보기로 들여다보며 자세히 관찰해 보니, 선명하지는 않지만 스케일이 큰 남동벽에 라인을 그릴 수 있을 것 같은 예감이 들었다. 게다가 구조 헬리콥터란 있을 수 없는 티베트의 땅이다. 이제 헬리콥터가 날아올 수 있는 산은 선택하지 않는다. 다시 한번 산과 오롯이 마주하는 등산을 하기에는 나이모나니가 최고의 장소였다.

　티베트등산협회CTMA와의 교섭은 문제투성이였다. 우리가 예정한 등반 루트와 행정行程 사항을 메일로 주고받아 왔지만, 전달받은 등반허가증은 '노멀루트(서면)'였다. 잘못된 것을 지적하면 답신은 'NO PROBLEM'이라고 왔다.

나이모나니 남동벽 2011

롱고계곡을 가득 채우고 처음 모습을 드러낸 나이모나니 남동벽

등정 기록

1985년에 일-중 합동등반대
가 서면의 자룽마룽바빙하札
龙玛龙巴冰川로 경로를 잡아 서
룽으로 초등했다.

사람의 발길이 닿지 않는 나이모나니 남면의 베이스캠프는 시냇물이 흐르는 평화로운 초원이다.

처음 보는 나이모나니 남동벽에서 루트를 찾다.

What's Next?

목표하는 나이모나니 남쪽 롱고계곡Ronggo Valley의 정보를 얻고 싶다고 전해도 감감무소식이었다. 현지에서 처음 만난 연락관 타시Tashi는 여러 번 나이모나니 원정대에 동행했던 적이 있었다고 해서 조금 안심되지만, 그렇다고 방심은 금물이었다. 혹시나 해서 우리는 노멀루트가 아닌 롱고계곡을 끼워 넣어 남벽을 오를 것이라고 전하자 "네? 뭐라구요?"라는 반응이 돌아왔다. 아니나 다를까 연락관에게는 정보가 전혀 전달되지 않았던 것이다. 티베트 원정은 산을 오르기 전부터 모험이 시작되고 있었다.

　　우리는 우선 성산聖山 카일라스를 일주하는 순례길을 걸었다. 이 땅에 대해 이해하고 고소적응 하는 것이 목적이었다. 타시는 그새 광활한 티베트고원에서 양치기 아저씨를 붙잡고 "롱고계곡을 아세요? 그곳은 어딘가요?" 하고 물으며 정보수집을 한 모양이었다.

　　롱고계곡 근처의 마을에서 베이스캠프까지 짐을 실어줄 말을 구하기 위해 논두렁길을 걸으며 마을 사람에게 말을 걸었지만, 지금은 수확의 시기여서 바쁘다며 좀처럼 이야기를 들어주려 하질 않았다. 아마도 그들에게는 '등산이 도대체 뭐야?' 정도였을 것이다. 그래도 타시가 며칠 뒤에 말과 마부를 구해 와서 우리는 미지의 롱고계곡으로 들어갔다.

　　도중에 말이 다리를 다쳐서 지도상으로 예정돼 있던 남동벽 아래의 빙하 입구까지 여섯 시간 정도의 여정을 남긴 채, 풍부한 물이 소리내며 흐르고 새앙토끼가 뛰노는 4,800m의 대지를 베이스캠프로 정했다.

이곳부터는 인적이 없는 미답 루트임에 틀림없었다. 거대한 바위가 바글바글한 모레인moraine(빙하가 운반해 온 퇴적물이 늘어선 둑 모양의 지형)을 온종일 걸어서 남동벽이 가까이 보이는 곳까지 정찰을 나섰다. 올려다본 벽에는 역시나 우려했던 세락 지대가 상부에 있었다. 근처에 텐트를 쳤는데, 한밤중과 아침에 거대한 세락이 붕괴하면서 눈이 무너지는 소리가 크게 울렸다. 세락 지대 안에 돌출된, 능선에 오를 수 있을 것 같은 명료한 라인이 한 줄 보였다. 저곳밖에 없다. 케이도 자연에서 같은 라인을 눈으로 좇고 있었다.

케이는 벽을 올려다보면서 이런 말을 했다. "두려움보다 내 자신이 그 산과 어떻게 대치할 수 있는지 매일 밤 묻고 있어. 나의 약점에 어떻게 맞서 나갈 수 있는지가 지금 나에게는 가장 중요한 것 같아."

7,000m 근처까지 고소적응을 겸해서 남서릉으로 솟아오른 여러 개의 빙하 중 하나를 올라가 보니 상상 이상으로 쉽지 않은 이 산의 상태를 알게 됐다. 거대한 세락 지대에 막히거나, 낙석이 끊임없이 떨어지거나, 크레바스가 여기저기에서 입을 벌리고 있기도 했다. 이런 상태의 나이모나니 남면을 여기저기 답사하면서 우리는 정신적으로도 이 산과 가까워졌다.

10월 초순, 첫 정찰로부터 2주가 지난 후에 남동벽의

세락 붕괴 위험 때문에 여기서 후퇴하기로 결정했다.

하부에 섰다. 올려다본 벽은 연일 좋은 날씨에 정찰 때보다 검게 변했다. 오르자마자 세락의 붕괴 세례를 받았다. 액스에 매달려 벽에 몸을 바짝 붙였다. 분설눈사태는 뒤집어썼지만, 세락의 직격은 피했다.

정찰할 때 예정했던 라인은 낙석이 비처럼 쏟아져 내렸기 때문에 우왕좌왕하면서 안전하다고 생각되는 라인으로 오르다 보니 어느샌가 우리는 거대한 세락의 바로 아래에 있었다. 자연의 노골적인 위협 앞에서는 '도망치는 게 상책'이란 것이 자연을 상대로 놀거나 싸우는 자의 룰이다. 나

10월 9일 남서쪽에서 나이모나니 주봉 등정

나이모나니 정상에서는 마나사로바호수와 카일라스가 보였다.

What's Next?

는 당장이라도 하산하는 편이 좋겠다고 말했다. 케이는 '하룻밤 정도 납득할 시간을 달라'고 말했다. 쉽게 포기할 수 없었겠지만 언제 무너질지 모르는 세락 밑에서 야영하는 것은 너무나도 무모한 도박이었다.

결국 그날 밤을 바위 그늘에 펼친 텐트에서 보낸 뒤 말 없이 하산했다. 베이스캠프로 돌아오고 나서도 케이는 기대가 컸던 만큼 남동벽을 오르지 못한 실망감이 컸는지 마음을 추스르지 못하는 듯했다. 내면의 약한 자신에게 지지 않으려고 필사적으로 싸우는 것처럼 보였다.

우리가 있었던 나이모나니 남면은 어디에서 오르더라도 미지·미답의 세계가 펼쳐졌다. 패퇴의 아쉬움을 안고 돌아가고 싶지 않았던 우리는 이 땅에서 아직 새로운 모험을 할 수 있다고 마음을 고쳐먹고, 목표를 남서릉으로의 나이모나니 등정으로 변경한 후 다시 베이스캠프를 출발했다.

여러 개의 작은 정상이 늘어선 남서릉을 지나 우선 미등의 나이모나니산 남봉(7,422m)을 등정하고, 이어서 설벽을 타고 주봉으로 향했다. 티베트의 건조한 바람이 매우 차가웠던 데다 러셀russell도 힘들고 괴로웠지만, 경치는 최고였다. 2000년에 올랐던 인도 카메트 남동벽의 우리 라인까지 선명하게 보였다. 게다가 정상 능선에 올라선 순간, 성산

* 눈을 헤치고 앞으로 나아가는 것

나이모나니 남동벽에
도전한 기록

하산 후에는 수북이 쌓인 만두와 맥주로 축배를 들었다.

카일라스와 마나사로바호수Lake Manasarovar가 눈앞에 펼쳐졌다. 그리고 그 능선은 작은 피라미드 같은 정상을 마지막으로 끝났다. 베이스캠프를 떠난 지 닷새만의 일이었다.

　우리는 지금까지의 여정과 지난 2년을 되돌아봤다. 재기까지 시간은 걸렸지만, 둘이 이 정상에 설 수 있었던 것에 감사하며, 카일라스를 향해 손을 모아 합장했다. 그런 다음 우리는 서쪽으로 종주하여 이 모험을 마무리했다.

* 해발 4,600m에 자리 잡고 있으며, 중국, 인도, 네팔 사이의 세 갈래 지점에 있다.

미답의 남쪽으로
나이모나니를
등정한 기록

2012년의 시스파레사르

목표했던 남동벽은 오르지 못했지만, 다른 미등 루트로 나이모나니 등반에 성공한 후 아마다블람에서의 실망스러운 사건으로부터 겨우 회복했다. 다음 산을 생각할 수 있게 되자, 다시 시스파레사르가 시야에 들어왔다. 나에게 시스파레사르는 첫 번째 훈자 여행 이후, 인생을 걸고 오를 가치가 있는 산으로 항상 머릿속 한구석을 차지하고 있었다.

사실 시스파레사르는 2007년에 처음 도전했다. 2005년 쉬블링에서 걸린 동상으로 발가락 일부를 잃었기 때문에 2006년에는 건강 회복을 위해 등산을 쉬고, 티베트를 횡단하는 자전거 여행을 떠났다. 이듬해 산의 현장으로 겨우 돌아왔을 때 나의 등산 출발점을 다시 살펴보다가 '꿈의 파일'에서 선택한 것이 시스파레사르였다.

파트너는 2006년 일본인 여성 최초로 K2를 등정한 고마쓰 유카小松由佳*. 대학 시절 내가 3학년이었을 때 1학년이던 산악부 후배다.

이번 산행에서는 직선의 멋진 라인으로 북동벽을 오르고 싶어서 평소보다 더욱 벼르고 있었다. 고생하며 파수빙하Passu Glacier**의 아이스폴ice fall***을 통과해서 북동벽의 밑으로 향했다. 그러나 가까워지면서 직선 루트가 쉽지 않다

---

* 1982년 아키타현 출생. 우에무라나오미모험상 수상.
** 카라코람 5대 빙하 중 하나.
*** 빙하 지대에서 폭포처럼 급경사를 이루는 곳. 크레바스 밀집 지대.

시스파레사르 북동벽 2007

Shispare 7611m

6000m (highest point) →

C2(5700m)

C1

트레킹할 수 있는 파툰다스Patundass에서는 산의 전경이 내려다보인다.

등정 기록

1974년 서독-폴란드 합동등반대(대장 야누시 크루차브Janusz Kurczab 외 14명)가 파수빙하에서 동쪽 가지능선으로 플라토에 올라 초등했다.

What's Next?

는 것을 알게 됐다. 다리 주변의 눈은 가랑이 깊이까지 쑥쑥 들어가는 설질이어서 바일의 피크가 어디에도 걸리지 않았다. 눈의 상태가 너무 나빠서 어디로 오르더라도 세락이 붕괴할 위험이 있었다. 고마쓰의 "오르기보다는 살아서 돌아가고 싶어."라는 호소에 후퇴하기로 결정했다. 정상까지 1,500m 이상을 남긴 지점이었다.

고마쓰는 훗날 다음과 같이 기록했다.

경험은 많지 않았어도 지금까지 크고 작은 역경을 극복해 왔다고 생각했는데, 이곳은 달랐다. 선택할 수 있는 루트는 딱 하나밖에 없었는데, 그 루트에는 날카롭고 가느다란 수직 빙하가 매달려 있어서 위험하기 짝이 없었다. 과장처럼 보일 수도 있겠지만, 인생의 분기점이 될 거라는 느낌이 들었다. 이런 생각은 처음이어서 스스로 놀라기도 했다.

그 당시 나는 패퇴를 바로 받아들이지 못했지만, 훗날 생각해 보니 승산 없는 등반이었다. 마주한 산과 내 능력의 큰 차이를 객관적으로 바라볼 수 없었기 때문이다.

2012년에 다시 시스파레사르에 오르려고 생각한 것은 첫 번째 패퇴 후 여러 개의 산을 미등 루트로 등반해 왔기에 5년 전과 다른 도전을 할 수 있지 않을까 하는 기대와 자신감이 솟아 올랐기 때문이었다.

8월에 우선 톈산산맥天山山脈에 있는 한텡그리산Mount

첫 번째
시스파레사르
등반(2007)

2007년, 시스파레사르에 도전했을 때는, 도카이대학 산악부의 후배인 고마쓰
유카와 함께 북동벽으로 향했지만, 6,000m 지점에서 물러났다.

파수빙하의 아이스폴은 크레바스투성이로, 최악이었다.

What's Next?

시스파레사르 정상까지는 아직 멀고 험난한 길이 남아 있다.

Khan Tengri(7,010m)을 고소적응차 오르고, 다음 달에 시스파레사르의 미등 루트인 남서벽에 라인을 그을 계획을 세웠다. 파트너는 메이지대학 산악부 OB인 다섯 살 아래의 미토로 다쿠야三戸呂拓也[**]였다.

미토로는 2008년 가을에 티베트의 쿨라캉리 등반에 대해 나와 상담한 적이 있었는데, 그때부터 알고 지낸 사이다. 나는 2001년 대학산악부 OB 등반대에서 이 산의 동봉을 등정했었기에, 자세한 정보가 실려 있는 등반보고서를 그에게 빌려주기도 했다.

그가 쿨라캉리에 있었을 때 나는 인도의 카메트에 있었다. 그 기간에 히말라야 전체를 덮을 듯한 폭설이 내려 쿨라캉리에서 눈사태로 등반대의 핵심 대원 세 명이 숨지는 사고가 발생했다. 미토로에게는 쓰라린 히말라야 데뷔가 되고 말았다. 나는 의욕도 있고 체력도 좋은 그를 크게 성장할 젊은 등산가로 눈여겨 보고 있었고, 격려하고 싶은 마음에 말을 건넸다.

두 번째의 시스파레사르는 첫 번째에 도전했던 북동면이 아닌 반대편 남서벽에 눈독을 들였기 때문에 새로운 산으로 향하는 기분이었다. 수년 전부터 이 벽을 조사했지만,

---

[*] 중국, 카자흐스탄, 키르기즈공화국Kyrgyz Republic의 국경에 위치. 1931년 우크라이나등반대(대장 미하일 포그레베츠키Mikhail Pogrebetsky)가 키르기즈공화국 쪽 서릉으로 초등했다.

[**] 1984년생. 나가노현 출신. 2008년 9월 일본 쿨라캉리등반대 최연소 대원이었다.

시스파레사르 남서벽 2012/2013

Shispare 7611m

5700m (2013 highest point)
5350m (2012 highest point)
C2(5000m)
C1(4700m)

2019년, 라카포시 정상에서 본 시스파레사르 남서벽

2012년, 두 번째 시스파레사르 도전. 분설눈사태 속에서 올랐다.

2012년, 시스파레사르 남서벽 최종캠프였던 5,350m에서, 파트너인 미토로 다쿠야와 후퇴를 결정했다.

What's Next?

표고차 3,000m 이상 되는 큰 벽이 손을 타지 않은 채로 남아 있다는 것밖에는 정보가 없었다. 정보가 적다는 점이 나를 설레게 했다. 인터넷으로 얼마든지 쉽게 정보를 얻을 수 있는 시대이기 때문에 오히려 정보가 없는 세계에 매력을 느낀 것이다.

그러나 시스파레사르는 그렇게 쉽게는 오를 수 없었다. 어려운 믹스벽(바위와 얼음이 혼재하는 벽)을 한발 한발 극복해 나갔지만, 불안정한 날씨로 계속 내리던 폭설을 5,350m 높이에 설치한 텐트에서 견뎌낸 다음 날 아침 철수를 결정하며 "살아서 돌아가자."고 미토로에게 말했다. 예전에는 '목숨을 걸면 오르지 못할 산은 없다'고 생각했다. 지금은 '목숨을 걸어도 오를 수 없는 것도 있다'고 생각하게 된 크게 변모한 나 자신에게서 성장을 느꼈다. 이 패퇴는 그에게도 큰 경험이 됐을 것이다. '다시 도전하고 싶다'고 미토로는 말했다. 그리고 나는 시스파레사르가 나에게 '인간으로서, 등반가로서 무엇이 부족한가?'를 가르쳐준 잣대와 같은 존재가 됐음을 깨달았다.

정면에는 운해 위에 라카포시가 아침햇살을 받으며 우뚝 솟아 있었다.

이상해진 톱니바퀴

이듬해인 2013년, 시스파레사르를 포기할 수 없었던 나는

두 번째
시스파레사르
등반(2012)

꽃밭이 펼쳐진 디란의 베이스캠프 근처에서

세 번째 계획을 세웠다. 훈자의 디란산Mount Diran(7,266m)
에서 고소적응을 하고 나서 다시 시스파레사르 남서벽 등반
을 시도하고자 했다. 파트너로 케이를 초대했다.

　　디란은 기타 모리오北杜夫가 1965년에 교토등산대의
의사로서 참가한 체험을 기반으로 쓴 소설『희고 단아한 봉
白きたおやかな峰』의 무대가 된 산이다. 소설을 읽으면서 베이
스캠프로 향했다. 저 높이에서 도대체 무슨 일이 일어난 것
일까? 그들은 어떤 경치를 본 것일까? 눈이 그렇게 깊었던

* 1927.5.1-2011.10.24. 일본의 정신과 의사이자 소설가이자 수필가.

것일까? 여러 가지 상상이 부풀어 올랐다.

현지의 미나핀Minapin 마을 사람들은 디란을 '제2의 마귀산'이라고 불렀다. '마귀산'이라면 조난사고가 많은 낭가 파르바트산Mount Nanga Parbat을 꼽는데, 그에 못지않게 위험한 산인 것일까? 실제로 정상 바로 아래에서의 후퇴나 행방불명에 대한 기록이 눈에 띈다.

베이스캠프는 꽃밭이 펼쳐진 초원으로, 근처에 개울이 흐르는 평화로운 장소였다. 뒷산에서 고소적응을 마치자마자 바로 정상을 향해 출발했다. 그 도전은 분명 고생의 연속이었다. 수직 빙하 지대에서 루트를 찾으려고 우왕좌왕했고, 크레바스 추락이나 세락 붕괴에 대한 공포와의 싸움뿐만 아니라 서릉 등반과 정상 바로 아래의 빙벽까지.

그래도 입산한 지 불과 7일째, 마지막 바위와 얼음과 눈의 벽을 뚫고 '제2의 마귀산' 정상에 섰다. 실전 이전의 준비로는 훌륭하다. 정상에는 멋진 경치가 기다리고 있었다. 아득한 아래로 넘실거리는 거대한 빙하가 보였다. 카라코람의 산봉우리들이 끊임없이 이어졌지만, 다음 목표인 시스파레사르의 모습은 구름 띠에 가려져 있었다.

일찌감치 베이스캠프를 철수하고 미나핀 마을의 산장으로 하산했다. 입산 전에 산장 주인에게 정상에서 돌 하나

---

* 8,126m. 세계에서 9번째로 높은 산봉우리이며, 파키스탄에서 2번째로 높은 산. 1953년 7월 3일 독일-오스트리아 원정대(대장 페터 아셴브레너Peter Aschenbrenner)의 헤르만 불Hermann Buhl이 단독으로 초등에 성공했다.

디란 서릉 2013

Diran 7266m

C2(6000m)

C1(5300m)

BC(3650m)

꽃피는 베이스캠프에서 본 디란

등정 기록

1968년에 오스트리아등반대가
북면으로 초등에 성공했다.

208

What's Next?

를 가져다 달라고 부탁받은 것을 잊어버리는 바람에 대신 하산 도중 빙하에서 새하얀 돌을 주워 왔다. 돌에 '디란 희고 단아한 봉'이라고 쓰고, 그 아래에 등정 날짜와 두 사람의 사인을 해서 산장에 두고 왔다.

훈자에서 야채 등의 식재료를 보충하고, 드디어 실전인 시스파레사르 등반을 시작했다.

시스파레사르의 베이스캠프는 하사나바드빙하Hasan Abad Glacier 안쪽의 초록빛 대지에 설치했다. 이곳은 지난해 설치했던 베이스캠프보다 조금 앞이어서 목표하는 벽이 잘 보였다.

하지만 3,500m로 해발고도가 낮고 정상까지 표고차가 4,500m나 됐다. 정상은 언제나 구름의 베일 속에 숨어서 아름다운 모습을 좀처럼 보여 주지 않았고, 그곳에는 계속 비가 내렸다.

1주일간 내리던 비가 그친 날, 베이스캠프를 출발했다. 이미 디란에서 고소적응을 했다. 중간 부분의 믹스벽에서는 지난해 내가 연장한 루트 라인을 케이가 선등하며 힘차게 올라갔다.

지난해 최고 도달지점인 5,350m를 넘어 앞으로 더 나아갔지만, 올라갈수록 눈에 띈 건 세락이 무자비하게 버티고 있는 정상의 광경이었다. 언제 붕괴할지 아무도 모르는 러시안룰렛. 고도를 지난해보다 고작 350m밖에 올리지 못

디란 등반

날씨가 회복되면서 디란에 등정할 수 있었다.

빙하에서 주운 하얀 돌에 사인을 하고 산장 주인에게 선물했다.

한 채 5,700m 지점에서 철수를 결정했다.

하지만 단순히 세락 때문에 물러난 건 아니었다. 디란에서는 이전과 마찬가지로 등산할 수 있었지만 시스파레사르에서는 케이와의 모든 파트너십이 맞지 않았다. 원인은 분명했다. 내가 시스파레사르는 세 번째, 남서벽에는 두 번째 도전이어서, 처음 도전하는 케이와 같은 시선으로 이 산을 볼 수 없었기 때문이다.

"자신의 인생에서 오를 수 없는 산이 한 개 정도는 있어도 괜찮지 않을까?"

절망감 속에 이런 생각이 들었다. 베이스캠프를 떠날 때 이미 앞으로 더 이상 시스파레사르에 도전하는 일은 없을 거라고 생각했다. 산을 돌아보지도 않았다. 우리는 더 이상 같은 시선으로 산을 바라보며 함께 갈 수 없을 것이다…. 이런 우려가 생겼다. 케이도 같은 느낌이었을지도 모른다.

2013년 시스파레사르가 케이와의 마지막 산행이 됐다.

파트너 해산의 징조는 그 전부터 있었다. 앞서 얘기한 2011년 나이모나니에서의 일이다. 미등의 남동벽을 6,000m 정도 올랐을 때, 세락이 바로 위에 있는 것을 알았다. 루트를 찾아 뚫고 갔더니, 세락 바로 아래로 나오게 된 것이었다. 우리는 세락 붕괴의 직격탄을 맞는 위치에 있었다. 그것을 알아차린 순간 나는 즉시 후퇴해야 한다고 판단했다.

세 번째
시스파레사르(2013)

"이건 무리야. 지금 당장 돌아가자."

그런데 예상외의 대답이 돌아왔다.

"난 아직 버틸 수 있고, 등정 가능성이 있으니까 오늘은 여기에서 머물렀으면 해."

"하지만, 여기로 눈덩이가 떨어지면 우리는 그대로 맞아서 눈사태에 휘말려 죽게 돼."

산에서는 어느 한쪽이 납득하지 못하면 전진도 후진도 할 수 없다. 나아갈까 돌아갈까, 어느 쪽의 선택지를 고르든 모두가 마음으로 동의하지 않으면 안 된다. 그날은 바위 그늘에 텐트를 치고 하룻밤을 보냈다. 다음 날이 되자 케이는 철수하자는 내 의견을 들어 줬지만, 괴로운 마음을 안고 있다는 것을 읽을 수 있었다.

이에 앞서 2009년 티베트의 가우리샹카르 남봉(7,010m)에서도 후퇴를 경험했지만, 그때는 나이모나니와 전혀 달랐다. 내가 마지막 피치에서 상당히 많이 올라갔는데도 정상으로 가는 돌파구를 찾지 못하고 '더는 오를 수 없다'고 판단해서 케이에게 전달했더니 "아, 안되는구나, 그럼 돌아가자."라고 대답했었다.

그녀는 내가 오르다가 막힌 곳을 보지 못했지만, "그가 오를 수 없다면 나도 오를 수 없고, 그가 떨어진다면 나도 떨어질 거야." 하는 느낌으로 나의 결정을 흔쾌히, 시원하게 받아준 것이다. 이상한 말일지 모르겠지만, 마치 등정한 것처럼 매우 상쾌하고 기분 좋은 패퇴였다.

결국 다 오르지 못한 시스파레사르 남서벽. 산 정상까지는 여전히 먼 길로 느껴졌다.

시스파레사르 최고 도달 지점(후퇴 지점). 그래서, 각자 견디기 힘든 마음으로 남겨진 라인을 바라봤다. 이것이 케이와의 마지막 산행이 돼 버렸다.

그 가우리샹카르로부터 2년, 어느새 우리 둘의 산을 대하는 방법에 차이가 생기고 있었다.

나이모나니에서 이상해진 톱니바퀴는 2013년 시스파레사르 등반에서 결정적 요인이 됐다.

나는 그때까지 시스파레사르를 두 번 경험했고, 이런저런 경험을 쌓았기 때문에 "저기는 안 돼." 하며 대답이 바로 나와 버렸다. 케이는 이해하지 못했다. 그녀에게 시스파레사르는 처음 경험하는 미지의 세계였기 때문에 설레는 마음으로 "저쪽은 어떨까? 이쪽은?" 하며 나름대로 루트를 생각하고 있을 텐데, 나에게 일방적으로 부정당한 기분이었을지도 모른다.

후퇴해서 돌아온 베이스캠프에서는 한가히 있을 시간이 없었다. "7,600m 가까이 되는 산인데 5,700m밖에 가지 못한 게 너무 한심하다는 생각이 들어서 좀처럼 하산 결단을 내릴 수 없었어."라고 흘리는 그 말투는 확실히 내 판단을 비난하는 냉랭한 것이었다. 케이가 본인 생각을 일방적으로 나에게 쏟아냈지만, 나는 본심을 표현하지 못하고 위축될 수밖에 없었다. 등반뿐 아니라 일상의 사소한 일에 대해서도 쓴소리를 했다. 만나서 함께 등산하게 된 지 약 10년이다. 같은 시선을 지녔기 때문에 팀을 이룰 수 있었다. 그런데 지금은 각자 성장하는 과정에서 같은 산을 보더라도 이전처럼 같은 시선으로 볼 수는 없게 됐다.

언젠가는 이런 날이 올 거라고 예감은 하고 있었다. 그것이 현실이 되고 나니 흔들림 없는 토대 위에 쌓아 왔다고 생각했던 파트너십과 경험이 실은 미묘한 균형으로 이루어져 있었던 것을 깨달았다. 지금까지 그 파트너십을 이뤄온 시간은 길었지만, 망가지는 건 한순간이었다.

이후에는 각자의 기분대로 나아갔다. 2015년에 초대한 서네팔의 아피산Mount Api* 원정은 거절당했고, 케이는 자신이 너무나 좋아하는 알래스카의 산에 다른 동료와 등반하러 갔다. 그래도 다른 파트너와 산을 오르면서 거기서 얻은 것을 서로 나누며 다시 같은 시선으로 산이 보일 때가 온다면 새로운 마음으로 함께 오를 수 있을지도 모른다는 옅은 기대를 품고 있었다. 그러나 케이가 2015년 12월에 홋카이도의 산에서 조난을 당하면서 함께하는 등반은 이룰 수 없는 꿈이 됐다. 이제 미래의 산을 케이와 공유할 기회가 영원히 사라졌다는 것이 무엇보다도 슬펐다.

새로운 파트너

나는 지금까지 자기중심적인 등산을 해 왔지만, 한 편으로는 슬슬 배턴을 건넬 다음 세대 등반가를 찾고 있었다. 그러던 중에 만난 사람이 다섯 살 아래의 나카지마 겐로中島健郎**

* 7,132m. 네팔 서북부 구란스히말Gurans Himal에 위치한 산.
** 1984.10.19-2024.7.27. 황금피켈상을 두 차례 수상한 등반가. K2서벽

였다. 그의 소문은 케이에게 처음 들었다. "센스 좋은 유망한 젊은이가 있는데, 위험스러운 면이 있어."라고.

처음 얼굴을 마주한 것은 그가 관서 지방에서 2008년에 취직을 위해 도쿄에 왔을 때였다. 그가 근무하던 여행사의 사무실에서 인사를 나눴다. 이 사람이 소문으로 듣던 나카지마 겐로인가. 모난 데 없이 부드러운 인상을 지닌 청년이라고 생각했다.

처음 그와 함께 활동하게 된 것은 2014년 가을에 미얀마 최고봉인 카까보라지산Mount Hkakabo Razi(5,881m)의 정상을 목표로 하는 NHK 스페셜 프로그램(2015년 방송된 「환상의 산 카까보라지, 아시아 최후의 비경을 가다」)를 기획할 때였다. 베테랑 등산가인 구라오카 히로유키倉岡裕之와 함께 셋이 미얀마의 밀림을 걸어서 등정하는 일정은 장장 2개월에 이르렀다. 오랫동안 함께 생활했기 때문에 그의 성격이나 성품을 조금은 이해할 수 있었다. 젊고 체력이 좋아서 확실히 등반 센스도 있을 것 같았다. 아쉽게도 등정은 못 했지만, 정글을 1개월 정도 걸으면서 카까보라지의 미등 루트를 우왕좌왕한 시간은 서로에게 좋은 추억이 됐다.

하지만 그가 어딘가 모르게 위태로운 느낌을 풍기는 게 신경 쓰였다. 지금까지의 등반 경험에 대해서 이것저것 물

7,550m 지점에서 히라이데 카즈야와 추락사했다.
* 미얀마 북부에 있는 동남아시아에서 가장 높은 산.

처음으로 나카지마 겐로와 둘이서 해외 등산을 갔다. 쓰촨성에서

어보니 몇 번이나 위험한 일을 당했다고 한다. 실제로 그의 등산 방법을 보고 있으면 어떤 곳이라도 오를 수 있을 것 같은 기분이 들 것이다. 약간의 위험은 전혀 신경 쓰지 않았다. 막무가내였고, 자신감이 넘쳤다. 자신이 선등하며 로프를 걸지 않으면 성에 안 찰 듯한 분위기를 풍겼다. 마치 10년 전의 나를 보는 듯했다. 그와 짝을 이루는 상대가 신중하면 좋겠지만, 과감히 공격하는 파트너라면 죽게 될까 봐 걱정됐다.

내가 경험한 산에서 살아남는 기술을 전하고 싶다고나 할까, 배웠으면 하는 마음이었다. 이제 더는 산에서 친구를 잃고 싶지 않았기 때문이다.

공포로 손발이 떨린다. 산이 무서워서 견딜 수가 없다.

　겐로와 2016년 1월 중국 쓰촨성에서의 빙벽등반을 앞두고 있었다. 하지만 그 직전에 케이의 죽음을 맞닥뜨린 나는 망연자실한 상태였다. 한참 있다가 그가 "일단 가시죠." 하고 말을 걸었다. 그럴까⋯. 케이의 일이 언제 잊힐지도 모르고, 산을 오를지 말지는 가서 결정하면 된다. 그렇게 생각을 바꾸고 쓰촨성으로 향했다.

　현지에서 얼음을 앞에 두니 겁이 났다. 손발이 떨려서 제대로 힘이 들어가질 않았다. '이 아이스바일의 피크가 박혀 있는 고드름이 무너지거나, 아이젠의 앞발톱을 올려둔 얼음이 깨지거나 한다면⋯'이라는 생각이 들자 지금까지 믿어 왔던 모든 것이 불확실하게 느껴졌다.

기분 전환을 위해 계곡의 가장 안쪽에 있는 아피산을 올랐다. 정상에 한 걸음 한 걸음 다가가면서 다소나마 마음이 맑아지지 않을까 기대했다. 산속에서 1박을 할 예정으로 무거운 가방을 차에 실어 계곡 가장 깊은 곳까지 보냈다. 산의 전경을 보면 딱히 어려운 곳이 없을 것 같은 커다란 설산이었다.

하루 종일 러셀하며 걸어가니 티베트 문화의 상징인 타르초tharchog(티베트 불교의 경문을 쓴 작은 깃발)가 펄럭이는 큰 제단이 나왔다. 우리는 그 옆에 텐트를 치고, 이튿날을 대비했다. 그날의 여정을 돌아보니, 지금 우리에게는 기술적인 등반보다 땀을 흘리면서 산의 깊은 곳으로 들어가는 게 맞다는 느낌이 들면서, 새삼 오길 잘했다는 생각이 들었다.

다음 날은 새벽부터 걷기 시작했는데, 정상으로 이어지는 마지막 설면에서 눈사태가 날 것 같은 안 좋은 느낌이 들었다. 겐로에게 얘기하자 그도 같은 생각을 하고 있었던 듯, 서둘러서 하산하자고 했다. 등정은 못했지만, 그래도 오랜만에 높은 곳에서 주위의 산들을 멀리 볼 수 있어서 마음의 안개가 조금 걷히는 듯했다.

캠프지에 돌아오니 때마침 강 건너 산등성이에서 해가 뜨는 시간이었다. 텐트 옆에서 타르초가 환상적으로 펄럭이는 것을 보고 케이가 죽은 지 꼭 한 달이 된 것을 깨달았

아피산이 아침 햇살에 물든다.

케이의 죽음을 받아들일 수 없었던 나는, 이때 처음으로 움츠린 기분을 조금 말로 표현할 수 있었다.

What's Next?

다. 나는 그녀의 죽음이 그저 슬프고 괴롭고 분통스러웠지만, 그런 생각을 글로 남기지는 않았었다. 하지만 이 순간에는 케이를 향한 생각을 남기고 싶어졌다. 나는 겐로와 조금 떨어진 곳에서 그때의 솔직한 기분을, 카메라를 향해 이야기하기 시작했다.

"케이…."

갑자기 여러 가지 감정이 북받쳤다. 지금 히말라야의 동쪽으로 등반하러 왔지만, 산이 무서워 견딜 수 없는 것. 지금까지 함께 산에서 많은 감동을 받으며 성장해 왔지만, 그것을 더 이상 나눌 수 없다는 사실이 슬프다는 것. 앞으로 어떻게 하면 좋을지 모르겠다는 것.

이런 생각을 입에 올리자, 눈물이 주체할 수 없을 만큼 흘러내렸다. 하지만 담아 두기만 했던 기분을 털어 내면서 그녀의 죽음을 받아들이고, 다시 조금은 위로 향할 수 있을 듯한 나 자신을 발견했다. 오르지 못한 아피산은 등 뒤에서 아침 해에 물들며 새로운 하루를 알리고 있었다.

룽보강리봉

그해 가을 나는 겐로와 함께 티베트의 룽보강리봉Loinbo Kangri Peak(7,095m)의 미등 북벽에 도전했다. 봄에 에베

---

* 티베트어로 '신하의 설산'이라는 뜻이며, Lunpo Gangri로 표기하기도 한다. 이를 중국어로 음역해 뤄보강르봉罗波崗日峰, 렁보강르봉今波崗日峰 등으로 부른다.

레스트(초모랑마Chomolungma*)의 티베트 쪽을 촬영하기 위해서 차로 이동할 때 우연히 지도에서 발견한 산이다. 라싸에서 서쪽으로 700km에 위치한 강디쓰산맥岡底斯山脈**의 최고봉으로, 겐로가 조사해서 알려준 바로는 '1994년 봄에 일본 히말라야등산협회 등반대가 북동릉에서 도전했지만 6,200m에서 단념. 2년 후 가을에 한-중 합동등반대가 같은 북동릉에서 초등했다. 카일라스로 가는 중국의 간선도로에서 보이는 산이지만, 아직까지 두 번째 등정 기록은 없다'는 것이었다.

이제는 세상에 7,000m의 미등봉이 있을 리가 없다고 알고 있지만, 북동릉에서의 초등 이후 재등이 없다는 것은 벽이 모두 미등이라는 말이다.

그해 9월, 두 번째로 티베트를 향했다. 이때는 특히 자금 부족으로 요리사를 고용하지 못했다. 어쩔 수 없이 자취할 수 있게 라싸에서 압력밥솥과 냄비를 사고, 차로 이동하면서 가스버너와 신선한 야채, 조미료 등을 준비했다. 비포장 된 경마장 같은 흙길을 달렸다. 강도 건너고, 언덕을 넘어 종점인 마을에 도착했다. 여기에서 베이스캠프로의 이동수단을 티베트등산협회 직원에게 부탁했더니, "평소라면

---

* 에베레스트의 티베트어 명칭.
** 카일라스산맥Kailas Range의 중국어 명칭. 중국 남서부 시짱자치구(티베트)에 있는 산맥.

룽보강리 북벽 2016

베이스캠프 근처에서 본 룽보강리 북벽

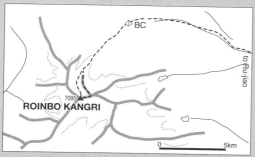

등정 기록 1996년 10월 23일에 한–중 합동등반대(대장 임문헌)가 북동릉으로 초등에 성공했다. 초등 등정자는 차진철, 유석재, 방정일 3명이다. 이 등반대 는 10월 7일 충모강리봉Qiongmu Gangri(7,048m)을 정인규, 차진철, 유석재, 문용성, 왕용봉이 초등하고, 10월 8일 이충직, 차요한이 등정했다.

야크나 당나귀를 이용하지만, 지금은 이륜 오토바이로 갈 수 있어요."라고 했다. 그야말로 황량하고 넓은 땅이란 것을 실감했다.

몇몇 마을 젊은이들이 오토바이를 끌고 왔다. 2주 정도를 지낼 수 있는 분량의 식량과 연료, 그리고 등산 도구를 짐칸에 묶고, 우리도 오토바이에 올라타 한 시간 정도 달렸다. 룽보강리 정상이 보이고, 근처에 강이 있는 평야의 풀숲에 베이스캠프를 차렸다.

베이스캠프에 들어간 뒤에는 비교적 날씨가 좋아서 목표인 북벽과 하산로 정찰을 입산 5일째에 마쳤다. 일기예보에서 3일 뒤 오후부터 바람이 강해져서 일시적으로 폭풍이 될 거라고 했다. 연일 좋은 날씨가 이어진 덕분에 벽이 단단히 얼어 있어서 상태는 틀림없이 좋을 것으로 예상됐다. 베이스캠프에 들어간 지 1주일 만에 진격하기로 했다.

첫날은 빙하호의 옆으로 나아가 플라토에서 북벽으로 들어갔다. 한동안은 가파른 설벽이 이어지는데 상태가 나쁘지 않았고, 눈사태의 걱정도 없었다. 6,760m에서 비바크를 했다. 다음 날은 북벽 나머지 부분의 등반을 마치고 정상 능선에서 뻗어 나온 눈처마를 타고 넘자, 그곳에는 광활한 티베트고원의 풍경이 펼쳐졌다. 이후로는 정상까지 완만한 능선을 타기만 하면 됐다. 게다가 북동릉에서 정찰했을 때 중간까지 올라갔던 북릉을 경유해서 단숨에 베이스캠프로 내려갔다. 베이스캠프 진입부터 철수까지 단 10일간의 등

룽보강리 베이스캠프까지는 오토바이 청년이 데려다 줬다.

자취생활을 했던 베이스캠프

룽보강리. 나카지마와 처음으로 히말라야 정상에 섰다.

티베트 라싸의 포탈라궁에서 룽보강리 여행이 시작됐다.

반이었다.

룽보강리 등반은 겐로와의 파트너십에 대한 새로운 가능성을 느낄 수 있게 해 줬다. 돌아오는 길에 나는 어떤 결론에 도달하고 있었다. 포기했던 시스파레사르로 한 번쯤은 다시 돌아가는 일이 케이를 위해서도, 나를 위해서도 필요하다고. 나는 겐로에게 "함께 시스파레사르에 가지 않을래?" 하며 스마트폰으로 산의 사진을 보여 줬다.

"정말 멋진 산이네요. 이런 산은 올라 보고 싶죠."

그것이 겐로의 대답이었다.

네 번째 시스파레사르는 인생을 건 도전이 될 거라며 마음을 다잡았다.

룽보강리 등반

essay ● 케이에 관한 이야기

의지할 수 있는 파트너

"일생에 한두 명 만나면 대단한 거다."

산에서의 파트너를 이렇게 표현한 등반 선배가 있었다. 좋은 파트너를 만나는 것은 정말 운명일지도 모른다.

나의 행운은 내 등반 파트너 케이와 우연히 만나게 된 것이다.

나보다 일곱 살 연상인 케이는 내 나이 스물 두 살에 만났다. 2004년 내가 근무하는 이시이스포츠 매장에 그녀가 가끔씩 방문했다. 여러 이야기를 나누면서 미등봉, 미등 루트를 동경하고 도전하는 방향성이 잘 맞아 의기투합했다. 그 해에 바로 스팬틱과 라일라피크, 이듬해인 2005년 8월에는 무즈타그아타, 10월에 쉬블링에 등정하며 파트너로서의 유대감을 키워 갔다.

케이는 뺄셈이 아닌 덧셈을 생각을 할 수 있는 어른스러운 여성이었다. 할 수 없는 일에 이래저래 괴로워하기보다 할 수 있는 방법 찾기에 몰두했다. 케이라면 하나 더하기 하나가 둘이 아니라 셋이거나 넷이 되는 기분이 들었고, 나 혼자서는 한계를 느끼는 것도 이인삼각을 하며 뛰어넘게 된 경험은 수도 없이 많다.

이런 케이에게 도움을 받으면서 10년 동안 함께 등반했다. 내가 오르고 싶은 산의 아이디어를 말하면 순식간에

케이와 첫 히말라야 원정이 된 스팬틱 캠프지에서

내 꿈을 빼앗아 마치 자신의 꿈이었던 것처럼 그 산에 관해 이야기하던 케이. 내가 아직 무리라며 주저하던 산도, 케이에게 말을 하면 "그런 건 해 보지 않으면 몰라."라며 두 배, 세 배나 큰 꿈으로 만들어 나에게 돌려줬다.

등산용품점에서 일하면서 산악 전문 카메라맨으로의 길을 고민하고 있을 때 도움을 준 것도 케이였다. "하고 싶은 것이 있다면 하면 되잖아." 이 말은 실로 그녀의 인생을 일궈온 철학 그 자체였다. 케이가 내 등을 밀어주지 않았다면 지금 산악 카메라맨으로서의 나는 없었을 것이다.

나는 히말라야, 케이는 알래스카, 비슷한 무렵에 해외 등산을 시작해서 유사하게 성장해 왔기 때문일까? 우리 둘은 산을 대할 때, 루트나 전략을 짤 때 같은 이미지를 공유할 수 있었다. 그리고 등산의 전체적인 것은 케이가 살피고, 등반의 기술적인 부분은 내가 이끄는 역할을 했다.

나는 텐트 안에서 마음이 약해지는 일이 종종 있었다. 며칠씩 강설이 계속되거나 하면 이제는 무리라며 나약한 소리를 내뱉곤 했다. 하지만 케이는 언제나 긍정적이었다. 케이라는 의지할 수 있는 사람이 있었기 때문에 안심해서 마음이 약해지거나 나약한 소리를 내뱉을 수 있었던 것 같다. 그래도 일단 텐트에서 나와 산에 오르기 시작하면 내가 더 적극적으로 마구 공격하고, 케이는 분위기를 진정시키는 역할로 바뀌곤 했다.

이렇게 서로의 부족한 점을 자연스럽게 보완할 수 있다면 함께 산을 오를 수 있다. 파트너는 자신이 추구하는 도전을 함께하고 싶어 하는 상대인지 아닌지로 결정된다.

게다가 뭐니 뭐니 해도 히말라야 고봉의 미등 루트를 알파인스타일로 등반하는 것을 최종목표로 공유하고 있었기 때문에 우리는 파트너로서의 유대감을 견고히 할 수 있었다.

하지만 늘 둘이서 산을 오른 것은 아니다. 대체로 1년에 한 번 있는 원정 전후로 서로 다른 파트너와도 등산을 많이 했다. 거기에서 체험한 유효한 기술을 가져와 우리의 종합적인 능력치를 높여갔다. 다시 만나면 한층 더 커져 있는 서로에게 자극을 받기도 하면서 성장했다.

갑작스러운 이별

2015년 크리스마스가 얼마 남지 않았던 그날, 나는 다나카 요키田中陽希*가 출연하는 NHK「그레이트 트래버스 200명 산 일필휘지グレートトラバース二百名山一筆書き」라는 프로그램 의 촬영팀에 합류해 규슈九州의 미야자키宮崎에 있었다.

프로젝트는 홋카이도에서 시작해 200일을 지나, 가고시마鹿児島의 사타미사키佐多岬에 있는 최종 목적지까지 앞으로 1주일 정도 남은 12월 21일, 미야자키에서 현지촬영을 마친 저녁, 숙소에 도착했을 때 전화가 왔다. "다니구치 케이가 홋카이도 구로다케산黑岳에서 조난 당했어."라고.

내 귀를 의심했다. 도저히 믿을 수가 없었다. 밤이 되자 TV 뉴스가 그 일을 전했다. 뉴스에서는 '행방불명'이라고 하는데, 그 이상 자세한 것은 알 수 없었다. 현실을 받아들이지 못하고 그저 뭔가 잘못된 것이기를 바랐다. 케이 같은 사람이 그런 곳에서 죽을 리가 없다, 어떻게든 살아남을 거라고 믿으려 했다. 반드시 어딘가에서 비바크를 하고 이튿날 아침 불쑥 나와주지 않을까. 그때까지 그녀의 경험에 비춰봐도 설산의 잔혹한 상황 속에서일지라도 하루 이틀 밤쯤은 수월하게 살아낼 것 같았다.

잠들지 못한 채로 새벽을 맞이했다. 잠시 후 등반 동료로부터 케이의 사망이 확인됐다는 소식이 전해졌다. 눈물

---

* 1983.6.5-. 사이타마현埼玉県 출신의 크로스컨트리 선수이자 산악가이드.

이 계속 흐르며 멈추질 않았다. 정신을 차리고 프로답게 촬영을 끝마쳐야 한다는 생각과 케이와 마지막 인사를 해야 한다는 생각이 교차했다.

　　나는 현장 감독과 다나카에게 사정을 설명하고 고별식과 장례식에 참석하고 싶다는 뜻을 전했다. 그리고 반드시 다시 돌아올 것을 약속하고 도쿄로 향했다.

　　가는 동안, 예전에 케이가 나에게 웃으면서 했던 말이 생각났다.

　　"만약 내가 죽으면 백합꽃 한 다발 보내 줘."

　　물론 그때는 웃으며 흘려들었지만, '설마 정말로 그런

날이 오겠어?', '온다면 어떡하지…' 하는 생각도 하긴 했다. 그런데 그게 정말 현실이 돼 버렸다.

지바千葉의 아비코我孫子 근처에 있는 장례식장에서 하룻밤을 지새운 뒤 장례식에 참석했다. 그후 도쿄로 가서 3일을 보낸 다음 「그레이트 트래버스」 촬영 현장으로 복귀했다. 다나카가 많은 사람으로부터 축하를 받으면서 사타미사키에 골인하는 장면을 카메라에 담아내면서, 프로답게 일을 잘 마칠 수 있었다.

케이는 "40세까지는 흡수하는 인생을, 40세부터는 환원하는 인생을 살고 싶다."고 자주 말했었다. 나보다 7년 빨리 40세를 맞이한 케이는 여대생을 지도하는 입장에서 2014년에 무스탕Mustang에 자리한 미등봉 만세일피크봉 Mansail Peak(6,242m)에 가거나 계속 거절했던 파타고니아의 브랜드 홍보 대사를 맡는 등, 그때까지는 하지 않았던 일에도 에너지를 쏟고 있었다.

그리고 2014년 무렵부터 야쓰가타케의 기슭에서 생활하고 싶다고 말해오던 대로, 야마나시현山梨県의 호쿠토시北杜市에서 마음에 드는 낡은 민가를 발견한 뒤 그곳에서 살기 시작했다. 그 후 케이의 소식은 친구나 지인을 통해서 가끔 들었지만, 잘은 몰랐다. 단지 오랫동안 바라오던 전원생활

---

* 네팔 서부 히말라야산맥에 위치한 지역으로, 티베트고원과 이어져 있다.

을 어느 때보다 여유롭게 즐기고 있을 것이라고 쉽게 상상할 수 있었다.

그랬는데 설마 관에 잠든 케이와 재회하게 될 줄이야…. 지금 나에게는 케이가 좋아했던 머그잔이 하나 남아 있다.

데날리에서

운명의 장난인지 그 후 케이의 발자취를 좇는 듯한 등반이 이어졌다.

2016년 가을, 케이가 학생을 인솔해서 등정했던 산, 무스탕의 만세일에 등반하는 TV 프로그램 기획 의뢰가 들어왔다. 가는 길에 그녀가 놓아둔 것으로 보이는 이정표 케른이 있었다. 또 그녀가 조난 당한 곳, 눈이 많이 쌓인 구로다케에서의 촬영 일정이 잡혀서 그녀가 실족한 장소를 내 눈으로 직접 보기도 했다.

2017년 초여름에는 그녀가 가장 좋아했던 산, 북미 최고봉인 데날리에 NHK 다큐멘터리 「북극의 모험 데날리 대활강極北の冒険 デナリ大滑降」의 촬영팀으로 합류해 가게 됐다. 어드벤처 스키어인 사사키 다이스케佐々木大輔가 베리에이션루트인 캐신리지Cassin Ridge로 데날리를 올라, 남서벽을 스키로 활강하는 프로젝트였다. 사사키의 도전을 촬영하는 것이 내 업무였지만, 나에게는 하고 싶은 일이 하나 더 있었다.

등반 시즌에 아슬아슬하게 캐신리지를 올라 소기의 목적을 이룰 수 있었다.

5월 말에 입산해서 이미 한 달 넘게 빙하 위에서의 생활
이 계속되고 있었다. 원정이 끝나갈 무렵, 날씨가 악화되어
10일 이상 베이스캠프에 머무르던 상황이었다. 등정의 마
지막 기회는 앞으로 며칠 남지 않았고, 사사키를 포함, 많은
스태프가 이번에는 무리다 싶어 마음을 접고 있었다.

등반 시즌이 얼마 남지 않았던 어느 날 저녁, 안개가 걷
히면서 루트가 잘 보이게 됐다. 알래스카의 여름은 백야이
기 때문에 행동하려 한다면 언제라도 개시할 수 있다. 나는
모두의 앞에서 말했다.

"1%라도 가능성이 있다면 포기하지 말고 기회를 잡으
러 가야 하지 않겠습니까?"

촬영팀의 일원으로서는 선을 넘은 발언이지만, 내가 이런 발언을 하게 한 것은 다름 아닌 케이였다. 그녀가 살아 있었다면 분명 그렇게 말했을 거라고 생각하기도 했지만, 내 의지도 있었다. 이번 내 가방에는 케이의 작은 유골이 들어 있었다. 데날리는 케이가 처음 원정등반을 한 산이었고, 캐신리지에도 도전했었다. 그 캐신리지 정상에 올라 눈 한구석에 유골을 뿌려 주고 싶다며 케이의 부모님으로부터 받아 온 것이었다.

사사키가 내 이야기에 귀를 기울였다. 포기하지 않고 등정 가능성을 탐색한 결과, 멤버 전원이 캐신리지를 오를 수 있었다. 그 장소에서 "살아 있다면 언젠가 다시 올 이 캐신리지에 케이와 함께 오를 기회를 줘서 고맙습니다."라고 촬영팀에 감사의 마음을 전했다. 모두가 힘을 합쳐 줬기 때문에 나의 뜻을 이룰 수 있었다.

사사키는 데날리 정상에서 남서벽으로 활강하는 임무를 완수했고, 프로젝트는 대성공으로 끝났다.

essay ● 삶과 죽음의 2015년

2015년은 나에게 삶과 죽음이 교차한 한 해였다.

산악 전문 카메라맨이자, 나를 영상의 길로 이끌어준 은사인 구로카와 다카시黒川隆史 선배를 여름에 잃었다. 구로카와 선배는 도카이대학교 산악부의 OB로, 잘 챙겨 주는 친절한 선배이면서 산에 관해서는 매우 엄격한 사람이기도 했다.

"그러면 산에서 죽을 거야, 너 따위는 산악부 그만둬."

자주 들었던 말이다. 그렇게 말하면서도 나의 등산을 항상 응원해 줬다.

구로카와 선배는 방송업계에서 프로그램 제작에 종사했는데, 가끔씩 산악 관련 프로그램도 제작했다. 나는 나의 히말라야 원정을 영상으로 촬영하려고 2005년부터 카메라를 가지고 다녔는데, 그 영상을 봐준 구로카와 선배는 "관심이 있다면 산악 프로그램 제작을 도와주지 않겠나?" 하며 내게 말을 걸어왔다. 그것이 계기가 되어서 내게 산악 카메라맨으로서의 길이 열렸다. 그런 구로카와 선배가 갑작스러운 병으로 갑자기 돌아가셨다.

구로카와 선배에 대한 감사는 내 마음속에 고이 새겨 두었다. 향년 55세.

가을에 여러 차례의 위험을 이겨내고 무사히 첫째 아이가 태어났다. 아내가 이전부터 조산기가 있어서 최대한 안

구로카와 선배와는 일본 내에 머무르지 않고 히말라야에서도 함께 일했다.

2015년에 오른 서네팔의 아피산 정상에서

정을 취하는 생활을 하고 있었는데, 출산 때는 아내 옆에 있을 생각으로 출산 전에 미토로 다쿠야, 나카지마 겐로와 함께 아피산으로 원정을 떠났다. 무사히 등정했음을 알리기 위해 연락했더니, "예정보다 한 달이나 빨리 양수가 터져서 입원했어."라는 아내의 대답이 돌아왔다. 며칠 안에 출산할 예정이라는데, 아무리 서둘러도 귀국까지는 1주일 이상 걸리는 상황이었다. 출산 때 아내 곁을 지키는 것은 포기했지만, 연락은 자주 했다. 그때마다 아이는 아직 태어나지 않았다고 했는데, 마치 내가 돌아오기를 기다리고 있는 듯했다. 그런데 다음 날이면 일본에 도착하게 되는 시점에 아버지로부터 무사히 태어났다는 연락이 왔다. 간발의 차이로 옆에서 지켜보지 못한 채 조산했지만, 아이는 무사히 태어났다.

그리고 한 달 후 겨울, 홋카이도의 산에서 다니구치 케이를 잃었다. 기쁨과 슬픔이 공존한 이 1년을 나는 잊지 못할 것이다.

'운명의 산' 시스파레사르를 뒤로 하고

제 **6** 장

2017년의 시스파레사르

2005년, 무즈타그아타에서

죽음은 결코 모든 것의 끝이 아니다.
육체는 잃었어도
영혼은 내 마음속 깊은 곳에서
계속 살아간다.

다큐멘터리 제작이 결정되다

30대 후반에는 체력이 확실히 20대 때보다 약해지긴 했지만, 산에서 살아 돌아오는 기술은 오히려 능숙해졌다.

"마지막 도전은 지금밖에 할 수 없어."

룽보강리에서 돌아오는 길에 시스파레사르에 함께 가지 않겠냐고 권유했던 나카지마 겐로와 인생을 건 도전을 하려는 것이었다. 시스파레사르가 케이의 죽음으로 여전히 무너져 있는 내 마음을 회복시켜 주기를 기원하면서.

나는 이번 네 번째 시스파레사르 도전을 다큐멘터리로 남길 수 있지 않을까 하는 생각이 들었다.

2008년쯤부터 스포츠 카메라맨으로 미디어 분야에서 일하기 시작하면서 나만 할 수 있는 촬영 영역을 확장해 온 나는 다나카 요키의 프로그램 「위대한 트래버스」의 NHK

촬영팀으로 합류하면서 담당 프로듀서와 친해졌다.

곧바로 프로듀서에게 상담했더니, 방송국 내부에서 파키스탄의 정세 불안정이 걸림돌이 된 듯했지만, 프로듀서가 마지막까지 끈질기게 설득하여 정식으로 프로그램을 제작할 수 있게 됐다. 나는 제작진으로서, 제작회사의 감독인 와다 모에和田萌에게 동행을 부탁했다.

와다 감독은 2009년 케이와 함께 가우리상카르로 가는 네팔행 비행기 안에서 처음 만났다. 아시아 국가의 젊은 이들을 소개하는 프로그램을 제작하려고 네팔 에베레스트의 길거리에서 취재할 거라고 했다. 며칠 후 카트만두에서 저녁 식사를 함께할 때, 와다 감독은 케이의 생각이나 생활 방식에 깊이 공감한 나머지, 케이에 대한 프로그램을 기획하고 싶다며 본인에게 몇 번이나 요청했지만 아쉽게도 케이가 수락하지 않아 성사되지 않았다.

와다 감독을 다시 만난 건 2010년 여름, 케이가 봄에 산에서 스키를 타던 중 전방십자인대가 파열되는 부상을 당해서 입원하고 있던 시내 병원에 문병하러 갔을 때였다. 와다 감독은 재활하는 케이의 모습을 기록으로 남기고 싶다고 말했다. 나는 그 말을 들은 케이가 와다 감독을 신뢰할 수 있는 사람이라고 느껴 그녀에게 마음을 열었다고 생각했다.

와다 감독이라면 이번 프로젝트에 애정을 갖고 나서 줄것이 틀림없었다. 7년 만에 연락해 보니 그녀도 케이의 죽음을 깊이 애도하고 있었다. 게다가 케이의 프로그램을 만드는 것이 이룰 수 없는 꿈이 되어 매우 유감이라고 생각하던 차였다면서 나의 부탁을 흔쾌히 승낙했다.

드디어 프로젝트가 시작됐다. 와다 감독과 시내에서 만나 처음 미팅을 가졌을 때 나는 "각오는 되어있습니까?" 하고 물어봤다. 앞으로 우리가 진행할 일은 살아서 돌아올 수 없을지도 모르는 도전이었다. 만약 그렇게 되면 와다 감독은 마음에 깊은 상처를 입을 것이다. 와다 감독은 난감해하고 있었다. 나는 어리석은 질문을 한 것 같아서 후회했다. 내가 일을 부탁해 놓고 그런 각오를 물어보니, 그녀가 기분 좋을 리 없었다.

데라사와 레이코의 제안으로 지금까지 원정 출발 전에 대원의 가족이나 관계자가 모이는 식사 자리를 꼭 마련해 왔다. 원정 시 발생할 수도 있는 사고에 대비해서 얼굴을 알아볼 수 있게끔 관계를 형성해 두는 것이 그 목적이다. 그 자리를 갖고 난 후, 나는 겐로를 보면 그 뒤에 그의 아내와 아이들의 얼굴이 떠올랐다. 겐로도 내 뒤에 우리 가족 얼굴이 보일까. 보였으면 좋겠다.

슬슬 만나러 가 볼까

2017년 7월 17일, 나, 겐로, 와다 감독은 파키스탄의 이슬라마바드로 출발했다. 그리고 아침 일찍 이슬라마바드에서 차로 익숙한 카라코람하이웨이를 타고 북쪽으로 달렸다.

훈자까지는 이틀 간의 여정이다.

훈자에 도착하기 전에 들르고 싶은 곳이 있었다. 바로 2013년 케이와 디란에 올랐을 때 신세를 졌던 미나핀 마을의 산장이었다. 우리가 사인한 돌을 기념으로 남겨 두고 왔는데, 그 돌을 다시 한번 보고 싶어졌다.

산장 주인은 오랜만의 재회를 기뻐했다. 나는 디란을 함께 올랐던 파트너가 산에서 죽었다는 소식을 전하며, 그 하얀 돌을 보여 달라고 부탁했다. 그 돌은 주인이 소중하게 보관하고 있었다. 조금 검게 변하긴 했지만, 그것은 케이가 살아 있었다는 확실한 증거였다.

4년 만에 찾은 훈자 마을은 변함없는 모습으로 우리를 반겨 줬다.

훈자계곡의 아침은 빙하의 산들로 인해 차가워진 공기로 얼어붙어 있었다. 그러나 아침 해가 골짜기에 들어선 순간부터 인간, 동물, 식물 등 모든 것에 생명이 불어넣어져 골짜기가 숨을 쉬기 시작했다. 나 또한 새로운 생명을 얻은 것처럼 눈을 뜨고, 늘 그랬듯이 러닝으로 하루를 시작했다. 마을을 걸으면 "어서 와, 오랜만이야!" 하며 반기는 그리운 얼굴들이 보였고, "차 마시고 가요!" 하는 소리가 들려왔다.

처음 훈자에 왔을 때 친구가 되어, 케이와도 안면이 있는 카림 형제가 운영하고 있는 등산용품점으로 향했다. 나와의 재회를 기뻐했지만, 형제는 항상 옆에 있던 케이가 없

재방문한 미나핀
마을에서

는 것을 알고는 안부를 물었다. 일본에 있는 산에서 죽었다는 소식을 전하자, 형이 안쪽에서 낡은 신발 한 켤레를 가지고 왔다. 2013년 시스파레사르 등반 후에 케이가 선물해 준 고소화高所靴였다. 'KEI'라는 글자도 여전히 또렷하게 보였다. 그리고 이 신발로 브로드피크 등 8,000m급 봉우리 2좌를 올랐다고 알려 줬다. 일본에서 멀리 떨어진 이곳에서도 케이가 이처럼 여전히 살아 있다는 것을 알게 되어 너무나 기뻤다.

여기까지 왔다면 시스파레사르는 바로 코앞에 있다. 울타르사르를 배경으로 여전히 변함없이 우뚝 서 있을 것이다. 아름다운 산, 내 인생에서 가장 소중한 산.

"슬슬 만나러 가 볼까."

잠시 머문 후 우리는 훈자에서 더 북상했다. 이번에는 어떤 등반이 될까? 드디어 시작되는 네 번째의 시스파레사르 등반이지만, 기분은 차분했다. 이렇게 침착한 마음으로 등반에 임한 것은 처음이었다.

다음 날 아침, 파수 마을에서 카라코람하이웨이와 작별하고 비포장도로로 갈아탔다. 보리스호수Lake Borith 너머에 있는 종점에는 서른 명 정도의 짐꾼이 모여 있었다. 트레킹이 시작됐다.

첫날 트레킹은 하얗게 빛나는 파수빙하를 횡단해서 캠프 야영지까지 가는 다섯 시간 반 정도의 여정이었다. 중간

케이 신발과의
기적적인 재회

시스파레사르와 재회하며 네 번째 도전이 드디어 시작됐다.

에 있는 오두막에서 짐꾼이 능숙한 솜씨로 장작에 불을 피워 밀크티를 만들어 줬다. 짐꾼들은 엄지손가락 크기 정도의 분홍색 암염을 저어 녹여서 마셨다. 피곤할 때 마시는 짭짤한 밀크티가 온몸에 스며든다. 더욱이 짐꾼들이 능숙하게 루트파인딩route finding*을 하며 파수빙하를 지나는데, 빙하 중간에서 짐꾼들이 갑자기 춤을 추기 시작했다. 나도 그 무리 안에 들어가 흉내내면서 몸을 움직였다. 빙하를 무사히 건너자 초원이 펼쳐졌다. 우리는 그곳에 첫날 지낼 텐트를 쳤다. 내일은 드디어 시스파레사르와 재회한다.

　　다음 날 중간부터 시스파레사르의 머리가 보이기 시작

* 겨울철 눈에 덮인 산과 밟은 흔적이 있는 등산로 등에서 정상과 목적지에 이르는 코스를 찾는 것.

2017년, 시스파레사르 북동면 베이스캠프에 함께 온 포터와 함께

했다. 산등성이까지 올라가자, 시야가 단숨에 넓어졌다. 하늘을 찌를 듯한 날카로운 봉우리를 지닌 시스파레사르 전경이 눈앞에 펼쳐졌다. 2013년 이후의 재회다. 겐로는 처음 보는 시스파레사르의 벽에 눈길을 빼앗겼다.

7월 26일, 베이스캠프에 도착. 융단처럼 꽃밭이 펼쳐진 해발고도 4,000m에 있는 초원이었다. 곧바로 커다란 주방 텐트를 설치하고 나서, 나는 우리 가족과 케이의 사진을 잘 보이는 장소에 붙였다. 화창하고 기분 좋은 날이었다.

다음 날 아침, 일찍 눈을 떴다. 손에 카메라를 들고 겐로와 정상부터 주홍빛으로 물들어 가는 시스파레사르의 아침 노을을 봤다. 나는 겐로에게 이런 신령스러운 모습을 보여 주고 싶었다. 내가 이 산에 인생을 걸고 오르고 싶은 이유를 조금이라도 알아주길 바랐기 때문이다. 며칠간은 베이스캠프에서 지내다가 북동벽이 잘 보이는 언덕 위에서 루트 정찰을 반복했다.

이번에는 설사 목표인 미등 라인으로 오르지 못하게 되더라도 최종적으로는 1974년 서독-폴란드 등반대가 초등하고, 1994년 고모노산악회가 재등했던 동릉으로라도 정상에 서고 싶었다. 멋이 없어도 좋고, 촌스러워도 좋으니 정상에 올라 케이의 사진을 묻음으로써 그녀의 죽음을 극복하고, 좋은 의미에서 케이와 결별하고 싶었다.

베이스캠프에 들어간 뒤부터 매일 바람 한 점 없는 온화한 날이 이어졌다. 오늘도 쌍안경을 겐로와 교대로 들여다보면서 라인을 찾았다. 그러다 가능성이 있는 여러 곳에 라인이 연결되기 시작했다. 그러나 다른 날 정찰하니 눈사태가 빈발하는 곳을 알게 되어 라인을 수정했다.

이 작업을 반복하다가 확신이 드는 하나의 라인을 결정했다. 2007년 같은 벽에 도전했었는데, 그때의 라인과는 전혀 달랐다. 그로부터 10년, 수많은 경험을 쌓아왔기 때문에 발견할 수 있었던 북동벽의 직선으로 뻗은 단 하나의 라인. 그곳의 가능성에 모험을 걸어 보자고 결심했다. 단 이번에도 얼어붙은 벽, 눈과의 필사적인 싸움이 기다리고 있는 것은 분명했다.

정찰, 서로 참고 견뎌온 날들

나는 지금까지 미등 루트로 정상에 오르고 난 후, 그 산의 초등 루트로 하강하는 일이 많았다. 초등 루트는 그 산의 가장 쉬운 곳을 따라 올라가는 경우가 많아서 난도가 낮고, 루트 정보가 있었기 때문이다. 하강 루트의 정보가 머릿속에 있으면 오르는 것에 더욱 집중할 수 있다. 이번에도 1974년 초등 루트인 동릉으로의 하강을 생각하고 있었기 때문에 우선은 그 동릉을 정찰하는 것부터 행동을 개시했다. 두 번째 등정을 한 고모노산악회의 보고서『슈그리아۵۰، シ(고마워요)*』가 수중에 있었기 때문에 대략적인 모습은 머릿속에 있었지만, 20년 전의 기록이어서 내 눈으로 확인해 보는 것이 중요했다.

가장 걱정했던 건 동릉 하부 바로 밑까지 이어진 파수빙하의 아이스폴이었다. 최근 온난화 영향으로 빙하의 후퇴가 빨라서, 아이스폴에서는 크레바스 때문에 걸을 수 없을 확률이 높았다. 이 부분은 목표인 북동벽으로 향할 때도 반드시 지나가기 때문에 안전한 루트를 확보해 두고 싶었다.

우선은 왼쪽 기슭의 모레인에서 파수빙하로 내려갔다. 빙하는 정말 미로 같아서 우왕좌왕하면서 안전한 루트를 찾아갔다. 아이스폴에는 예상대로 거대한 균열이 여러 군데

---

* 파키스탄의 우르두어.

있어서 안전을 확보하면서 조금씩 전진할 수밖에 없었다.

겐로가 거대한 얼음 처마를 오른쪽에서 돌아 들어가듯이 오르려고 할 때였다. 나는 그 처마 바로 아래를 트래버스하고 있었는데 왜인지 안 좋은 예감이 들어서 겐로가 바일을 박으려는 바로 직전에 점프하듯이 오른쪽으로 크게 뛰었다. 그다음 순간, '쿵!' 하는 큰 소리와 함께 얼음 처마가 붕괴하면서 큰 얼음덩어리가 나의 바로 왼쪽으로 떨어졌다. 초반부터 간담이 서늘해졌다. 안 좋은 예감이란 것을 설명하기는 어렵다. 경험을 쌓으면서 길러지는 것이다. 다행히 겐로도 추락을 면했다.

하지만 또 다른 위험이 기다리고 있었다. 아이스폴을 빠져나와 옆벽의 하단부에서 능선을 향해 단숨에 올라가려는데, 선등하던 겐로의 저 한참 앞에서 눈덩이가 부서지는 것처럼 보였다. 무언가가 떨어지는 느낌이었다. 눈이 흡수하고 있는 탓인지 소리가 나지 않아서 겐로는 눈치채지 못했다. 나는 겐로에게 큰 소리로 주의를 주고서 폴라인에서 벗어날 수 있도록 걸음을 서둘렀다. 그 직후, 작은 돌에 이어서 큰 돌 몇 개가 하나둘씩 겐로를 향해서 떨어졌다. 겐로도 즉시 낙석을 피했지만, 등산 첫날부터 일촉즉발 위기의 연속이었다.

이날은 5,160m에 텐트를 치고, 다음 날은 다시 5,600m까지 능선을 걸었다. 눈이 쌓이지 않은 능선 위의 암벽에는 과거 등반대가 설치한 고정로프가 몇 개 남아 있

파수빙하에서
일촉즉발의 위기

북동벽의 아래쪽에서 정찰하고 있었는데 세락이 붕괴했다.

고소적응에 시달리는 겐로

었다. 하강길의 상황을 파악할 수 있었고, 일단 하산에 대한 불안감을 어느 정도 누그러뜨릴 수 있었기 때문에 베이스캠 프로 돌아왔다.

등반장비 한 세트

4박 5일분의 식량

　　이틀간 휴식을 취하고 나서 시스파레사르 북서쪽으로
8km 정도 떨어진 곳에 있는 파수피크봉Passu Peak(7,478m)
으로 향했다. 이번에는 고소적응을 위한 등산 허가를 받았
다. 북동벽의 아래쪽을 지나기 때문에 가까이서 루트 정찰

도 할 수 있었다. 아래쪽을 통과할 때 세락이 붕괴했는데, 이게 큰 눈사태가 되는 바람에 예정했던 루트를 지나쳐 버려서 북동벽을 헤매다 왔다. 그 구간에서는 속도를 높여서 벽에서의 체류시간을 줄이는 것이 중요하다는 점을 겐로와 서로 확인했다.

겐로는 지금까지의 원정에서도 고소적응에 시간이 걸리곤 했는데, 여기서도 회복이 늦었다. 2박 했던 6,400m의 텐트에서도 고소 때문에 식욕이 없었고, 만성적으로 구역질에 시달려 괴로워했다. "이제 베이스캠프로 하산하면 괜찮아지겠죠."라고 겐로는 말했지만, 정말로 괜찮은지 걱정됐다.

파수피크는 아쉽게도 날씨가 안 좋아서 6,750m에서 돌아섰지만, 이렇게 실전 이전의 정찰과 고소적응을 마쳤다.

마지막 준비는 등반장비, 식량, 연료의 분리다.

챙겨 갈 식량은 4박 5일분으로 하고, 경량화를 위해 한 끼분으로 100g의 알파미를 둘이서 한 개로 정했다. 연료인 가스통은 세 개. 등반장비는 아이스스크류를 중심으로, 예정된 2캠프와 3캠프 사이에 있는 핵심부인 믹스등반용*으로 트라이캠이나 너트 등 바위에서 사용하는 등반장비도 엄선했다. 로프는 8.5mm 50m로 두 개 챙겼다. 아이젠의 발톱도 다듬고, 몇 시간 만에 장비 준비는 끝났다. 출발 전날이

---

* 믹스등반mixed climbing은 바위, 눈, 얼음이 뒤섞인 루트를 오르는 것

악천후로 베이스캠프에서의 정체가 오랫동안 이어졌다.

라도 배낭에 집어넣기만 하면 언제라도 출발할 수 있다. 이
제 남은 건 마음의 준비뿐이다.

곧 좋은 날씨 때 도전할 수 있을 것 같았지만, 며칠간의
악천후 예보가 이어졌다. 당분간 회복되지 않을 예보에 나
는 휴식을 취하려고 겐로와 함께 일단 훈자 마을로 하산하
기로 했다. 내려갈수록 따뜻하고 푸르른 세상에 휩싸여 추
위로 얼어붙은 몸이 서서히 녹는 듯했다. 카라코람하이웨
이로 내려가 히치하이크를 했다. 훈자에 도착한 후 먹고 자
고 먹고 자면서 3일을 보냈다.

많은 과일을 챙겨서 훈자를 떠나 하루 걸려 베이스캠프
로 돌아왔다. 그러나 구름은 여전히 잔뜩 끼어 있고, 눈도 계
속 내려서 일기예보만 연일 노려보고 있었다. 시스파레사르
에는 눈 구름이 걸려 있어서 좀처럼 모습이 보이지 않았다.

파수피크에서 고소적응을 한 지 벌써 9일이 지나고 있었다. 약간의 악천후라면 하단부 등반에는 영향이 적을 것으로 판단됐다. 기분이 내키지는 않았지만, 북동벽을 향해서 구름 낀 하늘 속으로 출발했다.

아니나 다를까, 오후부터 강설이 심해지고 화이트아웃이 되어서 나아갈 방향을 파악하기 어려웠다. 그때 머리 위에서 갑자기 세락이 붕괴하는 소리가 울렸다. 화이트아웃 때문에 상황을 파악할 수 없었고, 우리는 언제 덮쳐올지 모르는 눈사태를 신경 쓰느라 그 자리에서 움직일 수 없었다. 근처의 안전한 장소에서 하룻밤을 대기했지만, 이튿날 아침에는 텐트가 반 정도 묻힐 정도로 눈이 쌓였고, 도저히 벽에 붙어 볼 상태가 아니었다. 일단 베이스캠프로 돌아갔다.

여기까지 왔으니 참고 견뎌야 한다. 벽의 눈이 안정될 때까지 마지막 기회를 기다릴 수밖에 없었다. 예보에서는 날씨가 개었다고 했지만, 시스파레사르 주변만은 계속 두꺼운 구름으로 뒤덮여 있었다. 확실히 등산 기간의 전반적인 날씨와는 달라져 있었다.

요리사인 디달이 심각한 표정으로 우리의 주방 텐트로 찾아왔다. 베이스캠프의 식량과 연료가 머지않아 끝난다고 했다. 우리가 염려했던 사태가 이미 눈앞으로 다가왔다. 입산한 지 약 3주, 모든 스태프가 피로의 한계에 달해 있었다.

"지금이 힘을 내야 할 때야."

나는 겐로에게 말했지만, 이것은 자신을 타이르는 말이

기도 했다. 결단을 내릴 때가 다가오고 있었다. 우물쭈물하면 기회는 날아가 버린다.

마지막 기회에 베팅하다

1일째(8월 17일). 베이스캠프 → ABC(4,900m)

아침에 눈 뜨자마자 하늘을 바라봤다. 날씨가 여전히 화창하지는 않지만, 더는 참고 견딜 때가 아니었다. 안 되는 이유가 아니라 할 수 있는 방법을 찾아야 했다.

나는 주방 텐트에 붙여둔 케이의 사진을 가슴 주머니에 넣고서, 굳은 결심을 하고 겐로와 함께 베이스캠프를 나왔다. 서서히 날씨는 회복됐고, 푸른 하늘이 펼쳐지기 시작했다. 그렇게나 머뭇거렸었는데, 한 발짝 떼어 보니 마음이 개운해져서 베이스캠프에서 시간 낭비한 것을 후회했다.

시스파레사르 1일째, 드디어 출발할 때가 왔다.

What's Next?

시스파레사르 북동벽 2017

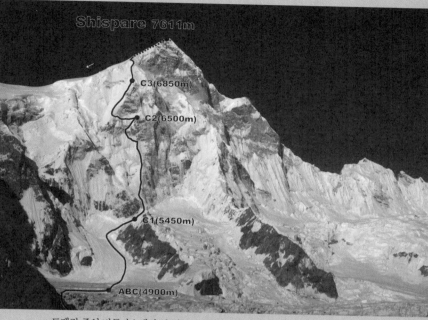

트레킹 중인 바툰다스에서 본 북동벽 전경

익숙해진 빙하를 횡단하고 북동벽의 하단부에 도착했다. 여기를 ABC로. 오전에는 날씨가 좋았지만, 오후부터 안 좋아져서 벽이 보이지 않게 됐다. 그러나 이곳에서 10일 간의 악천후와 비교해 보면 확실히 싸늘한 공기로 변해 있었다. 좋은 날씨의 징조일까. 여름에서 가을로 계절이 바뀌려 하고 있었다.

2일째. ABC → 1캠프(5,450m)

로프로 서로를 묶고 출발했다. 암벽에서 머무는 시간을 줄이기 위해 속도를 높여 나갔다. 폴라인에서 떨어져서 걷고 있다고는 하지만 그것은 마음으로 느끼는 휴식 정도에 지나지 않는다는 것을 알고 있었다. 아니나 다를까, 붕괴하는 세락과 맞닥뜨렸지만, 눈을 조금 뒤집어쓴 정도로 끝났다.

하지만 두 번째는 규모가 달랐다. 세락이 크고 마른 소리와 함께 무너져 경사면의 눈을 휩쓸며 이쪽을 향해 돌진해 왔다. 나는 오른쪽 위로 30m 정도에 방벽이 돼 줄 것 같은 빙탑이 있는 것을 알아차리고 바로 달리기 시작했다. 겐로도 내가 뭘 하려는지 알아채고는 10m 정도 뒤에서 쫓아왔다. 서둘러서 달아나도 빙탑의 바로 직전에서 눈 덩어리가 몸으로 쏟아지기 시작했을 때, 갑자기 로프가 당겨져서 움직일 수가 없게 됐다. 겐로의 움직임이 멈춘 것이다. 뒤돌아서 겐로를 찾아봤지만, 시야가 나빠서 확인할 수 없었다. 단지 로프가 팽팽하니까 바로 그곳에 있을 것이 분명했다.

2일째, 눈사태가 직격해 눈투성이가 됐다.

풍압도 강해졌기 때문에 각오하며 웅크린 순간, 알갱이가
큰 싸라기 같은 얼음이 뒤섞인 눈이 온몸을 때렸다. 숨을 쉴
수 없을 정도로 강렬한 바람을 2분, 3분 정도 견디자 몸에
부딪히는 눈덩이가 점점 약해지더니 이윽고 잠잠해졌다.
서둘러 겐로를 찾았는데, 그는 크레바스에 한쪽 다리가 끼
어 움직이지 못하고 있었다. 우리는 파묻히거나 바람에 날
려가지 않고 무사히 견뎌냈다.

　　이 갑작스러운 '세레'로 잡념이 싹 가시면서 상쾌한 기
분이 됐다. 이렇게 큰 눈사태에서도 살아났으니, 다음번에
도 살아남을 수 있을 거라고 그렇게 자신을 타일렀다. 그 후
로는 원만하게 산을 올라서 당초 예정한 곳보다 조금 앞에
있는 눈 덮인 능선에 멈춰서 1캠프를 설치했다.

2일째 기록
큰 눈사태가 덮쳤다.

3일째. 1캠프 → 2캠프(6,500m)

1캠프에서 곧장 올라 벽의 중심부로 향했다. 겐로가 눈앞의 능선을 넘어가는데 고전하면서 오르고 있다. 그때 갑자기 주홍빛에 휩싸였다. 바로 지금, 베이스캠프에서 자주 봤던 신령스러운 아침노을로 둘러싸인 시스파레사르 한복판에 있었다. 이 기적의 순간을 카메라에 담았다.

그 후 등반한 빙설벽은 눈에 살짝 덮여 있었지만, 10cm 아래로는 안정된 얼음이 있어서 아이스스크류로 확보를 했다. 상태는 좋은 것 같았다. 속도를 올리려고 벽 중심부에서는 스크류 하나만 사용하면서 같이 동시 등반을 계속했다.

머리 위에서 다시 크고 마른 소리가 났다. 눈사태가 오고 있다. 경사가 있어서 이동할 수 없다. 여기에서 버티는 수밖에 없다. 지금 있는 장소는 광활한 설벽이지만, 그 안에서도 작은 능선을 선택해서 루트를 잡았기 때문에 어느 정도는 눈사태의 위력이 능선의 좌우로 분산될 것이다. 10m 정도 위에 있는 겐로에게 풍압을 견딜 수 있도록 스노바로 나름대로 자기확보를 하라고 급히 전달했다. 겐로가 먼저 눈에 휩싸여 흰 연기 속으로 사라지고, 그다음으로 눈사태가 내 쪽을 향해 오는 것이 슬로우모션처럼 보였다. 내가 할 수 있는 것은 전신을 설면에 밀착시켜서 쏟아지는 눈 속 한가운데서 이 눈사태를 견디는 것뿐이었다.

눈사태는 지나갔고 또다시 어려운 상황에서 벗어났다.

3일째, 수직의 세계가 시작된다.

3일째, 시스파레사르의 품으로 들어간다.

다시 잔잔한 룬제가 있는 암벽에 들어섰다. 이때쯤부터 좋은 날씨는 끝났다. 강설로 인해 분설눈사태가 이 룬제에 모여들어 끝없이 내리고 있다. 룬제 입구의 하부가 2캠프의 예정지였지만 그럴 만한 장소가 없어서 이 룬제를 올라서 빠져나갈 수밖에 없었다. 겐로는 분설눈사태를 맞으면서 조금씩 나아갔다. 룬제를 넘어도 텐트 사이트를 찾을 수 없다. 할 수 없이 루트와는 반대 방향이 되지만 급경사의 설벽 세 피치를 오른쪽 위로 올라서 눈 덮인 능선으로 나왔다. 눈을 헤치고 어떻게든 두 사람이 누울 수 있는 공간을 만들어, 텐트에 기어들어 갔다. 여기라면 눈사태를 피할 수 있고, 안심하고 쉴 수 있을 것 같다. 겐로는 등반 중에는 선등으로 앞장 서서 쑥쑥 올라가는데, 텐트에 들어가면 고소장애로 움직이지 못했다. 늘 있는 일이다. 식욕도 없고, 종일 움직여서 체력을 많이 소모했는데 에너지를 섭취하지 못하는 게 걱정이었다.

단절된 세계

4일째. 2캠프 → 3캠프(6,850m)

전날부터 적설량이 조금이라도 줄어들기를 기다렸다가 암벽에 햇빛이 닿고 나서 출발했다. 급경사의 설벽을 두 피치 하강해서 계획된 라인으로 돌아왔다. 여기서부터는 발을 들여놓으면 하산은 너무 어렵다. 되돌아간다면 지금이

3일째 기록
날씨가 돌변하여 강설.
분설눈사태 속을
오르는 중

4일째, 좁은 리지에 2캠프 텐트를 쳤다.

4일째, 슬랩형 암벽의 핵심부에 돌입했다.

마지막 기회이지만, 이번은 가능한 한 위를 노리면서 살아서 돌아갈 수 있도록 최대한 노력하자고 마음속으로 다짐했다. 그 마음을 증폭시켜 준 것이 겐로였다. 그는 나의 꿈이었던, 이 시스파레사르에 전력을 다해서 즐겁게 오르고 있다. 그렇다. 나는 지금 혼자서 오르고 있는 것이 아니다. 그와 함께라면 어떤 곤경도 극복할 수 있다. 나는 그의 등반에 힘을 얻고 있었다.

두 번째 암벽 하단부에 도달하자 이 루트 최고 난관인 믹스벽이 눈앞에 나타났다. 경사가 있는 커다란 슬랩에 눈과 얼음이 얇게 붙어 있는 것이 보기에도 상황이 나쁠 것 같았다. 선등하는 겐로에게 배낭을 두고 올라가라고 말했다. 얇은 얼음에 아이스스크류가 반 정도밖에 들어가지 않아서 추락을 견딜 수 있을지 알 수 없는 빈약한 확보물이지만 겐로는 나아갔다. 그 앞의 얼음도 눈도 없는 슬랩에서는 좀처럼 확보물을 잡지 못한 채 시간을 잡아먹고 있었다.

겐로가 불안한 듯이 나를 봤기 때문에 나는 추락에 대비하고 나서 "괜찮아." 하고 신호를 줬다. 손과 발이 한계점에 이르고 있을 것이다. 각오한 듯 확보물 설치 없이 돌진하는 겐로를 지켜 봤다. 천천히 올라가 눈앞의 얇은 얼음에 드디어 아이스스크류로 확보하고 로프를 고정했다. 빌레이 보는 나도 일단 안심했다. 다음 동작에서 겐로의 바일이 벽에서 빠져 5m 정도 추락했다. 나는 미끄러지는 겐로를 눈으로 쫓아 가면서 로프를 꽉 잡았다. 기적적으로 어떤 확보물도 빠지지 않고 추락이 멈췄다. 팽팽한 긴장감으로부터 해방되긴 했지만, 로프에 매달린 겐로가 있었다. 심호흡하고 나서 미끄러진 거리만큼 다시 올라갔다. 두 시간의 격투 끝에 최고의 난관이었던 믹스벽을 돌파할 수 있었다.

집중해서 올라가니 하산 루트의 동릉이 세 개의 혹이 있는 낙타의 등처럼 보였다. 하산할 일이 서서히 걱정됐다. 와다 감독과 베이스캠프 스태프의 걱정도 최고치에 달하고 있을 것이다. 적어도 망원 카메라로 우리가 움직이고 있는 모습을 봐 주면 좋을 텐데.

점점 무거워지는 다리를 억지로 움직여서 간신히 3캠프를 만들었다. 저녁에 구름이 조금 걷히자, 베이스캠프와 파수 마을의 빛이 보였다. 새삼 너무나도 단절된 세계에 있음이 느껴진다. 전처럼 살아서 돌아갈 수 있는 자신감이 강하게 느껴지지 않는다.

5일째. 3캠프 체류

그치지 않는 눈이 설면과 텐트의 틈새에 쌓여 간다. 눈에 몸이 눌린 나는 겐로 쪽으로 공간을 찾아서 이동하는데, 겐로는 추위 때문에 이쪽으로 몸을 밀고 온다. 갑갑하고 괴로운 하룻밤을 보냈다. 그리고 아침에는 텐트 주변의 눈을 계속 치웠다. 눈이 그칠 기미도 안 보이고, 시야도 나빠서 꼼짝할 수 없다. 침낭에서 좀처럼 나가는 일 없이 휴식을 취하고 있지만, 이미 이 해발고도에서는 체력 회복은 기대하기 어렵

4일째 기록
이제 되돌릴 수 없다.

267

악천후로 3캠프에서 체류. 서서히 정신적으로도 쫓기기 시작했다.

다. 쇠약해지기만 하는 세계다.

밤에 텐트 밖에서 누군가 북 두드리는 소리가 들렸다. 겐로에게 말했더니 "그런 소리 안 들리는데."라고 말했다. 환청이었던 걸까. 하지만 나에게는 분명하게 들렸다. 나는 지금까지 경험하지 못한 압박을 받고 있었다.

삶과 죽음의 분기점

6일째. 3캠프 → 정상(7,611m) → 4캠프(7,200m)

다음 날 아침, 산을 덮었던 구름이 걷히며 정상이 손에 닿을 듯한 곳에 있음을 알게 됐다. 상부 플라토와의 합류 지점을 목표로 출발했다. 텐트 안에서는 만성적인 고산병에 걸려

5일째 기록
벽에서의
쓰라린 체류

6일째, 산 정상이 바로 저 앞에 보이지만 깊이 쌓인 눈에 시달렸다.

있는 겐로이지만, 지금은 가슴 이상 올라오는 깊은 눈을 헤
치며 나아간다. 믿음직스러운 파트너로부터 나는 도움받고
있었다.

　이때 겐로뿐만 아니라 셋이 산을 오르고 있는 것 같은
느낌이 들었다. 누군가 등을 밀어주는 것 같은 느낌이다. 전
날 밤의 북소리와 마찬가지로 이것도 환청이나 환각의 종류
인가. 죽음이 가까워지면 이런 상황에 빠진다고 한다. 하지
만 나는 반대로 어젯밤의 북소리를 응원이라고 생각했다.
세 번째 사람의 기색도 죽음의 신이 아닌 의지할 만한 존재
로 느껴졌다. 케이···. 나는 가슴 주머니에 손을 댔다. 산에
서 이런 느낌이 든 것은 처음 있는 일이었다.

플라토로 나오자 시야가 단숨에 넓어졌다. 나는 판단을 해야 했다. 살아 돌아가기 위해서는 정상을 포기하고 시야가 확보됐을 때 이 넓고 미아가 될 것 같은 눈으로 뒤덮인 플라토를 벗어나 하산 루트인 동릉으로 향하는 것이 좋지 않을까. 나는 망설였다. 우리는 지금 삶과 죽음의 기로에 있고, 지금이 살아서 돌아갈 마지막 기회일지도 모른다.

겐로가 플라토로 나가면서 연결된 위성 전화를 꺼내 일기예보를 들으려고 도쿄에 있는 후루노 기요시古野淳에게* 전화했다. 내일까지 맑고, 구름은 소강상태라고 한다. 정상에 오르기로 결단을 내렸다.

휴대식량과 보온병을 갖고 불필요한 짐은 경사면을 파서 묻어 둔다. 어깨의 짐은 단번에 가벼워졌지만, 발걸음은 고도를 높임에 따라 무거워진다. 나는 눈보라와 추위로 체력이 떨어지고 휘청거리고 있었다. 그러나 정상은 한발 한발 가까워졌을 것이다.

"지금까지 해 온 등산 중 가장 괴로워. 다리가 움직이질 않아."

앞서가고 있는 겐로에게 이런 나약한 소리를 내뱉은 나 자신이 한심했다.

가짜 봉우리에 몇 번이나 속아서 도대체 언제 정상에 도착하게 될지 불안해하던 그때, 앞에 바위 봉우리가 시야

---

* 1961- . 2019-2023년까지 일본산악회 회장 역임. 1985년 네팔 히말출리봉 Himalchuli 남릉 초등, 1995년에는 에베레스트를 북동릉으로 등정했다.

시스파레사르 정상에 서다.

산꼭대기에 케이의 사진을 묻다.

로 들어왔다. 금세 다시 시야가 가려졌지만 주위에 이보다
높은 장소는 없었다. 우리가 마침내 정상에 섰음을 알았다.

  나는 패딩의 가슴 주머니에서 케이의 사진을 꺼내 눈을
조금 파서 살포시 묻고 합장했다. 케이의 죽음으로 줄곧 어
깨에 짊어지고 있었던 무거운 짐을 시스파레사르가 가져갔

시스파레사르 북동벽 2017

시스파레사르 북동벽과 하강로(점선)

          What's Next?

다. 슬픔이 추억으로 바뀌는 순간이었다.

겐로에게 "함께 올라와 줘서 고마워."라고 감사의 인사를 건넸다.

미끄러지지 않도록 정상에서 조심스럽게 내려가지만, 온몸이 피로한 탓에 버티기도 힘들어졌다.

겐로와 우리 가족을 위해, 베이스캠프에 있는 스태프를 위해서도 살아 돌아갈 책임이 있다고 자신을 타이르며 한 걸음 한 걸음을 확실하게 내디뎠다. 있는 힘을 다해 짐을 묻어둔 장소로 기어이 돌아온 후, 탈수와 피로로 쓰러졌다. 날씨는 예보랑 다르게 조금씩 나빠지고 있었다. 텐트를 치고 기어들어 가서 너무나 피곤한 나머지 바로 쓰러졌다.

한밤중이 되어서도 텐트 위로 쏟아지는 눈이 그치질 않았다. 지금 우리는 넓은 플라토에 떨어진 작은 알갱이에 지나지 않는다. 이 눈이 그치지 않으면 탈출할 수 없다. 잠을 이루지 못한 채 하룻밤을 지새웠다.

7일째. 4캠프 → 5캠프(5,750m)

변함없는 바람과 눈 속에서 아침을 맞이했다. 얼어붙은 텐트의 지퍼를 억지로 열고 밖을 본다. 화이트아웃이다. 이래서는 움직일 수 없다. 등정의 기쁨 따위보다 과연 살아서 이곳에서 탈출할 수 있을지 머릿속이 불안으로 가득했다.

하산하는 동릉은 눈사태와 세락의 위험성이 적지만 결

6일째 기록
염원하던 그 자리에

코 간단한 루트가 아니다. 한 시간 정도 지나 바람과 눈이 잠잠해져서 출발했다. 그러나 지금 있는 플라토에서 동릉으로의 방향을 알 수 없다. 일단 신중하게 나아가지만, 올라왔던 표고차 2,000m 이상 되는 절벽 위로 나와 버렸다. 앞이 보이지 않는 하산에 멍하게 서 있는 사이, 화이트아웃이었던 구름과 구름 사이로부터 일순간 동릉의 혹 세 개가 겹쳐 보였다.

"저쪽이다!"

기적이 일어났다. 살아서 돌아갈 수 있다. 삶이 있는 세계를 향해서 동릉으로 무거운 다리를 내디딘다. 가는 길에 커다란 크레바스에 막혀 크레바스 바닥까지 50m 로프로 하강했다가 다시 오르고, 마지막 힘을 쥐어짜서 동릉 세 개 혹에서 힘겹게 오르내리기를 반복했다. 하산하고 있어야 하는데, 오르는 것이 많아서 마치 한 번 더 시스파레사르에 오르고 있는 듯했다. 어쨌든 고도를 낮춰간다. 그것이 살아서 돌아갈 유일한 길이다.

정찰 시에 도달했던 지점까지 내려오자 드디어 안전한 귀로가 확보됐다. 깊은 안도의 숨을 내쉬며 텐트를 쳤다. 닷새를 보낸 북동벽이 바로 옆에 보였다.

8일째. 5캠프 → 베이스캠프

안심이 되니 오히려 발이 무겁다. 파수빙하를 비틀비틀, 우왕좌왕하면서 베이스캠프로 향했다. 앞으로 조금만 더, 모

길고 괴로운 하산

8일째, 간신히 베이스캠프에 돌아왔다. 더는 모험을 못하겠다는 생각이 들었다.

레인 위에 와다 감독과 촬영팀의 모습이 보였다. 먼발치에서도 와다 감독은 울고 있는 듯했다. 너무 많은 걱정을 끼쳤다. 등정 후 2일 만에, 베이스캠프를 떠나서 8일째에 베이스캠프로 돌아올 수 있었다.

베이스캠프 스태프와 오랜만에 재회의 기쁨을 나눴다. 겐로는 요리사 디달이 건넨 말에 울고 있었다. 나는 겐로에게 다가가 "고마워."라고 말했다.

네 번째의 시스파레사르 도전은 어떻게 해서든 정상을 밟고 싶다는 마음이 강했다. 케이의 일이 있었기 때문이다. 저곳에 올라서지 못한다면, 아무것도 이겨내지 못한다면, 다음으로 나아가는 것도 할 수 없다고 생각했다. 이런 감정을 갖고 산에 가는 것은 좋지 않을지도 모른다. 이것 때문에 무리하게 되고, 잘못된 판단을 내리게 된다. 이런 것들을 모두 알면서도 정상을 고집한 것이다.

나의 감정을 모두 받아 주고, 함께 도전해 준 사람이 나카지마 겐로였다. 겐로에게도 그 나름의 케이에 대한 생각을 짊어졌던 등반이었을 것이다. 나의 시스파레사르에 대한 집념, 케이에 대한 기억, 그것들을 겐로와 공유할 수 있었기 때문에 비로소 성공할 수 있었던 등정이었다. 겐로가 아니었다면 이 등반은 도저히 생각조차 할 수 없었다.

처음 올려다봤던 그때로부터 15년. 이 산을 생각했던 시간은 나에게 평생의 보물이 될 것이다.

시스파레사르 등정, 그 후

귀국 후, 케이 성묘를 갔다. 케이의 부모님도 달려와서 시스파레사르 등정을 기뻐해 주셨다. 나는 "지켜봐 줘서 고마워."라고 말하며 묘를 향해 합장했다.

그해 가을, 94년 시스파레사르에 두 번째로 등정한 고모노산악회의 대장이었던 마스이 유키테루와 만나기 위해 미에현에 있는 그의 자택을 방문했다. 등정에 성공하는 날 반드시 만나러 가겠다고 다짐했었다. 마스이 대장의 자택에는 커다란 시스파레사르의 사진이 비좁은 곳에 걸려 있었다. 마스이 대장의 인생에서도 시스파레사르는 소중한 산이었던 것을 바로 알 수 있었다. 시스파레사르에 관해서 이야기를 시작하자 마치 함께 베이스캠프에서 산을 바라보며 이야기를 나누는 것 같았다. 다음 날은 마스이 대장 자택의 뒷산, 고자이쇼다케산御在所岳*을 가족과 함께 산책했다. 이 산에는 등반 루트가 여러 곳 있어서 마스이 대장의 등반대도 이곳에서 트레이닝하고서 시스파레사르로 향했다고 한다. 감회가 새로웠다.

해가 바뀌어 2018년이 되어서도 와다 감독의 '시스파레사르'는 여전히 계속되고 있었다. 2월 초로 프로그램 방송 예정일이 결정되어 마무리 작업이 한창이었다. 나의 기억, 그리고 케이에 관한 것. 그녀는 마지막까지 진지하게 그리고 애정을 담아서 다큐멘터리 제작에 전념했다.

2월, NHK BS에서 「카라코람·시스파레사르 은령의 공백 지대에 도전하다カラコルム・シスパーレ 銀嶺の空白地帯に挑む」가 방송됐다. 지구상에 있는 무수히 많은 산 중 하나인 시스파레사르의 이야기가 많은 사람들의 심금을 울리고 기억에 남을 수 있게 된 것은 와다 감독의 역량 덕분이다. 이 프로그램의 반향은 컸고, 이후 몇 번이나 재방송됐을 뿐만 아니라 방송문화기금상의 장려상도 수상했다.

---

* 1,212m. 미에현 야스노쵸와 시가현 히가시오미시 경계에 있는 산.

베이스캠프에서 촬영하는 와다 감독

폴란드에서 열린 황금피켈상 시상식장에서. 시스파레사르 초등자 중 한 명인
레셰크 치히로부터 트로피를 받았다.

What's Next?

이 시스파레사르 등반으로 나는 두 번째, 겐로는 처음으로 황금피켈상을 수상했다. 2018년 가을, 시상식에 참석하기 위해 겐로와 나의 두 가족은 폴란드로 향했다. 식전에서는 한 시간 정도의 슬라이드쇼도 마련되어 우리는 많은 관중 앞에서 시스파레사르에 관해 이야기했다.

시상식에서는 1974년에 서독-폴란드 합동등반대의 대원으로서 시스파레사르에 초등했던 레셰크 치히Leszek Cichy가 등장해서 우리에게 황금피켈상의 트로피를 건넸다. 레셰크는 "40년 전의 등정으로 다음 세대에 새로운 테마를 제시할 수 있어서 자랑스럽게 생각한다."고 말했다. 레셰크에게도 시스파레사르가 둘도 없는 존재임을 알았다.

덤이 있었다. 일본으로 돌아가는 비행기가 기적적으로 시스파레사르 북동벽 바로 옆을 날아서 내가 인생을 걸고 오른 산과 재회할 수 있었던 것이다. 그리고 그때 나는 다섯 번째의 시스파레사르 산행이라는 새로운 꿈을 그렸다. 물론 등반이 아니다. 제2의 고향인 훈자에 가족과 함께 가서, 모두 함께 산기슭에서 시스파레사르를 올려다보는 꿈이다.

* 1951.11.14- . 폴란드 등반가, 금융인, 기업인. 1974년 시스파레사르를 초등했다.

네 번째
시스파레사르
등반(전체편)

essay ● 업무차 올랐던 에베레스트

나는 지금까지 세계 최고봉 에베레스트를 세 번 등정했다. 모두 카메라맨으로 올랐다. 나의 도전으로 에베레스트에 가겠다는 발상은 해 본 적이 없지만, 그래도 세계 최고봉에는 언젠가 올라가 보고 싶어서 기회를 노리고 있었다. 다행히 나는 등반가와 카메라맨을 겸직한 덕분에 그 기회를 잡을 수 있었다.

　나는 2008년과 그 이듬해, 일류 등반가들의 도전에 동행 촬영하는 형태로 8,000m 봉의 3좌에 모두 산소통의 도움 없이 등정했고, 고산 등반의 노하우도 어느 정도 알게 됐다. 에베레스트에서는 산소통을 사용하기 때문에 좀 편하게 행동할 수 있을 테니 뭔가 새로운 촬영 시도를 할 수 있지 않을까 기대하며 여러 가지 구상을 많이 했다.

　에베레스트로 가는 표를 처음 손에 넣은 것은 2011년, WOWOW의 다큐멘터리 프로그램을 촬영할 때였다. 프로그램은 수년 간의 등산 경험을 지닌 35세의 직장인 여성이 에베레스트 등정의 꿈을 실현하려고 네팔 쪽에서 도전한다는 내용이었다.

　에베레스트는 오랫동안 등반가만의 산이었지만, 상업 등반대의 참가로 해마다 문턱이 낮아졌다. 이미 고정로프가 정상까지 확실하게 설치돼 있었고, 고성능의 경량화 된 산소통, 믿을 수 있는 가이드와 셰르파, 정확한 일기예보 등

중국쪽에서 바라본 초모랑마(에베레스트). 8,848m

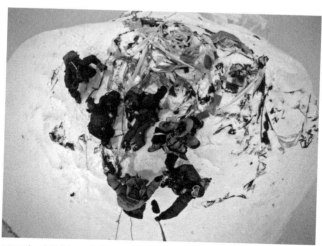

2011년, 에베레스트 정상에서

여러 가지 등산 환경이 갖춰지기 시작한 무렵, 아이젠이나 피켈을 처음 사용해 보는 사람도 등정하는 깜짝 놀랄 만한 현실이 당연한 시대가 됐다.

물론 자연환경이나 고도의 엄준함은 변함없었지만, 그 직장인 여성의 도전은 많은 역경을 이겨내고 마지막에 등정의 꿈을 이뤄낸 감동적인 것이었다. 나는 정상에서 3m 길이의 탐침봉(눈에 매몰된 사람을 찾는 긴 봉)에 소형 카메라를 부착하고는 위에서 아래로 내려다보이는 정상의 풍경을 기록했다.

두 번째는 80세 최고령 등정을 목표하고 있던 미우라 유이치로三浦雄一郎를 동행 촬영한 2013년이었다. 당시는 드론 촬영이 일반화되기 전으로, 드론의 성능은 아직 개선되지 않았고, 촬영하고 있는 영상을 동시에 손안에서 확인하는 것조차 불가능했기 때문에 기체의 전방에 부착한 카메라의 높이나 방향을 통해서 감각으로 촬영할 수밖에 없었다. 그러나 미우라를 프레임에 확실하게 담는 데 성공했고, 역사적인 등정의 순간도 촬영할 수 있었다.

이 산행은 나에게는 등정 이상의 추억을 만들어 줬다. 그것은 바로 남동릉 사우스콜South Col(7,980m)*의 고지대 식사다. 미우라가 "차라도 마시자."고 말하며 다기 세트를

---

* 에베레스트 원정대가 마지막 캠프를 치고 정상 정복의 기회를 노리는 장소.

What's Next?

2013년, 세계 최고령인 80세의 나이로 에베레스트에 등정한 미우라 유이치로를 영상으로 기록했다.

꺼내더니, 직접 말차를 끓이고 고급 양갱을 함께 내어놓았다. 그리고 저녁이 되자 미우라가 바랐던 데마키 초밥이 준비됐다. 식사 준비를 도우려고 부식 봉투를 열자 나온 것은 종이에 싸인 훌륭한 김에, 병에 담긴 홋카이도산産 고급 성게와 연어알이었다. 이곳이 극지라는 사실을 순간 잊어 버렸다. 텐트 속에는 홋카이도에서 캠핑이라도 하는 듯한 평화로운 시간이 흐르고 있었다. 나라면 병의 내용물을 지퍼백에 옮겨 가볍게 만들었겠지만, 굳이 병에 담아 오는 의미가 있다는 것도 깨달았다.

미우라의 성공은 괴롭고 어려운 환경을 즐거운 시간으로 바꾸는 천재이기에 얻을 수 있는 것이라고 생각한다.

그리고 세 번째는 2016년 미국등반대의 「히어로 프로

히말라야 드론 촬영

젝트THE HEROES PROJECT」에 동행했을 때였다. 전 세계
적으로 활약할 수 있는 카메라맨이 되는 것을 목표로 했기
때문에 그야말로 꿈이 이루어진 순간 이기도 하다. 언어 등
으로 인한 불안감은 있었지만, 내가 촬영한 결과물을 보면
분명 인정해 줄 것이라는 자신감이 넘쳤기 때문에 업무상
걱정은 전혀 없었다. 참고로 촬영 스태프는 나 혼자였다.

　　촬영 대상인 찰리는 아프가니스탄에서 지뢰 제거 중 폭
발 사고에 의해 한쪽 다리를 잃은 전직 군인이다. 그가 의

족을 찬 채 산을 오르는 도전이었다. 사실 이 프로젝트는 2014년부터 시작됐지만, 불운하게도 중국 쪽의 베이스캠프에 도착한 날, 네팔에서 일어난 지진에 의해 중단됐다. 다음 2015년에는 네팔 쪽에서 들어갔지만, 아이스폴에서의 세락 붕괴로 다수의 셰르파가 희생되면서 또다시 등반하기 전에 중단됐다. 이듬해 세 번째는 다시 중국 쪽에서 들어가는 것으로 변경하여 심기일전해서 정상을 노렸다. 등반은 모든 것이 잘 진행됐고, 중국 쪽에서의 시즌 최초 등정자가 됐다.

이때는 정상의 모양을 조금 더 높은 상공에서 촬영하고 싶었다. 정상에서 연을 띄워 그 실에 카메라를 고정해서 촬영할 수 있지 않을까 싶어 일본에서 연습하며 준비하고 있었다. 그러나 드론의 성능이 해를 거듭하며 개선되기도 했고, 세계 최초로 에베레스트의 정상에서 드론을 띄워 보자는 의욕에 불타서 연은 베이스캠프에 두고 갔다. 드론은 배터리가 저온이 되면 사용할 수 없기 때문에 나는 마지막 캠프에서 전날 밤부터 등정 일까지 품속에 소중히 지니고 있었다. 하지만, 하필이면 스태프가 드론 기체를 정상에 가져가는 것을 잊어 버리는 바람에 세계 최초의 시도는 이룰 수 없었다. 하지만 나로서는 중국 쪽에서도 등정할 수 있었고, 해외로부터 의뢰받은 촬영을 확실하게 완수할 수 있어서 너무 만족스러웠던 산행이었다.

앞으로 세계 최고봉과 또 어떤 인연이 생길지 기대된다.

essay ● 등산가로서가 아닌 일상

독신일 때는 자주 요리를 하던 편이다. 결혼 후에는 같은 메뉴가 식탁에 올라오지 않을 정도로 매일 변화하는 아내의 요리 덕분에 나는 주방에 들어갈 일이 완전히 없어졌다. 지금은 주말에 아이들이 있을 때 점심으로 야키소바나 라멘, 오코노미야키를 만드는 것이 내가 유일하게 주방에 들어가는 시간이다. 아이들이 즐거운 듯이 엄마에게 오늘 메뉴를 물어보는 것처럼 나도 매일 저녁을 기대하면서 "오늘은 뭐야?" 하고 묻는 게 입버릇이 됐다.

최근 원정길에서는 베이스캠프에 요리사를 고용하지 않고 스스로 요리를 하는 일이 많아졌다. 나는 적은 재료를 가지고 얼마나 사치스러운 요리를 만들 수 있는지 연구하는 것을 즐기지만, 그래도 재료가 빈약해지면 먹는 꿈을 꿀 정도의 정신상태가 된다. 그래서 멀리 떨어진 일본 우리 집의 저녁 식사 메뉴가 궁금해서 위성을 통해서 아내에게 물어보곤 한다. 삼치 조림, 두부무침, 초무침, 바지락 된장국 등 산에서는 절대로 먹을 수 없는 메뉴를 듣고 있으면 산의 환경이 얼마나 극한인지를 새삼 실감하게 되면서 오히려 파트너와 잠시 술렁이는 분위기 속에 대화하기도 했다. 아마 자학 행위의 으뜸일 것이다.

등산이라는 열악한 환경에 오랫동안 몸담고 있으면, 하는 일 하나하나가 거칠다고나 할까, 엉망이 되는 것 같다.

베이스캠프에서도 빨래는 직접하기 때문에 집에서도

오프시즌 가족들과의 한때

조금이나마 집안일을 도우려고 세탁물을 널기도 하는데, 장대를 닦지 않거나 빨래의 주름을 펴지 않아서 오히려 아내의 일만 늘리는 것 같다. 식후의 설거지도, 접시가 깨질까봐 "천천히 차라도 마시고 있어." 하며 부드럽게 거절당하는 상황이다. 아이의 숙제도 "아빠는 모르니까…."라며 나의 도움은 아예 받으려고 하지 않는다. 오델로Othello* 만큼은 지지 않을 거라며 분발하면 이길 수 없는 아이는 "재미없어."라고 한다.

이처럼 일상에서는 자랑할 만한 게 하나도 없는 듯하니이 정도로 마무리해야겠다.

---

* 클래식 보드게임. 두 사람이 안팎 흑백으로 된 원반 모양의 말을 번갈아 판 위에 놓아 자기 말로 사이에 낀 상대 말을 뒤집어 자기 색 말로 바꾸면서 말을 많이 딴 사람이 이기는 게임.

지금까지도 미등인 K2 서벽

넘어온 산, 앞으로 넘을 산

2015년, 아피산 남면의 베이스캠프에서

지금까지 성공한 산과 실패한 산이 나를 키웠고,
지금의 나를 만들었다.
앞으로 오를 산도 분명, 새로운 나를 만들 것이다.

K2 서벽의 정찰

네 번째 도전 만에 시스파레사르를 새로운 루트로 등정한 일은 스스로도 놀랄 만큼의 큰 성취감을 가져다줬다. 이 이상의 어려움을 추구한다면 결국은 죽음에 가까워질 것이다. 그 정도로 만족감에 도취했다.

그런데 귀국한 지 불과 몇 달만에 전부 불태웠다고 생각했던 열정의 용광로에 여전히 미약한 불씨가 남아 있다는 것을 깨달았다. 문득 '8,000m 산에서 저런 등반은 안 해봤네. 지금이라면 가능할까?'라는 생각이 들었다. 그 생각은 날이 갈수록 조금씩 부풀어 올랐다. 종종 '꿈의 파일'을 넘기다 보면 항상 손이 멈추는 곳은 K2 사진이었다.

그 K2를 지금의 나라면 어떻게 오를지 생각해 봤다. 힌트는 야마노이 야스시의 『수직의 기억垂直の記憶』(산과계곡사, 2004년)에 있었다. 히말라야 등반에서 탁월한 성과를 남긴

폴란드 등반가 보이테크 쿠르티카Voytek Kurtyka는 "K2 서벽은 알파인스타일로는 상당히 어렵고, 성공 가능성이 매우 작다."고 말했다. 그 미등의 K2 서벽을 직접 눈으로 보고 가능성을 찾아보면 어떨까.

지금까지의 경험으로, 다양한 각도에서 찍은 사진이 몇 장 정도만 있으면 그 산을 오를 수 있을지 어떨지 대략 알 수 있다. 어디가 핵심이고, 어떤 기술이 필요하고, 어떤 등반장비를 가져가면 좋은지도 알 수 있다. 머릿속에 떠올리는 것만으로도 등정 성공 여부를 높은 확률로 알 수 있다. 하지만 K2 서벽만은 그렇지 않았다.

2018년이 시작된 지 얼마 되지 않아 K2를 향한 나의 마음이 확고해졌다. 다만 조급하게 일을 추진하는 것은 피하고 싶었다. 우선은 정찰이다. 등반 허가를 얻지 않고 정찰만 한다. 오르고 싶어도 오를 수 없는 상황에서야 정말로 오르고 싶은 것인지 확인할 수 있을 것이다.

7월, K2 서벽 정찰 등산에 나카지마 겐로와 함께 나섰다. 이번에는 등산 허가 없이도 오를 수 있는 6,500m를 상한으로 정한 트레킹 허가를 신청했다. 출발지인 아스콜

* 1947.7.25- . 폴란드어 이름은 보이치에흐 쿠르티카Wojciech Kurtyka. 20세기 가장 위대한 등반으로 일컬어지는 1985년 가셔브룸4봉 서벽(빛나는 벽) 초등에 성공했으며, 2016년 황금피켈상 평생공로상을 받았다. 1980년경에 만들어진 폴란드 자유등반 등급시스템을 그의 이름을 따서 "Kurtyka scale"이라고 부르기도 한다.

얼음의 갈라진 틈에 고전하면서 사보이아빙하를 걷다.

Askole[*] 마을에서 K2의 베이스캠프까지는 7일간의 여정이
다. K2는 마지막 날에나 모습을 드러내지만, 그 대신 들뜬
마음을 가라앉히기 어려울 정도로 매력적인 산들이 우리를
매일 반겨 줬다.

    K2 베이스캠프에는 많은 등반대가 있었다. 거의 모든
등반대는 K2의 동쪽으로 돌아가지만, 우리는 사보이아빙
하Savoia Glacier에서 서쪽으로 향했다. 날씨가 좋지 않은 가
운데, 히든크레바스Hidden Crevasse[**]에 여러 차례 다리가 빠
지면서도 계속 나아가 정상이 보일 만한 장소에 텐트를 치
고 날이 개기를 기다렸다.

[*] 파키스탄 스카르두에서 약 85km 떨어진 외딴 마을.
[**] 눈으로 덮여 숨겨진 크레바스.

달빛에 비추는 K2 서벽. 루트 전체를 볼 수는 없었다.

    2일째, 사보이아빙하가 구름에 완전히 뒤덮인 저녁, 구름이 이동하자 서벽이 서서히 그 전체 모습을 드러냈다. 압도적인 크기의 서벽은 정상으로 곧장 이어져 있다. '실로 엄청난 것을 보고 말았구나.' 하는 생각이 들었다. 보게 된 이상 이제 되돌릴 수 없다는 각오를 산으로부터 강요받는 기분이 들었다. 그래도 K2의 미등 루트라면 세계적인 톱클래스 등반가가 동경하는 남겨진 과제일 텐데, 왜 지금까지 방치돼 있는 걸까. 쿠르티카의 말처럼 너무 어려워서일까. 지금도 조용히 남겨져 있는 이 과제에 가슴이 두근거렸지만, "유감스럽게도 지금 나의 체력이라면 올라가 봤자 겨우 반 정도까지."라고 겐로에게 말했다.

    남은 절반을 올라가는 데 부족한 것을 메우기 위해서는 훈련이 필요했다. 7,000m 후반의 나름 험준한 산 두 개를 오르려고 했다. 후보로 꼽은 게 라카포시(7,788m)와 티리치미르봉Tirich Mir Peak(7,708m)[*]이었다. 이 두 개의 산에서 4분의 1씩 메우는 것이 가능하다면 K2의 나머지 절반도 정복할 수 있을지도 모른다.

2018년 여름 K2 정찰에서 돌아오자, 다음 목표를 우선 파키스탄과 아프가니스탄에 걸쳐 있는 힌두쿠시산군의 최고봉 티리치미르로 정했다. 이 산도 2002년 여행 당시, 멀리서 바라본 후 그대로 뇌리에 박혔다. 7,800m 가까운 해발고도도 K2 준비로서는 최적이었다. 주봉과 동봉에 펼쳐져 있는 북벽에는 내가 좋아하는 등반을 할 수 있을 만한 미등 루트가 남아 있었다.

그러나 큰 문제가 발생했다. 15년 정도 전까지는 정상적으로 등반허가증이 나왔지만, 지금은 정치적인 문제로 막혀 있다고 현지 대행사로부터 연락이 온 것이다. 나는 지금까지 이런 고생을 한 적이 없었기 때문에 마지막에는 반드시 잘될 거라고 낙관적으로 생각하고 있었는데, 슬슬 비자를 신청하고 마지막 준비를 해야 할 시기가 됐는데도 등반허가증이 여전히 손에 들어오지 않았다. 마지막까지 티리치미르에 들어갈 가능성을 찾아봤지만, 결국 마감 시한까지 등반허가증은 나오지 않았다.

* 힌두쿠시산맥에서 가장 높은 산. 1950년 7월 21일 노르웨이 등반대가 초등했다.

또 다른 후보였던 산, 라카포시로 마음을 옮겼다.

라카포시

카라코람에서 11번째로 높은 산인 라카포시는 혼자에서 올려다본 봉우리들 가운데 '남겨둔 산'이었다. 다시 조사해 보니, 내가 만들었던 지도에는 이미 여러 개의 라인이 그어져 있었는데, 다뇨르계곡Danyor Valley에서 시작되는 남벽만은 공백이었다. 남벽의 상부는 길기트Gilgit 마을에서 떨어진 버스터미널에서도 보일 정도로 가까운데, 지금까지 오르지 않은 이유를 이 눈으로 확인하고 가능성을 찾을 필요가 있었다.

현지에 가서 확인한 것은 베이스캠프를 3,660m에, 그 어디보다도 낮은 지점에 설치해야 한다는 사실이었다. 7,000m 후반부터 8,000m급의 산이라면 4,500~5,500m의 장소에 베이스캠프를 설치하는 경우가 많다. K2라면 5,300m에서 정상까지의 해발고도 차이는 약 3,300m다. 라카포시는 4,000m나 된다. 이것이 꺼려 온 이유 중의 하나였을까. 그만큼 산에 머무는 시간이 길어져서 위험도 증가하지만, 반대로 K2를 대비하기에는 좋은 훈련이 될 듯했다.

문제는 루트인데, 라카포시 남벽의 자료는 거의 없고, 사진도 비행기에서 찍은 듯한 것을 유일하게 한 장 발견한 것이 전부였다. 그 사진을 본 바로는 어떻게든 성공할 것 같

라카포시 남벽 2019

드론을 띄워 촬영한 라카포시 남벽의 전경

등정 기록

1958년에 영국인 마이크 뱅크스 Mike Banks 대장과 대원, 파키스탄인으로 구성 된 등반대가 남서쪽 스퍼 spur에 루트를 개척해 초등했다.

은 느낌이 들었지만, 실제 올라가 보지 않으면 알 수 없다.

6월 16일, 베이스캠프 입성. 지금까지의 베이스캠프는 삼림한계선을 훌쩍 넘어 있어서 동식물을 발견하는 일이 거의 없었는데, 이곳에는 초목이 자라서 생기가 느껴졌다. 생명의 냄새가 났다. 아직 저 밑에 있는 세계와 연결된 장소라는 기분이 들어 정상이 더 멀게 느껴졌다.

일기예보를 들어보니, 이곳 날씨가 며칠 동안은 좋지만, 그 후 일주일 정도 비나 눈이 내릴 거라고 했다. 이 좋은 날씨를 놓칠 수 없어서 곧바로 2박 3일을 지낼 수 있도록 준비해서 고소적응과 정찰을 위해 상부로 향했다. 원활하게 고도를 높일 수 있었지만, 데브리debris(눈사태의 도달점에 퇴적된 눈)와 낙빙지대를 통과해야 하는 장소는 신중을 기했다. 루트로 노리고 있었던 가지능선 연결 부근의 4,500m에서 1박을 했다.

그 후 루트는 서서히 능선 모습으로 바뀌어 눈사태의 위험에서 해방됐지만, 상부에 있는 세락의 붕괴 규모에 따라서는 직격 당할 수도 있어서 조심해야 했다. 5,900m에서 두 번째 밤을 보냈다. 춥고 조용한 밤, 길기트의 야경이 바로 눈앞에 펼쳐졌다. 다음 날은 6,100m까지 이르러 고소적응과 하단부의 정찰을 마치고 베이스캠프로 돌아왔다. 예보대로 다음 날부터는 비와 눈이 6일 동안 계속 내렸다.

7일째에는 오랜만에 날이 개어서 노리고 있는 벽이 보

였지만, 눈이 수북하게 쌓여 있었다. 태양 빛이 벽에 닿자, 눈사태의 굉음이 계곡 사이로 메아리치며 베이스캠프까지 들려 왔다.

어느덧 등반 시즌이 얼마 남지 않게 됐다. 등정 기회는 단 한 번뿐이었다. 일기예보에서 앞으로 이틀하고 반나절은 구름이 끼고, 다시 이틀 동안 눈, 그 후로는 대망(待望)하는 푸른 하늘이 나온다고 했다. 그날에 모든 것을 걸기로 했다. 즉, 3일 후 눈이 내리기 전에 눈사태의 위험이 다분한 하부를 통과해서 가능한 한 상단부에 텐트를 치고, 날씨가 좋아지길 기다렸다가 정상을 노린다는 작전을 세웠다. 6박 7일분의 식량과 연료를 배낭에 넣고 베이스캠프를 출발했다.

1주일 만에 찾은 라카포시에는 눈사태나 세락 붕괴의 흔적이 늘어나 있었다. 데브리의 위는 꺼림칙한 기분이 들어서 서둘러 빠져 나갔다. 단번에 눈의 능선을 나와서 5,200m에 작은 구덩이를 파고 1캠프를 설치했다. 2일째는 오로지 러셀만 하면서 기어이 1,000m를 올랐다. 눈의 능선에서 설벽으로 바뀌는 6,200m에 2캠프를 설치했다. 3일째에 드디어 남동릉으로 오른다. 지금까지 숨어 있던 북동면의 경치가 단숨에 펼쳐지면서 디란과 쿠냥츠히시가 보였다. 남동릉 위에서도 러셀을 했지만, 예보보다 날씨가 좋아서 다행이었다. 600m 정도 고도를 높이고, 6,800m에 3캠프를 설치했다. 저녁부터는 예보대로 눈구름이 하늘을 뒤덮으며 악천후를 예고했다.

라카포시 베이스캠프에서 산 정상까지 4,000m의 긴 등반이 계속된다.

1캠프에서 2캠프 사이의 빙설벽을 오르다.

그 후 이틀간은 눈이 내려서 텐트가 묻히지 않도록 여러 차례 제설 작업을 하면서 좁은 텐트 안에서 대기했다. 이 훈자 주변의 기상 조건은 매우 복잡해서 지금까지 좋은 날씨일 때 정상에 서 본 적이 없었다. 악천후가 언제 끝날지 확신할 수 없었기 때문에, 애초에 밥 1인분을 절반으로 계산해서 경량화했지만, 그것을 다시 절반으로 줄여 예기치 못한 사태에 대비했다. 일몰 직전에 서서히 구름이 흩어지더니 저녁노을에 물드는 디란이 보였다. 2013년에 디란에서 같은 광경의 라카포시를 보았던 기억이 선명하게 떠올랐다. 그 당시에는 다음 날 쾌청했는데, 과연 이번에는…?

이튿날 새벽 4시, 눈이 그치고 바람 한 점 없는 하늘은 별천지였다. 이곳을 마지막 캠프로 삼아 정상까지 남은 1,000m를 한 번에 오르기로 했다. 특별히 어려운 곳이 없어서 오로지 러셀을 해서 나아가면 됐다. 겐로와는 최근 수년간 큰 산을 함께 올랐는데, 해를 거듭할수록 믿음직스러워지고 있다. 깊은 눈은 우리에게 마지막까지 시련을 줬다. 기진맥진한 끝에 정상을 앞두고 짧은 능선으로 나왔다. 그 앞에 정말 조금 높은 정상이 있다. 그 10m 바로 앞에서 겐로가 "대단한 경치네요."라고 말하며 돌아서더니, 나를 먼저 정상으로 올려보냈다.

이번 등산에서 가장 쾌청한 날 정상에 섰다. 태양 빛이 이렇게 반가울 줄이야. 360도 돌아볼 때 시야를 방해하는 것은 없었다. 아래를 내려다보니 나에게 제2의 고향인 훈자

라카포시 등반

라카포시 정상에서 디란, 스팬틱, K2 방면의 파노라마

가 보였고, 그 안쪽으로는 시스파레사르가 이쪽을 향해 미소 짓고 있는 것 같았다. 2년 만의 재회였다. 그리고 다음 목표인 K2가 저 멀리 지평선으로부터 뛰쳐나올 듯이 유난히 높이 솟아 있었다. 우리는 마음 편히 정상을 떠났다.

그리고 이틀 뒤 낮에 베이스캠프로 무사히 돌아왔다. 스태프인 아람과 압살은 멀리 하산하고 있는 우리의 모습을 발견하고는 베이스캠프에 피어 있는 꽃을 따서 축하의 꽃다발을 만들어 우리에게 안겨 줬다.

이 라카포시 남벽 초등으로 나는 세 번째 황금피켈상을 수상했다. 코로나19 상황에서 현지에는 가지도 못하고 영상 메시지만 받은 쓸쓸한 수상이었지만, 우리를 대신해 트로피를 받아준 여성을 보고 깜짝 놀랐다. 내가 태어난 해,

무사히 하산하여 축하의 꽃다발을 받았다.

1979년 라카포시에 등정했던 폴란드인 안나 체르빈스카 Anna Czerwinska*라고 소개된 여성을, 19년 전인 2001년 학생일 때 초오유 상업공모대에서 만난 적이 있었기 때문이다. 그때 나는 라카포시라는 산 이름조차 몰랐었는데, 오랜 시간이 지나 라카포시가 이런 인연을 만들어 준 것 같아 훈훈한 기분이 들면서 너무나 기뻤다.

또 다시 동상에

전 세계를 공황에 빠뜨린 코로나19 때문에 일본을 떠날 수

---

* 1949.7.10-2023.1.31. 2000년 50세에 에베레스트를 등정하며 당시 최고령 여성 등반가로 기록됐다. 8,000m 이상 봉우리를 9개 올랐으며, 마터호른, K2, 낭가파르바트 등의 산들에 관한 책을 저술하기도 했다.

사미사르 / 카룬코

2022년, 고소적응차 등반한 5,630m의 야영지에서 본 카룬코(오른쪽)와 사미사르

등정 기록

사미사르: 2015~2016년 후쿠오카산악회(대장 와타루髙峯 涉)가 처음 도전했으나 성공하지 못했다. 2021년, 히라이데 카즈야-미토로 다쿠야 등반대가 초등했다.

카룬코: 1984년 영국등반대(대장 C. 보닝턴 외 4명)의 패퇴 직후 입산한 오스트리아등반대가 같은 남서릉으로 초등에 성공했다.

없었고, K2 등반 준비는 라카포시 등반 이후 중단된 채 2년이 지났다. 전혀 활동할 수 없었던 2년간의 공백을 메우고, 재시동을 걸 산을 모색하던 중에 떠오른 것이 카라코람의 카룬코산Mount Karun Koh*이다. 시스파레사르를 등반할 때 계곡을 끼고 북동쪽으로 항상 크게 보였던 6,977m의 산이다. 이번에는 반대로 그 산에서 시스파레사르의 웅장함을 보고 싶었다. 1984년 오스트리아등반대가 서벽으로 초등한 이후 도전한 기록은 없다. 지도의 등고선이 조밀한 북벽이 멋진 도전의 무대가 될 것 같았다.

이 지역을 조금 더 넓게 조사하다가 카룬코 북쪽 4km에 있는 6,032m짜리 미등봉을 2015년과 2016년에 일본 등반대가 도전했던 기록을 발견했다. 대원에게 불의의 사고가 있어서 등정까지는 이르지 못한 것 같았다. 지인을 통해 당시 등반대장과 연락이 닿았다. 나는 미등봉을 발견해 처음 도전한 사람의 의사를 존중해야 한다고 생각하기 때문에, 그에게 앞으로 재도전할 생각이 있는지 물어봤다. 그럴 의사가 있다면 나는 끼어들면 안 된다. 대장으로부터 "앞으로 도전할 생각이 없으니 부디 등정에 성공하십시오."라는 회신을 받았다. 나는 미등 루트는 여러 번 올랐지만, 미등봉에 등정한 것은 쿨라캉리 동봉과 도르쿤무즈타그뿐이다. 등정하지 못해서 너무나 유감이었다는 대장의 말에 우선 이

---

* Karun Kuh로 표기하기도 한다. 높이가 7,350m로 기록된 자료도 있다.

12월 추운 시기의 등반은 처음이었다. 강은 얼어붙었고 물은 흐르지 않았다.

미등봉에 오르겠다는 뜻을 전했다. "신중하게 올라 보겠습니다."라고 전하고, 카룬코와 함께 이 미등봉의 등반 허가를 신청했다. 계절은 겨울에 가까워졌지만, 언제가 될지 모르는 K2 등반을 위해서라도 이 새로운 도전을 제대로 해 내고자 마음을 단단히 다졌다.

2021년 12월 3일, 이번 파트너 미토로 다쿠야와 함께 파키스탄으로 향했다. 코로나로 발이 묶인 지 2년 만의 해외원정이었다. 공항에서 PCR 검사를 하고, 증명서를 받았다. 비행기에 올라 타기 직전까지 정말로 출발할 수 있는 것인지 불안했지만 무사히 탑승이 개시되어 안심했다. 고향으로 돌아가는 비행기를 탄 느낌이었다.

그리고…, 먼저 결과부터 말하자면, 12월 7일에 미등봉 6,032m에 등정했지만, 나는 발가락에 동상을 입어 헬

What's Next?

리콥터로 길기트의 병원에 후송됐다. 다시 이슬라마바드의 병원에 1월 4일까지 입원한 후 5일에 귀국했다. 그 후, 쉬블링에서 얻었던 동상에 이어서 발가락 세 개의 괴사 부분을 제거하는 수술을 받았다.

등반 여정을 간략히 정리하면 다음과 같다.

5일 심야에 이슬라마바드에 도착해서 길기트행 국내선으로 환승했다. 다시 차를 타고 훈자로 이동했다. 이번에는 겨울철이라 베이스캠프에 요리사를 두지 않고 직접 요리하게 돼서 조리용 큰 프로판가스와 채소, 고기를 샀다.

8일에 카라코람하이웨이의 파키스탄 쪽 마지막 마을인 소스트Sost로 이동해서 최종 준비를 마치고, 10일에 입산했다. 다음 날, 카룬코와 미둥봉을 올려다보면서 우나킨이두르계곡Unakin-i-Dur Valley을 지나 해발고도 4,200m의 베이스캠프에 도착했다. 사다에게 카룬코의 의미를 물으니, 현지 말로 '화난 산'이라고 했다. 베이스 텐트를 설치한 후 짐꾼들은 하산했다. 미토로와 둘만의 시간이 시작됐다.

12일, 미둥봉을 향해서 출발. 일본등반대로부터 정보를 받았기 때문에 시간 낭비 없이 고도를 높여 갔다. 5,150m에 텐트 설치. 눈앞에 미둥봉의 전체 모습이 보여 루트를 찾아봤지만, 역시 일본등반대가 움직였던 북릉을 경유하는 루트가 확실하고 안전한 듯했다. 입산하고부터 매일, 영하 20도 안팎의 추운 날이 이어지고 있었다.

13일, 아침부터 바람이 강하더니 날씨가 점차 악화됐다. 고소적응을 위해 북릉 직전의 플라토 5,550m까지 올라, 로프 등을 묻어 두고 단번에 베이스캠프까지 내려갔다. 미토로의 손가락이 가벼운 동상에 걸렸다. 이것이 산으로부터의 첫 번째 신호였다. 이때 좀 더 신중하게 받아들였어야 했다는 후회가 남는다.

14~15일, 악천후 때문에 휴식을 겸해서 베이스캠프에서 체류했다. 산은 전혀 보이지 않았다. 사 온 채소는 속까지 전부 얼어 있었다. 오후에는 맑은 하늘이 보이기 시작하더니 날씨가 점차 좋아졌다. 내일부터 시작될 서미트푸시 Summit Push*를 위해 3일분의 식량과 등반장비를 준비했다. 이날도 역시 추워서 제대로 잘 수가 없었다.

16일, 지난번 캠프지에 묻어 둔 장비를 회수하면서 다시 고도를 높여 5,700m에 텐트 설치. 추워서 잘 수가 없다. 몇 시간마다 탕파湯婆**를 다시 데워 쓰거나 마사지를 해 봤지만, 차가워진 몸은 따뜻해지지 않았다.

17일, 등정일. 어둠 속을 헤드램프로 밝힌 채 루트를 확인해 가며 북릉으로 나갔다. 일본등반대는 여기에서 대원 한 명이 동쪽으로 뻗은 눈처마를 밟아 사망했기 때문에 최대한 조심하면서 나아갔다. 기온은 영하 30도를 밑돌고, 강

---

* 정상을 목표로 하는 것을 예전에는 영어로 '어택Attack'이라고 불렸으나, 현재는 '서미트푸시'로 바꿔 부른다고 한다. 의미적으로는 '정상을 오르는 것은 공격하는 것이 아니라, 정상을 향해서 스스로 밀어 올리며 간다'는 의미를 나타낸다.

** 뜨거운 물을 넣어서 그 열기로 몸을 따뜻하게 하는 기구.

What's Next?

영하 30도를 밑도는 혹한 속을 오르다.

한 바람이 체감온도를 더욱 떨어뜨렸다. 핵심이기도 한 정상 바로 아래의 설벽은 20cm 정도 쌓인 눈 밑에 얼음이 있는 불안정한 상태였다. 7피치나 루트를 연장해서 드디어 정상에 도달했다. 눈처마가 뻗어 있는 곳을 조심하면서 나아가, 12시 45분에 등정. 기쁨보다도 설벽에서의 하강이 불안하고 염려됐다.

얼음에 구멍을 뚫어 지점을 만드는 '아발라코프 Abalakov(V자 관통법)*'라는 방법으로 하는 설벽에서의 하강은 섬세한 손재주 기술이 필요한데, 추위와 피로 때문에 손가락으로 하는 작업이 매우 힘들었다. 실수로 죽지 않기 위해서는 100% 완벽하게 조작해야 했기 때문에 손가락이 아

* 빙벽등반 시 지점을 만드는 확보기술로, 이 방법을 고안한 러시아인 발명가이자 등산가인 비탈리 아발라코프Vitali Avalakov의 이름에서 유래.

미등봉 6,032m 등정. 산꼭대기까지는 완벽했지만….

베이스캠프에서 병원으로 급히 헬리콥터를 타고 향했다.

What's Next?

플 정도로 차가웠지만, 패딩 벙어리 장갑을 벗고 신중하게 작업했다.

텐트로 돌아와 차가워진 다리를 따뜻하게 하려고 신발을 벗자, 발가락이 검게 변색돼 있었다. 동상의 정도는 판단할 수 없었지만, 다음 날 부종과 수포 등으로 신발도 신을 수 없는 상태가 될 것으로 예상됐기 때문에 어둠을 무릅쓰고 베이스캠프까지 단번에 내려갔다. 그리고 일본산악회에 연락해서 다음 날 베이스캠프로 와 줄 헬리콥터 구조대를 수배해 달라고 의뢰했다.

18일, 침낭 덕분에 따뜻해진 발가락과 손가락에는 물집이 생겼다. 언제 헬리콥터가 오더라도 바로 떠날 수 있도록 아침부터 서둘러 정리를 해 둔다. 정오가 지나 계곡의 하류에서 헬리콥터 두 대가 날아왔다. 이 헬리콥터를 타고 병원에 가서 조속히 치료받는 것이 지금 할 수 있는 최선책이란 것을 알고 있었지만, 이걸로 이제는 등반가로서 끝나 버리는 건 아닌지 머릿속에서 이런저런 생각이 뒤엉켰다.

19일, 길기트의 군 병원으로 이송되어 링거를 맞고, 환부를 치료했다. 밤에 수술실로 갑자기 끌려갔다. 위생상의 염려 때문에 수포를 자르지 말라고 호소했지만, 피로와 혼란, 자포자기하는 심정이 겹치며 저항을 그만두었다. 물집이 차례로 제거되는 것을 그저 멍하니 바라보고 있었다.

정신적 착란상태에서 몇 시간을 보냈다. 짓눌릴 것 같은 기분으로 침대에서 천정을 몇 번이나 바라보았던가. 아

사미사르 등반

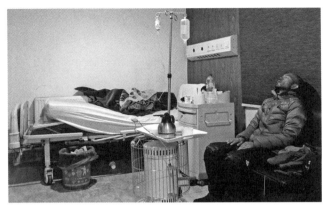

길기트와 이슬라마바드의 병원에 입원. 파키스탄에서 설날을 보낼 것이라고
는 예상하지 못했다.

직 현실을 받아들이는 것도, 이번 등반을 회고하는 것도 하
지 못한 채 길기트에서의 입원은 21일까지 이어졌다.

　22일, 이슬라마바드의 병원까지 육로로 하루 걸려 이
동. 그날부터 다시 입원 생활이 시작됐다. 매일 같이 링거와
환부의 거즈를 교체했다. 그러는 동안, 산의 정보를 준 일본
의 등반가로부터 등정을 축하한다는 인사를 받고, 더불어
눈처마를 밟아 사망한 사람은 대원인 사미 울라칸Sami Ulla
Khan이란 분이라는 것을 알게 됐다. 그래서 올랐던 미등봉
을 사미 대원의 이름과 '산'이라는 뜻의 '사르Sar'를 붙여서
'사미사르Sami Sar*'라고 이름짓기로 했다.

* 2022년 미국산악회 연감 AAJ에 나카지마 겐로가 작성한 등반보고서가 수록됐
다.

1월 4일 귀국 후, 9일까지 감염 위험에 대비하기 위해 격리시설에서 머물렀다가 다시 15일까지 자택 대기. 그 후 2월이 되어서야 수술을 받았다.

재기, 다시 재기한 산, 카룬코

수술하기 전에는 너무나 괴로운 날들을 보냈다. '은퇴…'라는 말도 머릿속에서 어른거리고 있었다. 그런데도 이상하게 발가락에 부담이 가지 않는 에어로바이크aero bike를 필사적으로 밟으며 훈련하고 있었다.

수술 결과, 괴사한 부분이 내 몸에서 모두 떨어져 나가서 안도했다. 그리고 2005년 쉬블링에서 동상에 걸렸을 때 만들었던 '동상 일정표'를 오랜만에 펼쳐 봤다. 그 일정표가 설마 나 자신을 위한 것일 줄이야. 일정표를 보고 복귀까지의 시간을 파악해 보니 이번 여름은 무리더라도 가을 정도에는 어쩌면 복귀가 가능할 수도 있다는 생각이 들었다.

상처 회복은 예상보다 빨라, 수술한 지 두 달 만에 신발을 신고 달릴 수 있을 정도가 됐다. 처음에는 어색하고 달릴 때마다 피가 섞인 물집이 생겼지만, 20km 정도를 정상적으로 달릴 수 있게 되기까지 그리 오래 걸리지 않았다.

이번 동상 부상으로 새삼 깨닫게 된 것이 있다. 지금까지 나의 등산 인생은 성공과 실패의 반복이었고, 그 실패를 가치 있는 실패로 바꿔 간 끝에 성공이 됐다는 것. 사미사르

내가 남겨 두었던 산, 카룬코와 다시 마주하다.

에서의 실패도 그렇다는 것을 스스로 증명하고 싶었다.

　　나는 이 부주의를 '부상의 교훈'으로 삼을 수 있게, 다시 한번 그 장소, 카룬코에 돌아가 남겨 둔 숙제를 끝내자고 결심했다. 실패의 기억을 성공의 기억으로 덮어쓰기 위해서라도.

　　2022년 8월, 나카지마 겐로와 함께하는 카룬코로의 여행이 시작됐다. 길기트와 훈자에서 지난해 동상으로 신세를 졌던 분들과 재회했는데, 그들은 이렇게 단기간에 산으로 복귀할 수 있었던 것에 매우 놀랐다.

훈자에서의 아침을 라카포시의 아침노을과 함께 달리는 것으로 시작했다. 항상 그렇게 했다. 계절은 여름에서 가을로 조금씩 옮겨 가고 있었다. 살구의 계절은 끝났지만, 길가에는 새빨간 사과가 여물어 가지를 늘어뜨리고 있었다. 아직은 자연의 혜택을 받을 수 있을 것 같았다. 가을이 깊어지고, 기온이 뚝 떨어지기 전에 등산을 끝내고 싶어졌다.

작년에 묻어 두었던 장비가 들어 있는 더플백의 지퍼를 여는 순간, 8개월 전의 악전고투가 어제 일처럼 되살아났다. 끝부분이 둥글게 깎인 아이젠을 보고는 단단해서 고전했던 얼음이 눈앞에 떠올랐고, 두꺼운 다운점퍼에서는 추워서 몸속까지 얼어붙어 잠 못 이루던 하룻밤이 떠올랐다. 안타깝게도 그건 괴로운 기억 그 자체였다.

고소적응을 위해 시스파레사르의 강 건너에 있는 아브테가르ァブテガル 4,800m 높이에 1박 2일로 올랐다. 겐로와의 파트너십이 시작된 곳이기도 한 시스파레사르가 선명하게 보였다. 두 사람 모두 저 산에서 일어났던 수많은 일들을 머릿속에서 되돌아보고 있었다. 그리고 앞으로 향하는 카룬코에 관한 것도 여러 가지 이미지를 떠올리고 있었다. 산의 마지막 마을인 소스트까지 차로 이동했다.

카룬코는 소스트 마을에서 동쪽으로 15km 떨어진 곳에 있으며, 카룬코산군Karun Kho Subgroup의 최고봉이다. 등산 역사를 되돌아보자. 1983년, 오스트리아의 로베르트 샤워Robert Schauer, 독일의 칼 훕Karl Hub과 파키스탄인 두 명으로 이루어진 합동등반대가 파수의 북쪽 마을 모르쿤 Morkhun*에서 입산. 남서릉으로 시도했지만, 악천후로 인해 해발고도 6,000m에 도달하지 못하고 철수했다. 1984년, 크리스 보닝턴Chris Bonington 대장 외 4명으로 구성된 영국등반대가 이전 해에 올랐던 등반대와 같은 루트로 등반하다가 단단한 얼음에 막혀 미지의 동벽으로 루트를 바꿔 등반했지만, 동릉에서 북릉, 다시 남서릉을 올라 본 것으로 끝났다. 같은 해, 조금 늦게 네 명으로 구성된 오스트리아등반대가 입산해서 남서릉으로 초등에 성공했다. 이후 도전 기록은 없었다. 우리가 노리는 것은 북서벽이었다.

우나킨이두르계곡의 베이스캠프까지는 잘 아는 길이다. 짐을 옮겨주는 짐꾼과 함께 트레킹을 시작했다. 지난번에도 신세를 졌던 사다를 비롯해 아는 얼굴이 많아서 기뻤다. 걷기 시작한 지 얼마 되지 않아 천연 온천이 샘솟는 노천탕에 들어갔다. 43도로 조금 뜨거웠지만, 느긋하게 자연의 선물을 즐겼다. 이 산에서 발가락을 다쳤지만, 다시 이렇게 이 산이 주는 선물에 위로받았다. 아직 얼어붙어 있던 내 마음 깊은 곳을 녹여 주는 듯했다. 빙하로부터 흘러나오는 차가운 강을 몇 번이나 건넜다. 나는 동상에 걸린 발가락이 걱

---

* 알파벳으로 Morkhun, Moorkhun, Morkhoon 등 다양하게 표기되며, AAJ 1983년 등반보고서에는 Murkhan으로 기록되기도 했다. 훈자 지역 카라코람하이웨이 부근에 있는 마을로, 아래로는 파수, 위로는 소스트 마을이 자리하고 있다.

몇 번이고 걸어서 강을 건너는 힘든 트레킹

헬리콥터로 구조된 장소에 내 발로 돌아올 수 있었던 것만으로도 나에게는 성공이었다.

정돼서 신발을 벗지 않고 그대로 건넜지만, 그래도 역시나 차갑고 아팠다. 지난번에는 겨울이었기 때문에 강물이 얼어붙어 편하게 통과할 수 있었다.

이 주변에는 눈표범, 바랄bharal[*]이나 아이벡스ibex[**] 등 희귀동물이 많이 서식하고 있다. 겨울이 되면 동물도 추위를 피해 고산지대에서 내려오는데, 이 시기에는 합법적으로 사냥이 이루어지고 있다. 이 길 중간에는 사냥꾼들을 위한 돌집이 널려 있는데, 우리도 그곳을 사용하면서 3일간의 여정으로 베이스캠프에 도착했다. 헬리콥터로 구조됐던 괴로운 기억이 남아 있는 장소다. 여기서 짐꾼들은 하산하고, 지난번처럼 겐로와 둘만의 생활과 등반이 시작됐다.

날씨는 안정됐다. 즉시 고소적응과 정찰을 하기 위해 출발했다. 카룬코가 바로 정면으로 보이는 5,630m에서 1박하고, 북서벽을 쌍안경으로 정찰했다. 겐로는 고산병으로 고생했지만, 그런 모습도 3년 만이어서 그런지 뭔가 좀 그리웠던 것 같다. 한밤중에 구토를 한 번 했지만, 그 후에는 잘 잤던 것 같다.

베이스캠프로 돌아와 휴식을 취한 뒤, 다시 향한 곳은 남서릉의 최저 안부鞍部[***]였다. 북서벽 핵심부 근처에서의 정

---

[*] 히말라야 고지대에 서식하는 야생양. 티베트 야생양, 블루쉽blue sheep이라고도 한다.
[**] 고산지대의 눈이 있는 곳에서 서식하는 야생염소. 뒤로 뻗은 두 개의 커다란 뿔을 지니고 있다.
[***] 산 능선의 일부로, 낮게 움푹 들어가 말의 안장 모양으로 된 곳이다.

찰, 북서벽 등정 후의 하산 루트로 생각하고 있는 남서릉의 정찰, 그리고 6,000m까지의 고소적응이 목적이었다. 원활하게 북서벽의 아래쪽까지 도달했고, 그곳에서 북서릉의 안부로 나아갔다. 능선에 가까워진 6,000m 부근에서 북서벽의 핵심부와 눈높이가 같아졌다. 찬찬히 관찰했지만, 과연 기술적으로 핵심부를 돌파할 수 있을 확신이 서지 않았다.

1,800m를 더 올라 능선에 들어서자 단번에 시야가 넓게 펼쳐졌다. 멀리 K2를 비롯해 비아포빙하Biafo Glacier와 히스파빙하Hispar Glacier의 8,000m에 가까운 거대한 산들, 라카포시나 시스파레사르 등 훈자 주변의 산이나 바투라산군Batura Group이 어느 것에도 가로막히지 않고 눈앞에 펼쳐졌다.

카룬코는 이 지역에서 해발고도가 가장 높고 홀로 우뚝 솟아 있는 특이한 산으로, 장관을 이루고 있다. 이것도 위대한 등산가인 보닝턴이 이 산에 홀린 이유 가운데 하나일까.

다음 날 그 남서릉 상단부를 정찰해 보니 눈덩어리가 잘려 있거나, 통과해야 하는 쿨르와르에 큰 눈사태가 발생해서 하산로로 이용하기에는 매우 위험하다고 바로 판단할 수 있었다. 안전한 하산로라면 북서벽의 등반에 집중할 수 있고, 정신적으로 상당히 도움받을 수 있는데…. 아쉬운 마음을 안고 베이스캠프로 내려갔다.

안정됐던 날씨가 차츰 변하더니 내리막길에서 눈이 내

카룬코 등반에서는 주방 텐트가 나의 침실이었다.

북서벽에 붙기 직전에 날씨가 악화되어 베이스캠프 주변은 온통 새하얗게 변했다.

What's Next?

렸다. 베이스캠프에도 처음으로 얼음이 얼었다. 눈이 전혀 없었던 베이스캠프에도 10cm 정도 눈이 쌓였기 때문에 벽에는 더 많이 쌓였을 게 분명했다. 날씨가 좋아져서 벽에 햇빛이 들고 눈이 안정될 때까지 조금 오래 머물게 될 것 같다.

며칠 후 날씨가 회복되자 겐로가 안절부절 못하며 "내일은 나갈 수 있지 않을까요?" 하고 물었다. 오랜만의 원정으로 초조해하는 모습이 엿보였다. 마치 지난번 사미사르에서의 나 같았다. 지금이야말로 그 실패를 복수할 때다. 초조해하는 겐로를 진정시키는 것이 등반을 안전하게 성공할 수 있는 열쇠라는 생각이 들어서 밖으로 데리고 나와 산책하며 느긋하게 시간을 보냈다.

이번에도 요리사가 없었기 때문에 조금 부담되기도 했지만, 먹고 싶은 것이 있을 때 바로 먹을 수 있는 건 좋았다. 더 좋았던 점은 요리를 하면서 나눈 대화 속에서 갑자기 툭 튀어나오는 루트에 대한 불안한 마음 등을 공유하면서 점차 같은 시선으로 카룬코를 보게 된 것이다.

겐로가 살짝이 승리의 포즈를 취하다

춥고 조용한 아침이었다. 마지막 기회라는 마음으로 출발했다. 북서벽의 기단부까지는 익숙한 길이다. 전날의 강설로 온통 새하얗게 변했지만, 정찰 때 쌓아둔 이정표인 케른

카룬코 북서벽 기단부. 1캠프로 향하다.

카룬코에서 부활의 손짓을 느끼다.

을 따라서 산의 품속으로 들어갔다. 올려다본 북서벽에서는 끊임없이 분설눈사태가 떨어지고 있었다. 대략 한 가운데에 있는 핵심부는 눈사태나 낙석이 모이는 협곡과 같은 형상을 하고 있었는데, 올라갈 때 큰 것이 오게 될 경우를 상상하니 소름이 끼쳤다. 내일은 태양이 내리쬐는 열 시 반 전에는 핵심부를 빠져나가야 한다고 겐로에게 이야기했다. 안전한 장소에 땅을 고르고 1캠프(5,200m)를 설치했다. 한 시간 정도 상단부 루트를 정찰했다.

드디어 핵심부로 향하는 날, 하늘에는 강풍이 불었다. 예상과 달리 아침부터 분설눈사태가 빈발했다. 벽은 아래쪽부터 바로 경사가 심해졌지만, 바일이 잘 박혀서 좋은 상태였다. 10m 정도의 길이로 로프를 묶고, 동시에 오르는 평소 스타일로 속도를 유지했다.

핵심부의 아래까지 오르자, 정찰에서는 한 번도 확인할 수 없었던 한 줄기의 얼음이 드리워져 있었다. 예기치 못한 선물이었다. 그 수직의 얼음에서 겐로가 로프를 끌고 갔다. 계속해서 쏟아지는 분설눈사태에 휩싸여 눈투성이가 되면서도 과감하게 나아가는 겐로의 모습은 힘이 있어서 어딘가 기쁜 듯이 보였다. 기적적으로 연결되어 있던 얼음에서 핵심부를 빠져나올 수 있었고, 우리는 다음 문을 열 수 있었다.

정상까지는 1,000m를 남겨 두었기 때문에 금방 텐트를 칠 수 있을 것 같은 장소를 찾았다. 정찰로 남서릉의 하강이 위험하다는 것을 알고 있었기 때문에 우리는 이 벽을 그대로 하강할 예정이다. 결국 내일은 텐트를 남겨 두고 가벼운 짐만 가지고서 정상을 왕복할 것이기 때문에 무리해서 고도를 올릴 필요가 없었다. 눈과 얼음을 깎고, 한 시간 정도 노력해서 겨우 한 사람 정도 들어갈 장소를 만들어 냈다. 텐트의 일부가 공중에 떠 있는 것은 늘상 있는 일이다. 6,200m에 2캠프를 설치했다. 태양은 지평선에 가까웠지만, 해가 지기 전에 따뜻한 햇빛을 우리에게 뿌리면서 북서 벽과 우리의 작은 텐트를 주홍빛으로 물들여 갔다. 산과 하나가 된 행복한 한때였다.

산 정상까지는 앞으로 800m. 드디어 이날이 왔다. 구름이 평소보다 많았던 탓인지 복사냉각의 영향이 적어 그다지 춥지 않은 아침이었다. 행동식 정도의 짐만 가지고 출발했다. 빙판의 경사면을 동시 등반으로 올랐다. 확보물은 미끄러지는 것에 대비한 최소한의 대책으로 아이스스크류 하나뿐. 오르면서도 내려가는 라인의 관찰을 소홀히 하지 않았다. 삿갓구름이 산을 덮고, 정상 능선에서는 눈 가루가 강풍으로 날아올라 태양이 어른거리고 있다.

정상 능선까지 예상보다 시간이 걸려 13시를 지나고 있었다. 밝았을 때 텐트로 돌아갈 생각을 하니 여유가 없었다. 정상 능선은 그때까지의 빙판과 완전히 달라져 눈처마와 그 눈처마가 서로 당겨서 생긴 균열, 그리고 허리까지 잠

카룬코 정상. 염원하던 재기에 성공하다.

기는 깊은 눈으로 덮여 있었다. 특히 고생스러웠던 것은 확보물을 설치할 수 없는 부드러운 눈이었다.

드디어 선등하던 겐로가 내 쪽을 돌아보고 작은 승리의 포즈를 취했다. 남겨진 걸음을 되새기듯이 천천히 겐로가 있는 장소로 향해 갔다. 14시 50분 등정. 당당히 북서벽에서의 라인을 완결했다. 북서릉, 지금 우리가 걸어온 북릉과 동릉, 모든 것이 발밑에서 합류하고 있었다.

이미 늦은 시간이었고, 하강에 시간이 걸릴 것을 알고 있었기에 서둘러서 하강을 시작했다. 21회에 걸친 아발라코프 하강 끝에, 드디어 헤드램프를 켠 채 2캠프의 텐트로 돌아왔다. 아직 긴장감에서 해방되지는 않았지만, 만족감에 취해 잠이 들었다.

카룬코 등반

다음 날, 안전지대로 내려왔더니 갑자기 피로가 몰려왔다. 베이스캠프까지 걸어야 할 모레인이 길었지만, 이것이 마지막인가 생각하면서 한 걸음 한 걸음 걸었다. 베이스캠프로 돌아와서도 기쁨을 공유할 사람은 겐로밖에 없다. "고마워. 고생했어."라는 말을 주고받고, 식사 준비를 시작했다. 채소를 절약할 필요가 더 이상 없었기 때문에 남은 감자를 전부 잘라서 감자튀김을 만들었다. 그리고 조촐한 축배를 들고 철수까지 조금 남은 시간을 차분하게 보냈다.

발악은 계속된다

우에무라 나오미植村直己는 "모험이란 살아서 돌아가는 것이다."라고 말했고, 하세가와 쓰네오長谷川恒男는 "살아 남는 것이 모험이다."라고 말했다. 그리고 다니쿠치 케이는 "인생은 모험하는 여행이다."라는 말을 남겼다. 우연하게도 그들 모두 43세로 생을 달리했다. 그 43세인 나는 카룬코와 마주하고 정상에 서서 지금 이렇게 살아 있는 것에 절실히 감사한다. 저녁노을이 물드는 사미사르와 카룬코가 아름다웠다.

---

* 1941.2.12-1984.2.13. 일본의 산악인. 1970년 일본인 최초로 에베레스트산 등정에 성공. 1984년 2월 동계 데날리 단독등정 후 실종됐다.
** 1947.12.8.-1991.10.10. 일본의 산악인. 1973년 일본 에베레스트원정대 참가. 1991년 10월 10일 파키스탄의 미등봉 울타르 사르Ultar Sar(7,385m) 남서릉을 등반하다가 눈사태로 사망했다.

트레킹 루트에 있는 천연온천으로 힐링하다.

2001년부터 시작된 산 여행은 아직 좀 더 지속될 것 같다.

다음 날 태양으로부터 따뜻한 빛의 축복과 함께 일어나 느긋하게 정리를 하고 있으니, 짐꾼들이 찾아왔다. 오랜만에 보는 그리운 얼굴들. 사미사르 때는 동상 때문에 걸어서 하산할 수 없었던 길을 지금은 스스로 걷고 있다는 것에 행복을 느꼈다.

불과 20일 만에 가을도 깊어지고, 입산 때 건넜던 강물도 줄어서 신발을 벗지 않고 지났다. 사미사르와 카룬코는 마을에서 보기 어렵고, 어쩌면 더 이상 만날 수 없을지도 모른다는 생각에 몇 번이나 돌아보면서 눈에 담았다.

하산 뒤에 치트랄Chitral* 서쪽으로 45km 정도 지프를 타고 이동하던 중에 2023년의 도전무대로 생각했던 티리치미르를 자니고개Zani Pass에서 가까이 바라봤다. 다음 목표로 삼은 산을 눈앞에 두고 새로운 출발선에 섰던 것이다. 시스파레사르를 비롯해 많은 산을 이제 '꿈의 파일'에서 꺼내서 '과거'라는 이름의 상자에 깊이 간직했다.

티리치미르, 그리고 K2의 미등 루트를 향해서 조금 더 발악을 해 보자.

---

* 파키스탄의 도시. 쿠나르강 서안과 접하며, 힌두쿠시산맥에서 가장 높은 티리치미르봉 기슭에 위치.

essay ● 나에게 등반이란 - 메모장에서

나는 오랫동안 '나만 할 수 있는 도전을 하자'고 다짐해 왔지만, 그것은 틀린 생각이었다. 내가 추구했던 것은 '나다운 도전'이었던 것이다. '다른 사람은 할 수 없는 것'이 산을 선택하는 판단기준이 되면 자신이 주체가 되지 못한다. 도전이란 사람과의 경쟁에서 나온 것이 아니라 항상 자신의 마음속에서 이루어지는 것이다. 그래서 기준은 항상 자신에게 있다. 그 자세를 견지한다면 거기서 태어난 것은 항상 나다운 것이 된다.

*

조난 사고는 작은 실수, 사건이 쌓여서 일어나는 경우가 많다. 사고를 막기 위해서는 그 복선과 같은 것, 작은 징후를 위험으로 알아차릴 수 있는지가 중요하다. 이것은 다음에 같은 상황이 됐을 때 가장 말도 안 되는 일이 일어날지도 모른다는 것을 기억해 철수를 결정하는 판단 근거가 된다.

*

미끄러질 위험, 그 공포를 생각하면 생각할수록 장비가 늘어나고, 그 무게는 족쇄가 된다. 장비를 어떻게 엄선할까. 뛰어난 등반가들은 이 점에 심혈을 기울이며, 그 결과는 등정 성공 여부에 여실히 나타난다.

*

그 등반이 실패했을 때는 '반성 회의' 등을 하지 않더라도 무엇이 원인인지를 각자가 생각한다. 하지만 성공했을 때는 그 등반을 되돌아보는 것을 종종 잊어버린다. 무엇이 좋았기 때문에 성공했을까? 성공했지만 더 개선할 것은 없나? 성공의 그늘에 숨어 있는 작은 실수를 눈치챌까? 성공했을 때일수록 배울 것이 많다.

*

등반 파트너와 주종관계가 되는 일이 없다고는 말할 수 없지만, 기량 차이라는 것이 당연히 약간이라도 있기 마련이기 때문에 어느 한쪽이 주로 루트를 담당하게 된다. 그것으로 등반가로서의 우열이 결정되는 것은 아니다. 등반 파트너는 서로가 잘하는 것이 있기 때문에 산에 도전하는 것. 선두에서 오를 수 있는 사람이 훌륭하다는 것은 아니다.

*

미지의 것에 한 걸음 내딛기 위해서는 마음·기술·체력이 필요하다. 그 전부를 포함해서 '준비'라고 한다. 산뿐만 아니라 삶도 그렇고, 비즈니스도 그러할지 모른다. 무모하게 파고드는 것이 아니라 알맞게 준비해서 도전하는 것이 중요하다.

*

등반 파트너는 아무나 좋은 것은 아니다. 기술이나 체력만 있으면 좋은 것도 아니다. 우선, '어떤 산에 어떤 스타일로 오르는가?' 이 생각을 공유할 수 있어야 한다. 같은 방향을 바라볼 필요가 있다. 그리고 나에게 없는 것을 갖고 있는 상대에게 동경이나 질투심이 있어야만 함께 할 수 있다. 게다가 마음이 맞지 않으면 아무것도 할 수 없다. 그런 파트너와 만나는 것은 상당히 낮은 확률일 것이다. 다니구치 케이, 나카지마 겐로와의 만남은 나에게 큰 보물이다.

*

정상에 점을 찍어 가는 것이 아닌, 정상과 정상을 선으로 연결하는 듯한 등반을 하고 싶다고 생각했다. 그래서 나에게는 정상에 서는 것보다도 어떤 라인으로 오르는지가 중요하다. 그러한 등반이라면 만약 도중에서 철수하게 되더라도 납득하고 하산할 수 있을 것이다. 정상보다도 그 과정에서 얻을 수 있는 것들이 많기 때문이다.

*

다른 사람과 경쟁하지 않는 활동으로 시작한 등산이었지만, 20대에는 같은 세대보다도 대단한 곳을 오르고 싶다거나 유명해지고 싶은 마음이 있었다. 그런 에너지는 결코 나쁜 것이 아니라고 생각한다. 젊음에 맡긴 등산은 역시 젊을 때만 할 수 있는 것이기에 나도 여세를 몰아 히말라야에 나섰기 때문에 이루어낸 도전이 있었다.

*

탁자 위에 지도나 자료를 펼쳐 놓고 남들이 눈치 못 채서 남겨진 과제를 찾고 있을 때부터 나의 등반은 시작된다. 그것은 보석을 찾는 행위에 가까운 것일지도 모른다. 우선 찾는 지역을 결정하고 시험 삼아 파 본다. 그리고 보석의 일부가 보였을 때는 커다란 설렘이 끝나고 다음에 어떻게 연구해서

캐널지를 생각한다. 그 작은 가능성을 큰 가능성으로 바꿔가는 것이 나의 등산이다.

＊

혼자에는 시간이 느긋하게 흐르는 것 같은 풍요로움이 있었다. 비가 내리고 있어도, 바람이 강하게 불어도 모두들 하나같이 당황하는 기색이 없다. 자연 속에서 살아가는 강인함이 엿보이는데, 이것이 나중에 '등산은 자연을 상대하는 거니까 자기 생각대로는 되지 않는다'는 생각으로 이어진다. 2002년, 목표를 정하지 않고 갔던 여행이었기에 산 이외의 것도 폭 넓게 눈에 들어왔었다.

＊

지금 막 올랐던 산을 되돌아봐도 '그 등산에 어떤 가치가 있었던 걸까?' '산이 무엇을 가르쳐줬던 걸까?' 하는 의문들에 대한 답을 바로 알 수는 없다. 지금까지 나는 그다음 산을 올랐을 때 그 전의 등산이 갖는 가치, 가르침을 깨달아 왔다. 그래서 내 등산의 성장을 위해서는 항상 '다음 산'이 필요하다.

＊

나에게 등산은 놀이다. 그러나 수많은 놀이 중 하나여서 도중에 그만둬도 상관없는 것은 아니다. 진지하게 놀고 있기 때문에 비로소 산이 무엇인지를 탐구할 수 있고, 곤란한 상황에 직면했을 때라도 이겨낼 수 있다. 건성건성 놀고 있으면 큰 보복이 기다리고 있다.

＊

2018년에 히말라야에서 사망한 한국 산악인 김창호는 나를 만날 때마다 항상 말했다. "카즈야의 루트를 항상 질투하고 있어."라고. 그것을 나는 매우 기쁘게 칭찬으로 들었다. 확실히 나는 미지의 과제를 발견하는 것에는 조금은 자랑할 수 있을지 모른다. 과제를 발견하는 것도 산을 오르는 중요한 기술이기 때문이다.

＊

산에서 진퇴에 쫓길 때는 내 나름의 판단 기준이 있다. 그것이 '위험'인가, '어려움'인가. 이 중에 어느 쪽에 해당하는 지를 자신에게 묻는다. 만약 위험이라고 깨달으면 목숨을 지키기 위해서 주저없이 돌아간다. 위험이라는 것은 눈사태가 일어날 것 같은 경사면, 지금이라도 붕괴할 것 같은 세락 등, 인지만으로는 통제할 수 없는 자연의 위협을 가리킨다. 나의 기술, 정신력, 체력을 파악한 뒤의 곤란함이라면 과감하게 도전해 이겨내려는 노력을 아끼지 않는다. 수많은 등산 경험으로부터 자연 속에서는 인간이 무력하다는 것을 깨달은 끝에 얻은 나만의 대처법이다.

＊

2013년, 미우라 유이치는 '80세의 에베레스트 등정'을 기록할 기회를 얻었다. 미우라는 지금까지 다양한 모험에서 성공을 거두고 확실하게 살아서 돌아왔다. 과연 산과 어떻게 대치하고 있는 것인지 흥미가 생겼다. 그것을 촬영해서 기록으로 남기는 것이 내 나름의 주제라고 생각했다.

등정일 전날, 4캠프의 사우스콜(7,980m)에서 5캠프의 발코니balcony(8,500m)로 향하고 있을 때였다. 오후가 지나면 날씨가 나빠진다는 일기예보가 있어서 서둘러서 가파른 눈의 경사면을 오르자, 예보대로 눈보라가 시작됐다. 눈보라가 얼굴로 불어닥치는 가운데, 미우라가 갑자기 나를 돌아보며 말했다. "히라이데, 눈보라 치는 모습, 촬영했어?" 곤란한 상황에서는 눈앞의 일만 신경 쓰는 법이다. 그러나 미우라는 저 높은 곳에서, 저 눈보라 속에서 프로젝트 전체에 대해 관심 기울이기를 게을리하지 않고, 주위 상황에 민감하게 반응할 만큼의 여력이 있었다. 나는 '모험가 미우라 이치로'를 조금 이해하게 된 듯한 기분이 들었다. 미우라의 80세 등정을 확신하는 순간이기도 했다.

　　＊

성공하면 성취감을 얻어 자신감이 생기고, 실패하면 낙담하고, 사소한 일로 괴로워하고 갈등도 하는 보통의 인간 — 그것이 나라고 생각한다. 그런 내가 실패와 성공의 반복 속에서 조금씩 성장해서 생각지도 못할 정도로 멀리 갈 수 있었다.

남들이 본다면 무모해 보이는 도전이라도 내 안에서는 단계를 밟고 있는 셈이었고, 죽지 않고 돌아오기 위한 준비는 회를 거듭할수록 점점 주도면밀해졌다고 생각한다.

할 수 있는 만큼의 준비를 하고 뛰어든 도전이라면 설

령 실패해도 그 준비가 정답이었는지 아니었는지 답을 맞힐 수 있다. 준비가 적당했다면 무엇이 좋았는지 나빴는지 알지 못하고, 성장은 미덥지 못하다. 주도면밀하게 준비한 뒤의 실패는 성장을 촉진한다.

모든 사물을 그렇게 생각할 수 있다면 실패라는 것은 사라지고, 모든 것이 성공까지의 과정이라고 볼 수 있다. 후회는 사라지고 반성하면 좋아진다. 요점은 항상 긍정적으로 있을 수 있다는 것이다.

*

나는 지금까지 몇 번인가 산에서 목숨을 잃을 뻔했다. 그것은 '스스로 준비하고 자신의 책임으로 자유롭게 산을 오른다'는 것을 과제로 해 왔기 때문이다. 그래서 결과적으로 산악계에서 높이 평가받은 도전이 있었다고 말할 수 있지만.

해발고도 7,000m, 8,000m의 등반에서 여유롭게 등정하고 돌아올 수 있다면 그것은 도전이 아니다. 간신히 목숨을 잃지 않고 등정하고 하산해서 돌아와야 성공이다. 그것 이외는 실패가 된다. 실패에는 중도 철수 혹은 죽음이 있다. 생과 사의 종이 한 장 사이를 왔다 갔다 하는 듯한 등산만이 나의 피를 끓게 한다는 생각이 든다.

2017년 시스파레사르에서 한계에의 도전

에필로그

카룬코를 정당한 방법으로 오를 수 있어서 사미사르에서 입은 동상으로 멈췄던 마음의 시계를 다시 움직일 수 있었다. 귀국할 때 나의 표정은 만족감에 가득 차 있었을 것이고, 아내는 필요 이상의 것을 묻지 않고 모든 것을 이해해 줬다.

그렇게 가족과 오붓한 시간을 보내던 와중에도 나는 한 달 후 예정돼 있던 첫 번째 유럽 강연 투어 준비에 바빴다.

강연 투어를 기획해 준 것은 바스크Basque 등산가 알베르토 이누라테기Alberto Inurrategi다. 그는 내가 존경하는 등반가 중 한 명으로, 오랫동안 스페인 아웃도어 브랜드 터누아Ternua의 등반가로 활동하면서 8,000m 봉 14좌를 모

---

* 1968.11.3-. 33세로 8,000m 14좌를 10번째로 완등하며 최연소 기록을 세웠다. 2017년 바스크 산악인 후안 발레호Juan Vallejo와 미켈 자발자Mikel Zabalza와 함께 가셔브룸2봉에서 이탈리아 등반가 발레리오 안노바찌Valerio Annovazzi를 구출한 공로로 스페인의 국가체육위원회로부터 공로패를 받았다.

두 무산소로 올랐고, 수많은 미등 루트에 도전해 왔다. 최근 이벤트 코디네이터라는 직함을 갖게 된 것을 계기로, 등산 가의 강연 투어를 기획하며 제1호로 나를 지명했다.

나에게 지도 공백지대에서의 등반은 보물찾기 모험과 같아서 지금까지 적지 않은 보물을 찾아낼 수 있었다. 그 보물들이 발하는 빛은 몇 년이 지나서도 바래지 않고 세계로 뻗어 나가, 이렇게 해외에서의 강연 의뢰까지 연결된 것이다. 진지하게 산을 오르는 노력을 거듭하고 성과를 쌓아 올

유럽 강연 투어에서의 한 컷. 해외에서도 많은 사람들이 내 강연을 들으러 왔다.

려 온 것을 나는 지금, 소소하게 자랑해도 좋을지 모르겠다.

강연 투어는 스페인에서 시작해 2주간 프랑스, 독일, 이탈리아로 이동하면서 인터뷰 10회, 대규모 행사장에서의 4회 강연이 준비돼 있었다.

인터뷰는 나에게 다시 한번 많은 것을 생각하는 시간이 됐다. '등산을 하면서 얻은 것은 무엇인가? 잃은 것은 무엇인가?'라는 취지의 질문이 많았던 것 같다. 그때마다 스스로에게 물어보지만, 등산해서 잃은 것들은 아무것도 생각나지 않았다. 여러 가지 의미에서 얻은 것이 훨씬 많았기 때문에 비로소 지금의 내가 있는 것이라고 대답했다.

강연은 매회 500명 안팎 규모의 행사장에서 열렸는데, 항상 만원이었다. 나는 주로 지금까지 산에서 무엇을 배우고 어떻게 성장해 왔는지에 대해 이야기했다. 이탈리아에서의 강연은 발터 보나티Walter Bonatti나 리카르도 캐신Riccardo Cassin이 태어나고 자란 레코Lecco에서 이루어졌다. 알피니즘Alpinism의 발상지이자 또한 전설의 등산가를 배출한 마을의 사람들에게서 풍요로운 등산 문화와 등산가에 대한 경의를 강하게 느꼈다. 강연 후에는 항상 따뜻한 박수를 받았는데, 그들이 등산가로서의 나를 인정해 준다는 것을 실감할 수 있었던 것이 나에게는 큰 기쁨이 됐다.

등산을 탐구하며 스포츠 카메라맨으로서도 자연과 마주해 오면서, 지금은 모든 것이 '살아 있다'고 생각한다. 나는 지금까지 다양한 경험을 하면서 그때마다 새로운 인생을 살아왔다.

앞으로의 나는 새롭게 무엇과 마주하고, 감동받고, 그리고 그곳에서 어떤 선물을 받게 될까. 기대는 더욱 크게 부풀어 오른다.

글을 마치며

제1장에서 이야기한 것처럼, 나는 경기의 세계에서 얼마 지나지 않아 산에 매료되어 이후 20년 넘게 산을 올랐습니다. 산을 대하는 방법은 사람마다 다르겠지요. 내 경우, 지도의 공백을 메워 가는 일이 나를 성장시켜 준다는 것을 깨달았고, 미지의 어려운 산과 루트를 동경하게 됐습니다. 또한 강인한 산악인이 되는 것 보다, 강인한 사람이 되는 것을 추구하다 보니, 자연스럽게 나다운 등산을 할 수 있게 됐습니다. 오르면 오를수록 '이렇게 되고 싶다'고 생각했던 내 모습에 가까워지는 기분이 들었습니다.

　그러나 지금까지 지켜온 가치관으로 오를 수 없게 되는 날이 언젠가 반드시 찾아오겠죠. 아무리 노력해도 등정할 수 없는 때일지, 매력적인 새로운 미등 루트를 찾아내지 못할 때일지, 지금은 아직 모르겠습니다. 다만 등반이라는, 내가 지금까지 남겨온 발자취, 그리고 앞으로의 행보가 산을 사랑하는 많은 분에게 희망이 되고, 앞으로 새로운 산악인이 탄생하는 계기가 된다면 매우 기쁠 겁니다.

저는 지금까지 산에서 많은 메시지를 받았고, 그것을 영상으로 기록해서 남겨 왔습니다. 거기에 더해 이번에는 글로 등산과 산을 향한 제 생각을 표현해 봤습니다. 영상과 글. 이 두 가지가 융합된 이 책에서 '히라이데 카즈야의 산'을 이해해 주셨으면 좋겠습니다.

이 책을 만드는 데 산과계곡사의 하기와라 코지萩原浩司 씨, 편집자 야모모토 슈지山本修二 씨의 도움을 받았습니다. 하기와라 씨는 등산을 시작할 당시부터 나의 등산을 관심 있게 지켜봐 준 분입니다. 오랜 지인인 야마모토 씨는 이 책의 출판을 고민하고 있을 때, 각자 산에 가던 길에 중앙선의 전철 안에서 우연하게 만나 상의한 것이 계기가 됐습니다. 지금까지의 모든 산이 필연적으로 이끌려 온 것처럼 이 책의 탄생도 어딘가 그런 기분이 듭니다.

"What's Next?"

나의 새로운 여행은 항상 이 말에서 시작됩니다. 저와 함께 여러분의 마음속에 있는 지도의 공백으로 여행을 떠나 봅시다. 아주 작은 용기와 각오가 있다면 가지 못할 장소는 없다고 나는 믿습니다.

2023년 새해 첫날, 히라이데 카즈야

주요 등반 이력

2001년
- 쿨라캉리 동봉(7,381m, 중국 티베트자치구) 초등 [5월 4일]
  _ 도카이대학교등산대(대장 데리하 요시쓰구 외)
- 초오유(8,188m, 중국 시짱자치구) 무산소 등정 [9월 24일],
  스키 활강 _ 오이시 아키히로, 히라이데 카즈야

2002년
- 파키스탄 1인 여행

2003년
- 쿠냥츠히시(서봉 7,350m, 파키스탄) 신루트 서릉 6,000m에서
  철수 _ 도비타 카즈오, 데라사와 레이코, 히라이데 카즈야 외

2004년
- 스팬틱(골든피크)(7,027m, 파키스탄) 북서릉 등정 [7월 9일]
  _ 히라이데 카즈야, 도비타 카즈오, 다니구치 케이
- 라일라피크(6,096m, 파키스탄) 신루트 동벽 등정 [7월 17일]
  _ 히라이데 카즈야, 다니구치 케이
- 도르쿤무즈타그(6,355m, 중국 신장웨이우얼자치구) 초등
  _ 도카이대학교등산대

2005년
- 무즈타그아타(7,546m, 중국 신장웨이우얼자치구) 동릉 세 번째
  등정 [9월 5일], 스키 활강 _ 히라이데 카즈야, 다니구치 케이

●쉬블링(6,543m, 인도) 신루트 북벽~북서릉 등정 [10월 12일]
_ 히라이데 카즈야, 다니구치 케이

2006년 ●K2 베이스캠프에 산악자전거로 도착. 그 후 카슈가르~카일
라싸~라싸~쿤밍을 자전거와 히치하이킹, 버스로 이동

2007년 ●시스파레사르(7,611m, 파키스탄) 신루트 북동벽 6,000m에서
철수(첫 번째 도전)

2008년 ●가셔브룸2봉(8,035m, 파키스탄) 등정 [7월 8일]
_ 「다케우치 히로타카의 14프로젝트」 촬영

●브로드피크(8,047m, 파키스탄) 등정 [7월 31일]
_ 「다케우치 히로타카의 14프로젝트」 촬영

●카메트(7,756m, 인도) 신루트 남동벽 등정 [10월 5일]
_ 히라이데 카즈야, 다니구치 케이

●얄라피크(5,520m, 네팔) 등정
_ 「가챠핀의 히말라야 챌린지」 촬영

2009년 ●가셔브룸1봉(8,080m, 파키스탄) 등정 [7월 26일] _ 핀란드인 등
반가 베이커 구스타프손의 8,000m 14좌째의 촬영

●가우리샹카르 남봉(7,010m, 중국 시짱자치구) 신루트 동벽
6,850m에서 철수 _ 히라이데 카즈야, 다니구치 케이

2010년 ●부가부Bugaboo 노스하우저타워North Howser Towers 서면인
올어롱더와치타워All Along the Watchtower(3,412m, 캐나다)
완등 [7월 9일] _ 오이시 아키히로, 히라이데 카즈야

●아마다블람(6,856m, 네팔) 신루트 북서벽 6,500m에서 철수
_ 다비드 괴틀러, 히라이데 카즈야 _ TBS 「정열대륙~서바
이벌 등산가 핫토리 후미요시 편」 촬영

2011년 ●에베레스트(8,844m, 네팔) 남동릉 등정 [5월 16일]
_ 곤도 켄지 외 _ WOWOW 「논픽션W 에베레스트 오를
수 있습니다」 촬영

●**나이모나니**(6,794m, 중국 시짱자치구) 남동벽 신루트의 6,300m에서 철수. 루트 변경해서 신루트 남서릉으로 남봉 초등 [10월 8일]과 주봉 등정 [10월 9일]
_ 히라이데 카즈야, 다니구치 케이

2012년 ●**한텡그리**(7,010m, 카자흐스탄) 북릉 등정 [8월 17일]
_ 히라이데 카즈야, 미토로 다쿠야 _ NHK「그레이트 서미트 세계 최고의 클라이머 "실크로드의 왕"」촬영

●**시스파레사르**(6,711m, 파키스탄) 신루트 남서벽 5,350m에서 철수(두 번째 도전) _ 히라이데 카즈야, 미토로 다쿠야

2013년 ●**에베레스트**(8,844m, 네팔) 남동릉 등정 [5월 23일]
_ 80세의 미우라 유이치로의 등정을 다큐멘터리로 기록

●**디란**(7,266m, 파키스탄) 서릉 등정 [8월 5일]
_ 히라이데 카즈야, 다니구치 케이

●**시스파레사르**(6,711m, 파키스탄) 신루트 남서벽 5,700m에서 철수 (세 번째 도전) _ 히라이데 카즈야, 다니구치 케이
_ NHK「엄동 리시리 후지 스키 활강」에 출연하는 사사키 다이스케 촬영

2014년 ●NHK「그레이트 트래버스 일본백명산 일필휘지」출연자 다나카 요키 촬영

●**카까보라지**(5,881m, 미얀마) 신루트 북서릉 5,670m에서 철수 _ 구라오카 히로유키, 히라이데 카즈야, 나카지마 겐로
_ NHK「환상의 산 카까보라지 아시아 최후의 비경을 가다」출연 및 촬영

2015년 ●**아피**(7,132m, 네팔) 등정 [10월 19일]
_ 히라이데 카즈야, 나카지마 겐로, 미토로 다쿠야

●NHK「그레이트 트래버스2」출연자 다나카 요키 촬영

2016년 ●**초모랑마**(8,848m, 중국 시짱자치구) 북릉 등정 [5월 19일] _ 히어 로프로젝트THE HEROES PROJECT 미국등반대 촬영

- **룽보강리**(7,095m, 중국 시짱자치구) 신루트 북벽 등정 [9월 21일] _ 히라이데 카즈야, 나카지마 겐로
- **만세일**(6,242m, 네팔) 두 번째로 등정 _ NHK「그레이트 네이처 세계 최심 칼리간다키강을 가다」출연 및 촬영 🐾

2017년
- **데날리**(6,194m, 미국) 캐신리지에서 등정 _ 사사키 다이스케 외 _ NHK 스페셜「세계 최초 극북의 모험 데날리 대활강」출연자 사사키 다이스케 촬영 🐾
- **시스파레사르**(7,611m, 파키스탄) 신루트 북동벽 등정 [8월 22일] (4회째 도전) _ 히라이데 카즈야, 나카지마 겐로 _ NHK「은령의 공백지대에 도전하다 카라코람 시스파레」 🐾
- TBS「크레이지 저니 수직 암벽을 공격하는 가장 무모한 클라이머!」출연

2018년
- K2(8,611m, 파키스탄) 서벽의 정찰 _ 히라이데 카즈야, 나카지마 겐로
- TBS「정열대륙 Vol. 1012」출연 _ NHK「그레이트 트래버스3」다나카 요키 2020년까지 촬영 🐾

2019년
- **아콩카과산**(6,961m, 아르헨티나) 등정[1월 21일] _ 미우라 유이치로의 등산대 동행 🐾
- **라카포시**(7,788m, 파키스탄) 신루트 남벽 등정 [7월 2일] _ 히라이데 카즈야, 나카지마 겐로

2020년
- TBS「정열대륙 Vol. 1107」출연

2021년
- **사미사르**(6,032m, 파키스탄) 초등 [12월 17일] _ 히라이데 카즈야, 미토로 다쿠야

2022년
- **카룬코**(6,977m, 파키스탄) 신루트 북서벽 등정 [9월 11일] _ 히라이데 카즈야, 나카지마 겐로

추도 · 히라이데 카즈야의 K2 서벽 조난과 20년 전의 추억

"8,000m 봉에 가자."

나의 이야기에 응해 준 사람은 히라이데 카즈야뿐이었습니다. 스물한 살. 히라이데와 나는 각기 다른 대학에서 육상부에 있다가 산악부로 옮긴 지 얼마 되지 않았던 때였습니다. 긴 머리에 말수가 적었던 그는 도쿄 주변의 산악부들이 모이는 술자리에서 묘한 아우라를 풍기고 있었습니다. 그러나 그런 분위기와는 달리, "해 봅시다! 꼭 가겠습니다!"라고 말하며 친근하게 다가왔습니다.

1년 후인 2001년 10월, 대학 4학년 가을. 우리는 티베트의 초오유(8,188m)에 있었는데 우리를 지원해 준 것은 각자의 대학뿐이었습니다. 7,000m의 세계도 몰랐던 나는 마지막 캠프에서 고산병에 걸려 텐트 안에 쓰러졌는데, 무산소 등반을 목표로 했기 때문에 산소통은 가지고 있지 않았습니다. 히라이데는 수프를 끓여 고통스러워하는 나에게

마시게 했고, 나는 머리가 멍했지만 거기서 하산할 생각은
전혀 하지 않았습니다.

"올라갈 거야. 꼭 해낼 거야." 이런 말밖에 떠오르지 않
았는데, 히라이데도 원정 후 쓴 등반보고서에서 당시 심정
을 이렇게 적었습니다.

"오르고 싶다. 오르고 싶다."

다음 날 새벽, 별이 쏟아지는 밤하늘 아래 우리는 정상
을 향해 출발했습니다. 이상하게도 피곤함은 사라지고 오
히려 용기백배하는 그런 느낌이었습니다. 티베트고원의 적
갈색 대지에 빛이 비치는 것을 바라보며 등반했습니다. 뒤
를 돌아보니 바위와 얼음의 산들이 불타는 듯이 붉게 물들
어 있었습니다.

어느덧 우리보다 높은 곳은 에베레스트 산군만 남아 있
었습니다. 눈 아래에 펼쳐진 대지는 저 멀리 지평선 너머로
둥글게 사라지고 있었습니다. 위를 올려다보면 우주를 연
상케 하는, 한없이 검은색에 가까운 푸른 하늘이 펼쳐져 있
었습니다. 아무도 없는 산 정상에서 우리는 서로 껴안고 기
뻐했습니다. 그 당시 우리가 멀리 떨어진 티베트의 산에 있
다는 것을 일본에서는 아무도 몰랐습니다.

6개월 후 나는 대학을 졸업하고 사회인이 되어 2년 정
도 등산 전문지 회사에서 일하다가 그 후 부모님이 경영하
는 시즈오카静岡의 작은 블루칼라 직군의 회사에서 일하고

있습니다. 한편 히라이데는 등산용품 전문점 이시이스포츠에서 일하면서 세계의 산을 계속 등반했습니다.

2005년 히라이데는 다니구치 케이와 함께 쉬블링(6,543m) 북벽을 등반하며 자신의 한계를 뛰어넘었고, 2008년에는 두 사람이 전대미문의 카메트(7,756m) 남동벽을 등반해서 권위 있는 황금피켈상을 수상하기도 했습니다.

초오유 원정 직후 노구치 겐野口健이 우리를 위해 등반 보고회를 열어 줬는데, 그곳에 다니구치 케이가 찾아온 것이 두 사람의 만남이었습니다. 나도 그 인연으로 다니구치 케이와 일본에 있는 산을 함께 다니게 됐습니다.

짧은 휴가를 이용해 해외의 산으로 원정 가서 히라이데와 세쿼이어Sequoia의 워치타워Watch Tower를, 다니구치와 몽블랑Montblanc의 슈퍼쿨르와르Super Couloir 등을 등반했습니다. 그들 덕분에 나는 등반을 계속할 수 있었습니다. 하지만 다니구치는 2015년 12월, 홋카이도의 산에서 세상을 떠났습니다. 그때 내가 "다니구치의 일생을 쓰고 싶다."고 말하자 히라이데는 긴 인터뷰에 응해 줬습니다.

그 책을 집필하던 2017년, 히라이데는 나카지마 겐로와 함께 시스파레사르(7,611m)를 올라 두 번째 황금피켈상을 수상했습니다. 히라이데가 촬영한 영상에는 "지금까지 가장 힘들었다…."라고 중얼거리며 눈과 바람을 뚫고 만신창이가 된 채로 정상을 밟는 모습이 담겨 있었습니다. 초오유를 올랐을 때의 '오르고 싶다. 오르고 싶다.'는 그의 마음은 다니구치의 죽음 이후에도 계속 커져만 갔습니다.

"히라이데가 산이라면, 나는 글로 대신할 수밖에."

그런 마음으로 나는 매일 밤 컴퓨터 앞에 앉아 있었습니다. 『태양의 한 조각』이라는 책을 출간했을 때 가장 기뻐한 사람이 히라이데였습니다. 히라이데는 곧바로 출판기념 토크쇼를 열어 줬는데, 말수가 적었던 학생 시절과 달리, 그때 히라이데는 화사한 분위기의 언변으로 사람들을 매료시키는 사람이 돼 있었습니다.

히라이데와 겐로는 이후에도 세계 각지의 산을 오르기 시작했습니다. 그들의 등반 방식은 '알파인스타일'이라 불리는 것으로, 경량화된 장비로 단숨에 벽을 오르는 방식입니다. 선구적인 스타일인데, 그들은 이 방식으로 세계의 산악인들이 모르는 미지의 벽에서 계속 등반해 왔습니다. 2019년에는 라카포시(7,788m) 남벽을 초등해서 세 번째 황금피켈상을 수상했습니다. 2022년에는 카룬코(6,977m) 북서벽을, 2023년에는 티리치미르(7,708m) 북벽을 초등했습니다. 특기할 만한 것은 그런 극한의 등반에도 두 사람은 카메라를 들고 영상으로 표현하는 것을 멈추지 않았다는 점입니다. 드론을 활용한 영상은 훌륭한 TV 프로그램이 됐습니다. 사람들의 마음을 움직인 것은 그 웅장한 풍경이 아니라, 히라이데 일행이 진지하게 도전하는 열정적인 등반 장면이어서 히라이데의 프로그램은 모두 높은 시청률을 기록했고, 회차에 따라서는 이례적이라고 할 만큼 재방송을 많이 했습니다. 산을 오르지 않는 사람들에게도 그들의 도전이 일상을 살아가는 데 힘을 줬습니다. 물론 나도 두 사람에게서 많은 영향을 받았습니다.

하지만 K2 서벽 등반계획을 발표했을 때의 나의 반응은 일반인들과 달랐던 것 같습니다. 등반 예정 라인을 보고 직관적으로 생각한 것은 '이건 안 되겠다'는 생각이 들었던 것입니다.

히라이데는 초오유에 이어 가셔브룸2봉(8,035m), 브로드피크(8,047m), 가셔브룸1봉(8,068m), 에베레스트(8,848m)를, 겐로는 초오유, 마나슬루산Mount Manaslu(8,163m), 에베레스트(8,848m)라는 8,000m급 봉우리를 등반했지만, 모두 쉬운 루트였고 등반대의 카메라맨으로 산소통을 사용했던 데다가 모두 알파인스타일로 오른 등반이 아니었기 때문입니다.

히라이데가 계획한 K2 서벽 루트는 벽의 '약점'은 있지만 빙설이 연결되지 않은 바위가 여러 군데 있어서 등반 용어로 말하면 아마도 M5 이상의 피치가 나왔을 것입니다. 나는 알래스카Alaska의 헌터산Mount Hunter(4,442m) 북벽에서 그 정도 난이도의 암벽을 등반한 경험이 있어서 기술적인 난이도를 어느 정도 이해할 수 있습니다. 그 정도의 루트를 가만히 있어도 피곤한 7,000~8,000m 높이의 희박한 공기 속에서 알파인스타일로 등반한다는 것은 전혀 상상할 수 없습니다.

지난 20년간 8,000m의 어려운 벽을 알파인스타일로 등반한 기록은 시샤팡마Shishapangma(8,027m) 북벽과 낭가파르바트(8,126m) 남벽, 시샤팡마(8,027m) 남서벽, 가셔브룸 1봉(8,080m) 남서벽, 안나푸르나(8,091m) 남벽 등을 오른 것이었습니다. 히라이데와 겐로가 그들보다 못하다고 생각하지 않지만, K2 서벽은 그 벽들보다 더 어려운 벽입니다. 게다가 K2는 8,000m 후반의 높이여서 8,000m 초반과는 차원이 다릅니다.

K2 서벽을 둘이서만 등반하면 세계 등반사를 새로 쓰는 대기록이 될 것입니다. 하지만….

나는 바로 전화를 걸어 "괜찮겠지?"라고 물었고, 히라이데는 밝은 목소리로 "그런 말을 하는 사람은 오이시 정도야." 하고 대답했습니다.

히라이데가 계속 말을 이었습니다. "등산 전문 작가님도 응원해 주시고요. 지금까지의 등반을 집대성해서 갈 수 있는 곳까지 올라갈 수 있으면 좋겠어." 하고 가벼운 느낌으로 말했습니다.

그 짧은 전화 한 통만으로도 나는 마음을 놓았습니다.

"오를 수 있는 곳까지 오르고 내려올 거라고."

올해(2024년) 2월, 히라이데와 겐로는 시즈오카에 와서 강연회를 열었습니다. 지금까지의 등반을 되돌아보고 그 성과를 K2 서벽과 연결하고 싶다는 내용이었습니다. 나도 마지막에 그들의 대담자로 무대에 올랐습니다. 물론 단상에서는 말하지 않았지만, 그때까지도 나는 K2 서벽은 중간까지만 등반하고 돌아올 것이라고 생각했습니다. 하지만 강연을 들은 사람들은 이번에도 두 사람이 '불가능을 가능하게 하려고 한다'는 느낌을 받았을 것입니다.

이후 히라이데의 K2 서벽 계획은 이시이스포츠에 의해 특설 페이지가 개설됐고, 약 40여 개의 협찬사 로고가 즐비하게 붙었습니다. 하지만 나는 원래 중간에 돌아올 줄 알았기 때문에 이 시점에서도 전혀 걱정하지 않았고, 히말라야를 아는 산악 관계자들도 그렇게 생각했을 것입니다. 하지만 나를 포함해 그 사실을 공개적으로 이야기하는 사람은 아무도 없었습니다. 반면 많은 후원자들은 K2 서벽 완등을 염원하고 있었을 것입니다.

원정이 시작되자 등반활동은 히라이데의 인스타그램을 통해 스태프에게 보고되고 있었습니다. 협찬사의 상품이 반드시 등장한다는 점이 지금까지의 히라이데 인스타그램과는 달랐지만, 이 정도의 대형 프로젝트에서는 당연한 일이라 생각했습니다. 베이스캠프에도 일본인 촬영 스태프가 여러 명 있는 것으로 알고 있습니다.

인스타그램에 따르면 현지에서는 궂은 날씨가 이어지

고 있었습니다. 이쯤이면 시도하기는커녕 출발도 못 할 것 같다는 생각이 들었습니다. 히라이데 일행의 루트는 쿨르와르를 통과하는데, 눈이 쌓여 있지 않으면 등반이 어렵기 때문입니다. 하지만 두 사람은 비가 추적추적 내리는 가운데 마지막 등반을 위해 베이스캠프를 출발했습니다. 그리고 사흘 후, 해외 언론을 통해 조난 소식이 먼저 전해졌고, 곧이어 이시이스포츠의 특설 페이지에 다음과 같은 글이 게재됐습니다.

"일본 시간 7월 27일 9시 33분 히라이데가 2캠프 상단부를 당일치기로 정찰하겠다고 연락을 해 왔습니다. 그 후 11시 30분 히라이데와 나카지마가 7,000m 지점에서 추락했다는 소식이 들어왔습니다."

'설마….' 하는 생각밖에 들지 않았습니다. '자신들이 통제할 수 있는 지점까지 올라갔다가 내려오는 것이 아니었을까?'

7월 30일 구조 활동은 중단됐습니다. 이런저런 추측을 하며 며칠 동안 답답한 나날을 보내면서 몇 번이고 인스타그램을 봤습니다. 보이는 것은 악천후가 계속되고 있다는 것뿐이었습니다. 인스타그램에는 두 사람이 '마지막 도전'을 하기 전 6,700m까지 고소적응을 위해 등반했다고 게재

돼 있었습니다. 나는 그 고소적응으로 두 사람이 정상에 대한 투지를 불태웠다고는 도저히 생각되지 않았습니다. 가뜩이나 완등 가능성이 낮은 최난이도 벽에 눈이 쌓여 있었습니다….

나의 등반 경험과 비교해 볼 때 '완등'에 대한 강한 의지가 없었다면 나는 큰 벽에 발을 들여놓지 못했을 것입니다. 두려움보다 아름다운 선을 긋고 싶다는 마음이 앞서지 않으면 모험적인 등반은 할 수 없기 때문입니다. 그렇게 생각하면, 계획 단계에서 히라이데가 "갈 수 있는 곳까지만 올라가면 된다고 생각해."라고 말했을 때, "그런 등반이 가능할까?"라고 물어봤어야 했습니다. 지금 생각하면 히라이데가 어떤 마음으로 이 도전을 시작했는지 알 수 없습니다. 나에게는 "불가능을 가능하게 하자."라고 말했지만, 계획 단계에서는 진심으로 정상을 목표로 삼고 있었는지도 모릅니다.

하지만 서벽 현장에서, 그 강설량으로는 등정 가능성이 보이지 않았다고 생각합니다. 그래도 큰 프로젝트인 만큼, 거기서 쉽게 포기할 수는 없었을 것입니다. '갈 수 있는 곳까지 올라갈 수 있다면' 혹은 '불가능을 가능하게 한다'는 주체적인 마음이 '갈 수 있는 곳까지 올라가야 한다'는 의무감으로 바뀌지 않았을까요?

이시이스포츠의 속보에는 '2캠프 상단부 당일치기 정찰' 중에 사고가 발생했다고 적혀 있지만, 본격적인 알파인스타일의 등반에서는 보통 '정찰'을 하지 않습니다. 대규모 부대라면 정찰을 하면서 고정로프를 설치하는 것이 일반적인 방법이지만, 경량화에 힘쓰고 있는 그들은 그런 로프를 가지고 있지 않습니다. 그들은 알파인스타일에서는 하지 않는 '정찰'을 하고 있었습니다. 그리고 그때 사고가 일어났습니다.

　　두 사람이 동시에 추락했다는 것은 동시 등반을 했다는 것. 즉 '벽의 쉬운 부분'에서 떨어졌다는 뜻입니다. 그때는 '정찰'로 짐을 짊어지지 않은 상태였을 것이기에 그곳에서 추락하는 것은 두 사람의 실력으로 봐서는 불가능하다고 생각합니다. 정상에 집중하지 못하고 등반가로서의 '스위치'가 켜지지 않은 상태에서 이번 조난이 일어난 것 같은 느낌을 지울 수 없습니다.

　　나는 자꾸만 20년 전 초오유 등반이 생각납니다. 그때는 일본에서 그 누구도 우리의 계획을 알지 못하는 상태에서 이루어진 등반이었습니다. 우리 둘은 꼭 완등하자고, 순수하게 그것만 생각했습니다. 20년 전의 초오유와 이번 K2 서벽은 난이도만 다른 것이 아니었을 것입니다. 원정을 둘러싼 여러 가지 요소들과의 관계나 산속에서의 심리 상태도 전혀 달랐을 것입니다. 자연은 때로 인간의 의지와 생각과는 무관하게 맹위를 떨치기도 합니다. 불운이라고밖에 표현할 수 없는 조난도 있지만 이번에는 자연의 위협뿐만 아니라 인간이 지닌 다양한 변수도 복잡하게 얽힌 복합적인 원인으로 인해 조난이 발생한 것이라고밖에 생각되지 않습니다.

히라이데와 겐로는 자연뿐만 아니라 인간이 지닌 위험도 감수할 각오를 하고 모험에 대한 열정을 발산하기 위해 K2 서벽으로 향했던 것 같습니다. 그럼에도 불구하고… 나는 히라이데와 함께했던 초오유를 떠올리게 됩니다. 그런 '아무도 모르는 그들만의 완성형 등반만으로도 충분히 좋지 않았을까' 하는 생각이 듭니다. 도전과 그 표현은 훌륭하지만, '굳이 그렇게까지 노력하지 않아도 되지 않았을까' 하는 생각도 듭니다. 짊어진 짐을 훌훌 털어 버리고 두 사람이 돌아왔으면 좋았을 텐데 말입니다.

그들이 살아 돌아와서 다시 미지의 벽을 향하는 이야기해 주는 것을 듣고 싶습니다….

2024년 8월 6일

오이시 아키히로大石明弘

역자 후기

처음 번역 의뢰를 받았을 때 어떤 종류 책을 부탁하는 것일까 궁금했다. 가벼운 내용의 소설이나 잡지, 일본어 교육 관련 서적이겠거니 생각했다. 하지만 건네받은 건 전혀 예상하지 못했던 어느 산악인이 쓴 에세이였다. 원서 표지에는 눈 덮인 웅장한 산을 배경으로 저자의 검은 실루엣이 멋있게 장식되어 있었다. 어떤 내용의 책일지 궁금증이 일었다. 책을 펼치고 훑듯이 책장을 넘겨 보는데, 생소한 지명과 산악 관련 단어들로 보이는 굉장히 낯선 일본어 단어들이 눈에 들어왔다. 산에 대해서라곤 그저 올랐다가 내려가면서 좋은 공기 마시고, 좋은 경치 바라보며 도시에서 쌓인 체증을 해소해 주는 자연이 주는 선물 정도로만 생각했던 나로서는 살짝 당황할 수밖에 없었다. 이걸 번역하라고?!

　　나는 고등학교에서 일본어를 가르치는 교사다. 고등학교 시절에 제2외국어 과목으로 비주류였던 일본어를 선택해서 처음 접했는데, 꽤 적성에도 맞고 재미있게 공부했던 것 같다. 이것이 계기가 되어 대학에서도 일본어를 전공했고, 결국 교사라는 직업까지 이어졌다. 좋아하는 것을, 그것도 직업으로 오랫동안 해 왔다는 것만으로도 감사할 일이다. 하지만 건방진 소리로 들릴 수도 있고, 나의 수업을 듣는 학생들에게 미안한 일이지만, 무한 반복되는 제한적인 고등학교 수업으로 인해 약간의 매너리즘에 빠지기 시작했다.

　이를 극복하고 활력을 찾으려고 운동을 했다. 효과가 있었다. 사라졌던 웃음이 돌아왔고, 무기력증을 털어내며 차츰 기운을 차린 것 같았다. 하지만 나의 본업인 일본어 수업 시간. 이곳만은 봄이 아니었다. 아직 겨울의 긴 터널을 빠져나오지 못한 듯한 기분이었다. 어쩌지? 이러면 안 되는데. 이때 한 통의 전화가 걸려 왔다. 대학교 시절 알고 지낸 중국어과 선배였다. 의례적인 안부 인사일 거라 생각했다. 그런데 의례적인 전화가 아닌 꽤 흥미로운 전화였다. "승현아, 잘 지내지? 아직 번역에 관심 있어? 한번 해 볼래?"

　매뉴얼 책자나 잡지를 번역해 본 게 다여서 출판계에서 보자면 완전 초보 번역가 수준일 거라는 것을 잘 알고 있다. 아니, 번역가라는 말을 쓰는 것조차 송구스러울 수준이다. 이런 내게 일단, 번역 의뢰를 해 준 선배가 고마웠다. 번역가라는 말을 붙이기조차 어려운 수준의 나에게 번역 의뢰를 한 이유는 무엇일지 잠깐 생각해 봤다. 나의 유창한 일본어 실력? 수려하고 풍부한 감성의 한국어 실력? 절대 아니다.

단순하게 오래 알던 후배인 나를 믿고 맡기는 것이다. 그렇다. 내게 번역을 의뢰한 것은 끝까지 책임지고 어떻게든 결과물을 만들어 내달라는 것이라고 생각했다. 완전 초보 번역가인 내게 없었던, 할 수 있을 것 같은 자신감이 생겨났다. 게다가 앞서 얘기했듯이 불현듯 찾아온 일본어 매너리즘을 극복해 볼 만한 아주 소중한 도전이 될 것이라는 점이 맞물려 흔쾌히 번역 의뢰를 수락하고 원서를 받았다.

책은 적당히 두툼하고 손안에 묵직하게 잡힐 정도의 두께로 읽기에 적당한 분량이라고 생각됐다. 우선 저자가 눈에 먼저 들어왔다. 히라이데 카즈야. 띠지 사진에 있는 그는 나와 비슷한 연배이고, 아주 건강해 보이는 모습이다. 나는 이 책을 통해서 그를 처음 알게 됐지만, 산악 등반 분야에 있어서는 상당히 유명한 사람인 것 같았다. 산악계의 아카데미상이라고 불리는 황금피켈상을 무려 세 번이나 수상할 정도였으니, 웬만한 헐리우드스타 못지않은 셀럽인 것 같았다. 그래서 그런지 더욱 흥미가 생겨났다.

어릴 때부터 남다른 운동신경을 갖고 있었던 히라이데는 경보, 육상 등의 선수로서 발군의 실력을 뽐내며 두각을 드러냈지만, 제한적인 경기장 트랙의 환경이나 반복적인 훈련 과정에 답답함을 느끼며 고민하던 중에 일정한 규칙이나 형식에 구애받지 않고 자유롭게 자신만의 운동 세계를 펼칠 수 있는 등반 세계에 입문하게 된다. 산은 정상을 오르는 것을 목표로 하지만, 올라가는 루트나 방법은 오로지 오르는 사람의 몫이다. 히라이데는 이같이 자신의 계획과 행동으로 성공을 이룰 수 있는 등산에 매우 큰 매력을 느꼈다. 그래서 그는 유독 남들이 오르지 않은 미답의 루트를 찾아 자신만의 등산을 만들어 간다.

산을 오르는 행위는 똑같은 것이 하나도 없기에 산을 오를 때마다 매번 새로운 도전을 하는 셈이다. 안전이 확보되지 않은 미답의 루트에 대한 도전은 히라이데에게 수많은 시련을 가져다 주기도 했고, 심지어 삶과 죽음의 기로에 그를 놓아 두기도 했다. 하지만 위기와 실패에 위축되지 않고 오히려 다음 성공을 위한 밑거름으로 생각하는 그의 도전 정신과 긍정적인 사고는 번역하는 나에게, 매너리즘에 빠져 있던 나에게 엄청난 자극과 가르침을 줬다. 그저 일로 시작한 번역 작업 중에 생각지도 못한 '보물'을 발견한 느낌마저 들었다. 이때부터는 히라이데의 산에 대한 도전 이야기를 번역하는 것이 아니라, 그의 삶을 응원하게 됐다. 그런 내 모습에 스스로 놀라기도 했다. 그의 이야기가 종반으로 향할 즈음에는 나도 히라이데와 함께 등반하는 기분이었고, 하얀 눈으로 뒤덮인 어느 높은 산 빙벽 틈에 설치한 좁은 텐트 안에서 같이 쪽잠을 자는 것 같기도 했다. 히라이데 카즈야가 전해 주는 산 이야기는 너무나도 생생하게 전달됐고, 산에 대해서는 문외한인 나에게도 큰 감동을 줬다.

7월 31일, 나의 번역 작업도 거의 마무리가 돼 간다. 책 속의 히라이데도 K2에 대한 도전을 준비하고 있다면서 이야기를 맺어가고 있다. 그날 오후 나에게 번역 의뢰를 한 선배로부터 연락이 왔다. "히라이데 카즈야가 K2에서 조난당했대." 머릿속이 눈 덮인 산처럼 하얘졌다. 잠시 멍한 상태였다가 정신을 차리고 책 속에서 만났던 히라이데를 생각했다. 이전의 등산에서 조난을 당했지만 무사히 헤쳐 나온 경험도 있으니, 이번에도 잘 구조되기를 기원했다. 사고 소식을 듣고 시간이 얼마 지나지 않았는데 이상하게 조바심이 났다. 어떻게 됐을까? 이후 소식은 없는 것일까? 일본 뉴스를 검색하기 시작했다. 조난자를 발견했지만 구조하러 접근할 수 없는 상태이며, 조난자들의 움직임이 없는 것을 확인했다는 뉴스를 봤다. 절망적인 상황이라는 것을 직감했다. 마음이 너무 무거웠고 한동안 아무것도 할 수 없었다. 아직 히라이데 이야기의 번역을 끝내지 못한 상황이었다. 묘한 감정이 드는 순간이었다.

　　마음을 추스르고 히라이데가 전하는 이야기를 마무리했다. 그를 책을 통해서 만난 지 불과 몇 개월이 안 됐지만, 그가 살아온 과정을 바로 옆에서 지켜본 것 같은 느낌이다. 그만큼 진솔하고 생생하게 자신의 이야기를 담아낸 책이라고 생각된다. 그의 다음 이야기를 정말 많이 기대했지만, 이제 더는 들을 수 없게 됐다. 그러나 그가 마지막이 된 이 책을 통해 우리에게 전하고자 하는 메시지가 매우 분명하다고 생각한다. 지금의 삶에 안주하지 말고, 새로운 미답의 인생길을 찾아서 다음의 멋진 삶을 그려보라고.

히라이데 카즈야가 산의 정상에 외친 한 마디가 절실하게, 절절하게 다가온다.

"What's Next?"

역자 이승현

찾아보기

What's Next?

등반사 시리즈

세로 토레
메스너, 수수께끼를 풀다 • 체사레 마에스트리의 1959년 파타고니아 세로 토레 초등 주장은 오랫동안 논란을 불러일으켰다. 라인홀드 메스너가 세로 토레 초등의 진실을 추적했다.
라인홀드 메스너 지음 | 김영도 옮김 | 26,000원

더 타워
세로 토레 초등을 둘러싼 논란과 등반기록 • 자만심과 영웅주의, 원칙과 고생스러운 원정등반이 뒤범벅된 이 책은 인간의 조건을 내밀하게 들여다보게 하며, 극한의 노력을 추구하는 사람들의 존재 이유를 적나라하게 파고든다.
켈리 코르데스 지음 | 권오웅 옮김 | 46,000원

Fallen Giants
히말라야 도전의 역사 • 높고 위험한 히말라야의 여러 산에서 기술과 담력을 시험하려 했던 많은 모험가들. 생생하고 풍부한 삽화, 사진과 함께 50년 만에 최초로 히말라야 도전의 방대한 역사를 정리했다.
모리스 이서먼, 스튜어트 위버 지음 | 조금희, 김동수 옮김 | 62,000원

산의 전사들
슬로베니아 알피니즘의 강력한 전통과 등반문화 • 국제적으로 명성이 자자한 산악문화 작가 버나데트 맥도널드가 슬로베니아의 알피니즘이 그 나라의 험난한 정치 역사 속에서 어떻게 성장하고 발전했는지 읽기 쉽게 정리했다.
버나데트 맥도널드 지음 | 김동수 옮김 | 37,000원

FREEDOM CLIMBERS
자유를 찾아 등반에 나서는 폴란드 산악인들의 놀라운 여정 • 제2차 세계대전과 그에 이은 억압적 정치상황을 뚫고 극한의 모험을 찾아 등반에 나섰던 폴란드 산악인들. 이들은 결국 세계에서 가장 강인한 히말라야 산악인들로 거듭났다.
버나데트 맥도널드 지음 | 신종호 옮김 | 43,000원

WINTER 8000
극한의 예술, 히말라야 8000미터 동계등반 • 한겨울에 세계 최고봉들을 오르려 했던 얼음의 전사들! 그들의 고통과 노력, 성공과 실패에 대한 이야기를 버나데트 맥도널드가 상세하게 서술했다.
버나데트 맥도널드 지음 | 김동수 옮김 | 33,000원

중국 등산사
중국 등산의 기원과 발전 과정에 대한 철저한 기록 • 다음 세대를 위한 역사적 근거와 간접 경험을 제공하고자 중국 국가 차원에서 기획하여 고대, 근대, 현대를 아우르는 등산에 관한 자료를 최대한으로 수집하여 정리했다.
장차이젠 지음 | 최유정 옮김 | 47,000원

정당화할 수 없는 위험?
근대등산의 태동부터 현재까지 영국 등산 200년사 • 지적이고 읽기 쉬우며 명료하게 잘 쓰인 이 책은 정당화할 수 없는 위험까지도 기꺼이 감수해온 영국인들의 등반과 그 동기를 통해 삶에 대한 고찰의 기회를 제공한다.
사이먼 톰슨 지음 | 오세인 옮김 | 48,000원

일본 여성 등산사
후지산에서 에베레스트까지 일본 여성 산악인들의 등산 역사 총망라 • 7년에 걸쳐 방대한 자료를 수집하고 정리하여 완성한 최초의 일본 여성 등산사이다. 부조리와 난관을 극복해가는 일본 여성 산악인들의 위대한 발걸음의 궤적을 확인할 수 있다.
사카쿠라 도키코, 우메노 도시코 지음 | 최원봉 옮김 | 31,000원

M4
산 그 4차원의 세계 • 과학과 극한등반의 절묘한 콤비네이션으로 세계 최고의 산 13개를 압축된 등반역사와 함께 위성기술을 활용 전례없는 해상도와 화질로 시각화하여 보여준다.
슈테판 데호, 라인홀드 메스너, 닐스 슈파르바서 지음 | 김동수 옮김 | 68,000원

무상의 정복자

위대한 등반가 리오넬 테레이의 불꽃 같은 삶과 등반 이야기 • 그랑드조라스 워커릉, 아이거 북벽에 이어 안나푸르나, 마칼루, 피츠로이, 안데스, 자누, 북미 헌팅턴까지 위대한 등반을 해낸 리오넬 테레이의 삶과 등반 이야기가 펼쳐진다.

리오넬 테레이 지음 | 김영도 옮김 | 46,000원

마터호른의 그림자

마터호른 초등자 에드워드 윔퍼의 일생 • 걸출한 판각공이자 뛰어난 저술가이며 스물다섯 나이에 마터호른을 초등한 에드워드 윔퍼의 업적에 대한 새로운 평가와 더불어 탐험가가 되는 과정까지 그의 일생이 담겨 있다.

이언 스미스 지음 | 전정순 옮김 | 52,000원

나의 인생 나의 철학

세기의 철인 라인홀드 메스너의 인생과 철학 • 칠순을 맞은 라인홀드 메스너가 일찍이 극한의 자연에서 겪은 체험과 산에서 죽음과 맞서 싸웠던 일들을 돌아보며 다양한 주제로 자신의 인생과 철학에 대해 이야기한다.

라인홀드 메스너 지음 | 김영도 옮김 | 41,000원

ASCENT

알피니즘의 살아 있는 전설 크리스 보닝턴의 등반과 삶 • 영국의 위대한 산악인 크리스 보닝턴 사선을 넘나들며 불굴의 정신으로 등반에 바쳐온 그의 삶과 놀라운 모험 이야기가 가족에 대한 사랑과 더불어 파노라마처럼 펼쳐진다.

크리스 보닝턴 지음 | 오세인 옮김 | 51,000원

엘리자베스 홀리

히말라야의 영원한 등반 기록가 • 에베레스트 초등부터 현재에 이르기까지 히말라야 등반의 역사를 알고 있는 엘리자베스 홀리의 비범한 삶과 세계 최고 산악인들의 이야기가 흥미롭게 펼쳐진다.

버나데트 맥도널드 지음 | 송은희 옮김 | 38,000원

프리솔로

엘 캐피탄을 장비 없이 홀로 오른 알렉스 호놀드의 등반과 삶 • 극한의 모험 등반인 프리솔로 업적으로 역사상 최고의 암벽등반가 지위를 획득한 호놀드의 등반경력 중 가장 놀라운 일곱 가지 성과와 그의 소박한 일상생활을 담았다.

알렉스 호놀드, 데이비드 로버츠 지음 | 조승빈 옮김 | 37,000원

RICCARDO CASSIN

등반의 역사를 새로 쓴 리카르도 캐신의 50년 등반 인생 • 초창기의 그라냐와 돌로미테 등반부터 피츠 바딜레, 워커 스퍼와 데날리 초등까지 상세한 이야기와 많은 사진이 들어 있는 이 책은 리카르도 캐신의 반세기 등반 활동을 총망라했다.

리카르도 캐신 지음 | 김영도 옮김 | 36,000원

산의 비밀

8000미터의 카메라맨 쿠르트 딤베르거와 알피니즘 • 역사상 8천 미터급 고봉 두 개를 초등한 유일한 생존자이자 세계 최고의 고산 전문 카메라맨인 쿠르트 딤베르거, 그의 등반과 여행 이야기가 흥미진진하게 펼쳐진다.

쿠르트 딤베르거 지음 | 김영도 옮김 | 45,000원

하루를 살아도 호랑이처럼

알렉스 매킨타이어와 경량·속공 등반의 탄생 • 알렉스 매킨타이어에게 벽은 야망이었고 스타일은 집착이었다. 이 책은 알렉스와 동시대 클라이머들의 이야기를 통해 삶의 본질을 치열하게 파헤쳐 들려준다.

존 포터 지음 | 전종주 옮김 | 45,000원

太陽의 한 조각

황금피켈상 클라이머 다니구치 케이의 빛나는 청춘 • 일본의 최초이자 여성 최초로 황금피켈상을 받았지만 뜻하지 않은 사고로 43세에 생을 마감한 다니구치 케이의 뛰어난 성취와 따뜻한 파트너십을 조명했다.

오이시 아키히로 지음 | 김영도 옮김 | 30,000원

등반가 시리즈

카트린 데스티벨
암벽의 여왕 카트린 데스티벨 자서전 • 세계 최고의 전천후 클라이머로, 스포츠클라이밍, 암벽등반 그리고 알파인등반에서 발군의 실력을 발휘한 그녀의 솔직담백한 이야기가 잔잔한 감동으로 다가온다.

카트린 데스티벨 지음 | 김동수 옮김 | 30,000원

지옥은 나를 원하지 않았다
폴란드 얼음의 전사 비엘리츠키의 등반과 삶 • 히말라야 8천 미터급 고봉을 오르기 위한 불굴의 의지, 동료의 죽음과 그에 대한 정신적 딜레마, 사랑, 희생 등 비엘리츠키의 삶을 르포 형식으로 보여주고 있다.

다리우시 코르트코, 마르친 피에트라셰프스키 지음 | 서진석 옮김 | 51,000원

Art of Freedom
등반을 자유와 창조의 미학으로 승화시킨 보이테크 쿠르티카 • 산악 관련 전기 작가로 유명한 버나데트 맥도널드가 눈부시면서도 수수께끼 같은 천재 알피니스트 보이테크 쿠르티카의 전기를 장인의 솜씨로 빚어냈다.

버나데트 맥도널드 지음 | 김영도 옮김 | 36,000원

등반기 시리즈

에베레스트 정복
에베레스트 전설적인 초등 당시의 오리지널 사진집(흑백사진 101점 + 컬러사진 62점) • 에베레스트 초등 60주년 기념 사진집. 초등 당시 등반가이자 사진가로 함께했던 조지 로우가 위대한 승리의 순간들을 찍은 뛰어난 독점 사진들과 개인 소장의 사진들을 모아 엮어냈다.

조지 로우, 휴 루이스 존스 지음 | 조금희 옮김 | 59,000원

캠프 식스
에베레스트 원정기의 고전 • 1933년 에베레스트 원정대에 대한 따뜻한 기록. 프랭크 스마이드가 마지막 캠프까지 가져가서 썼던 일기를 토대로, 등반의 극적인 상황과 산의 풍경에 대한 생생한 묘사를 담았다.

프랭크 스마이드 지음 | 김무제 옮김 | 33,000원

꽃의 계곡
아름다운 난다데비 산군에서의 등산과 식물 탐사의 기록 • 뛰어난 등산가이자 식물학자이며 저술가였던 프랭크 스마이드가 인도 난다데비 산군에서 등산과 식물 탐사를 하며 행복하게 지냈던 넉 달간의 이야기가 펼쳐진다.

프랭크 스마이드 지음 | 김무제 옮김 | 43,000원

하늘에서 추락하다
마터호른 초등에 얽힌 소설 같은 이야기 • 동반자이자 경쟁자였던 장 앙투안 카렐과 에드워드 윔퍼를 주인공으로 하여, 라인홀드 메스너가 마터호른 초등에 얽힌 이야기를 소설처럼 재미있고 생생하게 들려준다.

라인홀드 메스너 지음 | 김영도 옮김 | 40,000원

클라이머를 위한 1001가지 팁

철저하게 경험에 근거하여 만든 1001가지 클라이밍 팁! • 클라이밍은 위험하며 결코 열정은 경험을 대체할 수 없다는 믿음으로, 철저하게 자신의 경험에 근거하여 제시하는 클라이머로서의 조언이 슬기롭고 실속 있다.

앤디 커크패트릭 지음 | 조승빈 옮김 | 36,000원

버티컬 마인드

암벽등반을 위한 심리학적 접근 • 정신력이 중요한 암벽등반에서 더 열심히, 더 재미있게 등반하고 싶은 사람들을 위해 다양하고 실용적인 단계별 정신-신체 통합 훈련법을 제시한다.

제프 엘리슨, 돈 맥그래스 지음 | 권아영 옮김 | 38,000원

히말라야 다울라기리 산군의 탐사기

한국 최초의 히말라야 탐사 보고서 • 이 책은 한국 최초의 히말라야 원정 60주년을 기념하기 위하여 제작된 것으로 1962년 80여 일에 걸쳐 이루어진 경희대학교 산악회의 다울라기리 산군 탐사기이다.

박철암 지음 | 22,000원

산악 만화·소설·영화 계보

예술창작 작품들 속에서 산은 어떻게 그려져 왔을까? • 일본 작가 가모(GAMO)가 산악 관련 작품들의 변천과 역사를 집대성했다. 산악 픽션 전체를 조감하고 방대한 자료를 보기 쉽게 정리하여 특별하고 풍성한 즐거움을 맛볼 수 있다.

가모(GAMO) 지음 | 최진희 옮김 | 40,000원

산은 나의 종교
나는 산의 전도자

노산 이은상

해외 山冊을 전문적으로 번역 출판하는 하루재클럽은 북 클럽의 운영을 통하여 山冊 번역서의 열악한 발행 여건을 주도적으로 개선하여 좋은 번역서가 넘쳐나는 새로운 세상을 만들겠습니다.

사진협력 • 다니구치 케이, 나카지마 겐로, 미토로 다쿠야, 오이시 아키히로, 고마쓰 유카,
사사키 다이스케, 사사 오히로, 주식회사이시이스포츠, 주식회사미우라돌핀스
영상협력 • 다니구치 케이, 나카지마 겐로, 미토로 다쿠야, 주식회사이시이스포츠
편집 • 하기와라 코지(산과계곡사), 야마모토 슈지
편집협력 • 기시카와 다카후미
QR코드는 주식회사 덴소웹의 등록상표입니다.

전인미답의 봉우리를 향한 끝없는 도전

What's Next?

초판 1쇄 2024년 9월 24일

지은이   히라이데 카즈야平出和也

옮긴이   이승현

펴낸이   변기태
펴낸곳   하루재 클럽
주소   (우) 06524 서울특별시 서초구 나루터로 15길 6(잠원동) 신사 제2빌딩 702호
전화   02-521-0067
팩스   02-565-3586
이메일   haroojaeclub@naver.com
출판등록 제2011-000120호(2011년 4월 11일)

편집   강민경
디자인   장선숙, 박정은

ISBN   979-11-90644-15-0 03990

* 책값은 뒤표지에 있습니다.